宋振庭研究文集

鲍盛华 \ 主编

吉林人民出版社

图书在版编目 (CIP) 数据

宋振庭研究文集 / 鲍盛华主编 . -- 长春 : 吉林人
民出版社，2023.12
ISBN 978-7-206-20051-9

Ⅰ . ①宋… Ⅱ . ①鲍… Ⅲ . ①宋振庭—人物研究—文
集 Ⅳ . ① K825.6-53

中国国家版本馆 CIP 数据核字 (2023) 第 229203 号

出 品 人：常　宏
选题策划：吴文阁
责任编辑：王　静
装帧设计：昌信图文

宋振庭研究文集

SONG ZHENTING YANJIU WENJI

主　　编：鲍盛华
出版发行：吉林人民出版社出版（长春市人民大街 7548 号 邮政编码：130022）
咨询电话：0431-85378007
印　　刷：吉林省吉广国际广告股份有限公司
开　　本：787mm×1092mm　　　1/16
印　　张：16.5　　　　　　　字　　数：300 千字
标准书号：ISBN 978-7-206-20051-9
版　　次：2023 年 12 月第 1 版　　印　　次：2023 年 12 月第 1 次印刷
定　　价：68.00 元

如发现印装质量问题，影响阅读，请与出版社联系调换。

序

一位文脉"赓续者"的"北方答案"

鲍盛华

    心中向"文",身上担"脉"。自 1950 年开始，在近三十年的时间里，宋振庭先生持续为吉林文化建设描龙绣凤，夯土筑基，给出了一个文脉传承发展的"北方答案"，"吉林文脉"始有隆起、博大、繁华之姿。《宋振庭研究文集》中收录的所有文章，其实都在说这一件事。

    考虑到全书的清晰性，文集依据时间线索，将文章按刊发日期从前到后排列。主要收录的是学术研究类文章，评论、评价类文章，回忆类、纪念类、传记类文章。其中，个别文章尽管提到宋振庭的篇幅较小，但因为他是这一事件的关键人物，也予以收录。有些文章之间存在观点和信史的差别，同时收录，避免一家之言。

    文集中，有的是就宋振庭的某个方面进行论述，有的是就宋振庭的整体贡献进行全面论述，由于是按时间先后排列的，未作具体分类。细究起来，这些文章基本从文物、艺术、人才、理论、精神、文学等六个方面，对宋振庭如何传承发展中华优秀传统文化展开讨论。

且看"文物之脉"。在文脉的发生发展过程中，"物"起着承载的作用。文物保护的核心在"收"、意义在"传"。显然，有"收"方有"传"，在宋振庭的手上，吉林文物保护和收藏形成了一个高峰。

博物馆是承载文物价值的最重要的公共空间。宋振庭接手吉林省文化建设伊始，便把筹建吉林省博物馆作为头等大事来抓。他认为当时正是收藏的"窗口期"，错过了就不知道什么时候才会再来。为此，他协调足额专款用于文物收购。甚至，他亲自带着省博物馆业务人员到全国各地"寻宝"。别人对张大千、溥心畬、王一亭等画家的作品评价不高，因此这些作品价格低廉，甚至一度无人问津。他却将其视若珍宝，让博物馆抓准时机大批购进。1952 年初，吉林省博物馆正式宣告成立，1957 年向社会开放。结果刚一亮相便引起国内同行的瞩目：齐白石、张大千、溥心畬等人的作品都在百件以上，是大陆藏张大千、溥心畬绘画作品最多的收藏单位，扇面、成扇作品达一千多件，位居全国博物馆收藏扇画作品前列。就在省博物馆对外开放前后，吉林省图书馆也在紧锣密鼓地建设当中。最初，吉林省图书馆一本书都没有。在宋振庭的支持下，古籍图书不断入馆，如今已经达到 40 万册（件）左右。老一辈的图书馆人一提起当年，马上腰身一挺：他们都知道吉林省购书经费充裕，所以咱们去，都高看一眼！

且看"艺术之脉"。没有"艺"的文脉是干瘪的，是没有丰姿。让各类艺术不断向前发展的核心在"创"，意义在"扬"。显然，有"创"才有"扬"，在宋振庭的手上，吉林艺术之花绚烂开放。

在新中国成立之初，由于吉林省没有地方戏，宋振庭的压力很大。他向省委请缨，在吉林开创一个新剧种——"吉剧"。从 1959 年上半年开始，宋振庭亲自上阵，以二人转为母体，以"不离基地，采撷众华，融合提炼，自成一家"为指导思想进行创作，在不到一年的时间里，第一个剧目《蓝河怨》就登上了舞台。首演的成功激励着宋振庭，他觉得光有浓重的乡音、浓厚的乡情还不够，还要行当更全、音乐更丰富。多少个昼思夜想之后，他提出了吉剧《桃李梅》的剧情设想。1960 年初，《桃李梅》上演，吉剧真正有了奠基之作。《包公赔情》、《燕青卖线》等经典曲目也一个接着一个地被创作出来。不止吉剧，在宋振庭的直接指挥下，京剧团、歌舞团、话剧团也纷纷建立起来。在其他艺术领域，宋振庭同样发挥着引领的作用。1961 年，首届东北三省美术家代表大会在长春召开，宋振庭在会上提出，在东北工作的美术家们要敢于画大画，画重大题材的画，把关东的豪迈风格展现在美术作品之中，形成"关东画派"。多年之后，黑龙江以冰雪为主、吉林以山水为主、辽宁以人物为主，具有关东特色的经典画作频频亮相，"关东画派"以其独有的风格傲立于东北大地。

且看"人才之脉"。文脉怎能没有"人"？！吉林一度为边城塞外之所，有人来、有人在就显得尤为重要。而招揽人才的核心在"敬"，意义在"留"。显然，有"敬"才有"留"。宋振庭用他的学识与热情，一度让吉林成了各类人才热衷的码头、港湾。

从外埠，宋振庭请来了张伯驹，委以吉林省博物馆副馆长之职，始有吉林文物之兴；请来了潘素、孙天牧、卜孝怀、史怡公，于吉林艺术专科学校任教，始有吉林美术的崛起；请来了毛世来，组建吉林省京剧团，始有吉林京剧的勃发；请来了相声表演艺术家王宝童、相声泰斗马三立的侄子马敬伯、"单弦大王"荣剑尘的弟子阚泽良加盟吉林广播说唱团（吉林曲艺团的前身），始有吉林曲艺的繁荣；请来了张松如，到吉林省图书馆工作，后到吉林大学任教，始有吉林文学的迅猛发展达到一定高度。他还发掘培养本土人才。1958 年，把王庆淮从偏远的乡村调进吉林艺术专科学校任国画教师，使王庆淮一飞冲天，其为人民大会堂作画，后来成为"关东画派"重要代表人物之一；1959 年下半年，把已经被打成"右派"的王肯从几百公里之外的白城"强行"拉回长春，让吉剧的正式诞生大大缩短了时间，也成全了后来王肯"二人转大主教"的称号。其他经他挖掘、扶持的人才也大都为文化建设作出了卓越的贡献。

且看"理论之脉"。文脉的传承发展也需要"把脉",需要理论的力量,促其行稳致远。理论的核心在"明",意义在"领"。显然,有了正确的"明",才会有阳光照耀下的思想的引领。宋振庭用他敏锐而深邃的眼光,令吉林的理论建设走到了国内最前沿。

早在1958年,宋振庭就和社会科学的工作者们一起建立了吉林省哲学社会科学研究所。1978年,在宋振庭的推动下,以吉林省哲学社会科学研究所和原东北文史研究所为基础,正式成立吉林省社会科学院。同时,宋振庭以敏锐的眼光建议创办一本能够承载思想解放之花的刊物。他认为,吉林省应该在文化的更高层面上有所作为,从而不疏于时代,甚至能够引领时代。很快,《社会科学战线》创刊。创刊号300多页,50多万字,封面取材于辽墓壁画。刊物一经问世,就鲜明地打出"创新"与"学术"的旗帜,集聚国内学术界众多精英人物,以厚重的篇幅、开放的视野、鲜明的特色,以办成繁荣社会科学、促进百家争鸣园地为目标,在国内期刊界迅速崛起,成为引导和推动中国学术创新和发展的代表性刊物。

且看"精神之脉"。文脉里面必须有一种贯彻始终的精神。从文化的气质方面看,"精神之脉"更多地体现在"士人风骨"上。"士人"的核心在"志于道",意义则是树立起好学乐道、律己修身的秉性和情怀。看宋振庭的一生,怎么看都会觉得,宋振庭全身上下都是"士人"的底子,他对社会发展文明进步有着强烈的责任感,他的坚持与奉献尊崇着"道"的传统。

吉剧《桃李梅》创排成功之后,因为剧本是宋振庭创作的,剧团按照稿费标准给他送去200元钱。但宋振庭坚决不收,他说,他只是提出了一个最初的故事构思,后来都是大家集体创作的。由于宋振庭执意不收,剧团的负责人商量之后,给宋振庭送去一个暖水瓶和一块塑料台布作为酬劳。宋振庭这才勉强收下。后来,长影把吉剧《桃李梅》改编成电影,剧团准备在银幕上打出原创者"宋振庭"的字样。宋振庭听说后坚决不同意。剧团就给他起了个笔名"靳白洛",意思是"今天的伯乐"。宋振庭还是不同意。他说,"今天的伯乐"那是崇高的称谓,自己无论如何也不敢自居。大家问他怎么办,他说,还是"学伯乐"吧。这就是后来电影字幕上出现原创"薛白洛"的由来。1962年,东北文史研究所成立,需要书籍,宋振庭把自己珍藏的12种明版、清版书共184卷无偿捐赠给研究所。吉林省艺术专科学校成立后,需要实际的作品做教学工作,宋振庭又把自己收藏的40多件现代画家的作品赠送给学校。1964年,他又将自己收藏的元代何澄传世孤本《归庄图》转让给博物馆。

且看"文学之脉"。文学是文脉绵延的重要内容之一。文学的核心在"人",意义在"心"。作为心性的语言表达,文学期待和展现着一个美好的世界,无论是警醒世人,还是陶冶生命,它都在塑造一颗滚烫的人心,这是千百年来文学的价值。宋振庭为此努力耕耘。

宋振庭写诗歌,笔下既有缠绵辗转之姿,也有直抒胸臆之态,总数达到两百多首;写杂文,批评社会问题,热情呼唤真理,寄语未来,总字数近六十万;写散文、随笔,历史人物、现实生活都是他涉猎的内容,其文往往见地深刻,栩栩如生;写理论文章,字字入理,句句入扣,无论是千字文,还是万字文,既娓娓道来,又磅礴大气;创作戏剧,构思巧妙,情节生动,引人入胜;纵论中国历史文化,畅谈自己的人生,浩浩汤汤,又有几十万字之多。宋振庭对其他文学创作者也给予了极多的关注与关心,特别是文学创作中的普通人,他更是给机会、给平台。"农民自古有诗章,万颗明珠土下藏。一经东风吹雨后,满园草绿百花香。"这是宋振庭鼓励吉林省农安县巴吉垒镇农民诗人的诗歌。在上个世纪50年代中期,宋振庭亲往农村调研具有生命力的艺术形式,发现巴吉垒的农民以诗歌的形式赞美新中国、新生活。宋振庭给予高度评价,鼓励大家多做诗、做好诗。1960年,全国文化工作会议在山西召开,巴吉垒被命名为"诗乡"。

文物之脉、艺术之脉、人才之脉、理论之脉、精神之脉、文学之脉,共同构成了宋振庭所努力赓续的文脉。文化的"源"与"脉"是一个人安身立命的"根"，也是一个区域拥有独特魅力、释放迷人品质的"魂"。一条清晰的文脉，会令一个地方的人们更加自省，从而增强自信，走向自强。

而这，正是研究宋振庭的意义。

2023 年 8 月

目 录

宋振庭生平述略

孟宪伦

宋振庭，曾用名宋士达、宋志同，1921 年 4 月 19 日生。1937 年加入中国共产党。在吉林省工作期间，曾任延吉市委书记，省政府党组成员、文化处处长，省委宣传部部长，省委常委等职。1985 年 2 月 15 日，因患癌症医治无效，不幸逝世，终年 64 岁。

奔赴延安，投身革命

宋振庭出生在吉林省延吉市。父亲宋程九是个制作靰鞡鞋的小手工业者，母亲阎氏是个贤惠的劳动妇女。尽管家境贫寒，父母却千方百计地让孩子上学读书。家里没钱买书，就到亲友家里借些书给子女们看。宋振庭父亲是一位爱国者。1931 年冬天，他在汪清县春阳镇为支援抗日将领李延禄带领的抗日救国军，曾被大汉奸延吉镇宁使吉兴（后任伪满洲国宫内府大臣）逮捕入狱，后经市民多方营救，但仍被以"反满抗日"罪游街示众三日，才取保释放。因此，家庭也随之破产。

1926年，宋振庭就学于延吉市北山小学。他从小喜爱看文学书籍，11岁就写文章，并在《延边日报》副刊上发表。1928年，共产党员刘建章、曹振佳先后到北山小学任教，在学生中宣传革命道理，用活生生的现实启发学生的阶级觉悟。这使宋振庭受益匪浅。1931年九一八事变后，东北沦为日本的殖民地，面对亡国奴的境地，宋振庭的民族意识和阶级意识开始觉醒。1933年的一天，关东军头子植田谦吉坐飞机到延吉"视察"。宋振庭听到后，曾买了不少爆竹，倒出里边的药芯，想以此做炸药，准备在参加"欢迎"时施爆，但试验未能成功。

1935年，东北已经全部沦陷在日本帝国主义的铁蹄之下，15岁的宋振庭含悲忍痛地随母亲离开了那山清水秀的家乡，前往北平。

宋振庭在北平北方中学读书期间，开始接触革命进步书籍，如《共产党宣言》、《国家与革命》、《海上述林》、《母亲》、《铁流》、《毁灭》等。1936年夏，他加入了中华民族解放先锋队（简称"民先"）。不久成为北方中学"民先"分队的骨干，任该队的宣传委员和分队长，在学校组织并参加时事评论、读书汇报等活动。他在参加的北平"民先"九区队的会议时，和邓力群、丁秀、彭敏、杨伯箴等"民先"的负责人经常接触，开始了革命活动。

1937年7月7日，卢沟桥的炮声揭开了全国抗战的序幕，二十九军的英勇抗战，鼓舞了全国人民的抗日救国激情，在"北平学联"和"民先"的领导下，各校学生都组织起宣传队和慰劳队，上街宣传抗日。宋振庭参加了战地服务队，到市内华北大学等处慰劳救护从卢沟桥撤下来的二十九军伤员。

七七事变，使宋振庭看到日本帝国主义的魔爪已深入到华北。这位热心读书求学的青年人，认识到国家、民族危亡在即，在党的指引下，他决心投入到抗日救国的时代大潮中去。他按照"民先"组织的统一安排，于1937年8月告别亲人，离开北平，经天津、烟台、济南到了南京。宋振庭到南京后，很快同"民先"接上了关系，积极参加了全市大募捐、散发《解放周刊》、动员同学们去延安，并参加了"民先"组织的去教育部请愿等活动。

1937年9月，他和杨伯箴、丁一岚等6人，从南京出发，几经辗转，到达西安七贤庄八路军办事处。经过毛齐华的安排，他们开始徒步奔向革命圣地延安。每天走七八十里路，风餐露宿，他不顾旅途劳累，有时还吟诗高歌。10天后，他们终于到达了日夜向往的延安。10月末，他入延安抗大第三期三大队七队学习。延安当时的环境异常艰苦，他住在城隍庙里，打草铺睡在地上。他严格要求自己，刻苦学习，努力提高思想政治水平，积极要求进步。当年11月，经袁德奋、汪应中介绍，加入了中国共产党，翌年2月转正，接着又参加了抗大第四期的学习。

宋振庭于1938年7月到延安马列学院哲学研究室学习，任研究员。我国著名哲学家艾思奇是宋振庭的指导老师。这位辩证唯物主义哲学家，忠诚党的事业，认真思考问题，其表里如一、言行一致的可贵精神，对宋振庭的影响很大。在艾思奇的指导下，他认真学习马克思主义哲学，刻苦读书，联系实际，钻研问题，有时也编写教材，给学员讲课，为以后深入研究马克思主义哲学打下了坚实的基础。

党中央为了减轻人民群众的负担，掀起了大生产运动。宋振庭积极响应，他每天都汗流浃背地战斗在黄土高坡上，有时参加纺线线的生产。他总结这段生活时说："太新鲜了，太让人难忘了，太不寻常了。"

呼唤民众，抗日救亡

1939年7月，党中央决定合并马列学院工人部、陕北公学、鲁艺青训班，组建华北联合抗日大学，由罗瑞卿指挥，从延安出发开赴敌后晋察冀抗日根据地。这时组织上决定调宋振庭到华北联大做哲学教员，并随队前往。

在战争的环境下，华北联大办学十分困难。宋振庭经常在村头或群众的打麦场上给社会部、青年部的学员上课。他根据社会部学员多是参加革命斗争时间较长的老同志，以及工农干部较多的特点，认真地进行备课，深入浅出地讲解哲学。他思想活跃，知识面宽，记忆力强，一讲就是两三个小时，从不看讲稿，博得学员们的热烈欢迎。不久，宋振庭任华北抗日联合大学教育科科长、哲学教研室主任等职务。

1942 年，我八路军为粉碎日军的疯狂"扫荡"，华北联大疏散到阜平县张家川、大岭沟一带。在一次秋季反"扫荡"的战斗中，联大遭到敌人的袭击，当宋振庭等同志被迫撤到山顶时，才发现身后是断崖，没有别的退路，只好和杨开慧的侄女杨展等同志毅然从流石的山涧上滚崖，在这时又遭到敌人扫射，宋振庭腿部中弹受伤，经同志们发现抢救脱险，而杨展则遇难殉国。

宋振庭多次申请到条件艰苦的游击区去工作。1943 年，他被分配到晋察冀三分区曲阳县委宣传部工作。当时正是日本帝国主义大举侵华的第五个年头，大片国土沦陷。曲阳县是晋察冀抗日根据地的"南天门"，是敌人"清剿"、"扫荡"的重点。日军以汉奸伪军为帮凶，肆行暴虐，到处屠杀制造惨案，实行"三光"政策，搞"治安强化"，挖沟建碉，斗争环境十分险恶。在这艰险的形势下，宋振庭和县委的其他同志一起都分散在各个敌占区，领导和参加反日斗争。他先后在城南的羊平、燕赵、下河、城关几个区协助区委书记工作。在被敌人控制相当严密的"治安强化区"中，敌人用高压政策逼迫共产党员和村干部靠拢他们，借以建立伪政权。为了粉碎敌人的阴谋，将计就计，把基层政权牢牢地掌握在人民手中，就成为敌占区对敌斗争中的一个关键。为此，宋振庭和区村的同志一起做了大量的工作。特别是针对敌人的"治安强化"所进行的政治攻势，他多次配合区武工队对下河、燕赵镇碉楼伪军进行瓦解喊话，他给他们讲国际、国内形势，讲日军铁蹄下的东北、华北老百姓的苦难生活，启发他们的民族意识，教育他们不准欺侮老百姓等。这些碉楼中的伪军多为东北人，听到"宋政委"生动、明快、深刻的喊话，以及那浓重的乡音，都颇觉有兴味，不少人则默然接受。这个期间，宋振庭还到敌伪统治严密的县城周围，进行镇压汉奸和袭击敌人据点、夺取武器的斗争，并对伪军家属晓之以大义，明之以利害，动员他们说服亲人弃暗投明。

宋振庭在县、区委讨论对敌斗争的计划和策略问题时，总是以他那敏锐的头脑陈述自己的见解，博得同志们的钦佩。他还常常以流利通畅的文笔，亲手草拟政治攻势的传单，起到了团结群众，瓦解伪军，打击敌人的作用。

在争夺政权斗争的同时，宋振庭还抽空给县委的同志讲哲学、讲形势，对青少年进行中华民族抗日救国的教育，打破敌占区日本军国主义推行的奴化教育。他参与全县对敌斗争的宣传教育，经常在区村的群众大会上进行形势政策宣传。1943年秋的一次区干部和群众大会上，他用"今年打败希特勒，明年消灭小日本"、横批是"接着完蛋"这种对联式的题目作演讲，内容简明、生动，加之他那丰富的学识和善于辞令的讲演口才，受到了干部群众的极大欢迎。群众都喜欢听他的讲演。他走一村，讲一村，村村都欢迎。有时一天晚上讲两场，嗓子讲哑了，就哑着嗓子讲。白天，他在田间地头、大树底下开辟课堂，他的这种机动灵活、富有成效的宣传工作，多次受到上级的称赞和表扬。

在紧张的对敌斗争中，生活异常艰苦，宋振庭经常露宿在野地树下和住在地洞里。由于缺少粮食，经常是几块红薯、一碗菜汤充饥，有时一天也吃不到什么东西。为了克服物资供应困难，他深入发动群众，常年穿着大襟衣服，腰上束根带子，有时肩背粪筐，走村串乡进行宣传，组织群众，坚持敌后抗日武装斗争。他对敌人无比仇恨，对人民、对同志无限热爱，始终满怀激情，有说有笑，闲暇时还为群众唱上几段京剧，春节庙会还登台演出。宋振庭在曲阳工作期间，结识了区妇救会主任宫敏章，他们在深入敌后发动群众、组织抗日武装斗争中并肩作战，加深了相互间的了解和信任，终于在1945年2月结成革命伴侣。

开辟新区，建立政权

1945年8月抗日战争胜利后，我党确定了"向北发展，向南防御"的战略方针。党中央号召东北籍的干部返回东北工作。宋振庭于8月中旬从晋察冀根据地出发，途经张家口、赤峰、承德来到中共中央东北局所在地沈阳市，被分配到中共中央东北局机关报《东北日报》社工作，担任编辑。尽管他没有做过新闻工作，却仍以高度的革命事业心和工作热情全身心地投入到工作中。在同志们的帮助下，没有多久就承担起这张党报第一版的主编工作。老同志评论他从事这段工作时"文思敏捷，颇有才华"。

1945年底，蒋介石公然违背全国人民的意愿，撕毁"双十协定"，在美国的支持下，大肆向东北派兵，东北形势遽变。在这危急关头，宋振庭接受了东北局林枫下达的抢救国家重点文物的任务。长春市伪满皇宫的藏书，大都是溥仪从故宫盗运出来的善本书，在天津静园时有善本书35箱，伪满时将这些古籍图书和文物运至长春，藏于伪满皇宫东院藏书小楼之内。1946年1月，国民党东北行营经济委员会主任张家璈以"接收大员"名义，派人将这些文物全部"接收"。由于我军迅速解放长春，张家璈盗运这些藏书的阴谋未能得逞。5月，我党鉴于敌强我弱的形势，决定实行战略转移，时间非常紧迫。宋振庭带领一班战士，面对着宋、元版等善本书，影印的《清实录》，珍稀古画和外文书籍等，深感责任重大。他们夜以继日地清点、整理、包装，终于在我军撤出长春的前一天（5月22日）将之运往吉东革命根据地。

1946年5月末，宋振庭任延吉市委书记。延边是日本帝国主义入侵较早、统治严酷的地区，也是朝鲜族聚居地区。当时延吉市的阶级斗争非常尖锐复杂，市人民政府的牌子经常被敌人摘掉。但他在困难艰险面前毫不畏惧，全力投入到开辟新区的战斗中。

东北局于7月7日通过了陈云起草的"七七决议"，号召干部"走出城市，到农村中去"，发动群众，反奸清算，迅速创建广大的农村根据地。宋振庭亲自带领工作队到海兰区。该区群众深受日伪军警宪特的迫害，苦大仇深。宋振庭深入群众访贫问苦，唤醒贫苦农民的阶级觉悟，发动群众进行反奸清算斗争。他和市委宣传部部长李仲民先后住在朝鲜族群众金信淑老大娘家里。金信淑的丈夫金学俊，原是日伪反动统治初期延吉县委的同志，他曾亲眼看到敌伪汉奸残杀抗日游击士兵和人民的暴行。临终前，写下了《伪满河东自卫团屠杀革命同志罪恶史》。金信淑将它装入瓶内，埋入地下，期望日后为死难烈士申冤报仇。宋振庭反复对金信淑进行了启发教育，提高她的阶级觉悟，阐明"我们是延安过来的，是八路军，是人民的队伍，我们要为你报仇"。金信淑终于将埋藏多年的丈夫写的遗作交给了工作队。自此，海兰区人民都纷纷来向工作队揭发日伪敌特分子。宋振庭在深入发动群众，掌握罪证，调查核实的基础上，逮捕了延吉县小营子伪自卫团长崔南顺、李哲宇和河东伪自卫团顾问朱禧善等18名罪犯。1946年10月，经省委、县委批准，在延吉市①召开了万余人参加的"海兰江大血案清算大会"，对上述18名反革命罪犯进行了公审，几十名受害者和烈士家属控诉了罪犯的罪行。血泪的控诉点燃了群众的满腔怒火。大会开了4天，海兰人民终于在共产党领导下清算了长达14年的深仇大恨。《东北日报》以"十四年冤仇今朝报"的醒目标题作了报道。"海兰江大血案清算大会"后，人民阶级觉悟大大提高，群情激愤，党在人民心目中的影响加深了，为我党进一步发动群众、开展土地改革运动奠定了坚实基础。

宋振庭十分注意贯彻执行党的土地改革政策。兴安乡平安村是一个仅有10户人家的小村，有9户贫农，1户富农。在平安村的土改试点中，宋振庭实事求是地确定了这个村的土改政策。由于落实政策好，人心稳定，土改后农业生产得到很快的发展。农村的土地改革和城市的工商业发展有着密切联系。为了扶植城镇工商业的逐步发展，活跃城乡经济，宋振庭十分注意划清农民进城起浮财和保护私营工商业者正当权益的界限，既有利于土改的顺利进行，又保护了一些私营工商业和个体劳动者。当地有个叫刘鹤飞的老中医，自己在城里开了个诊所，乡下有几垧土地出租。为此，农会派人来城里抓人起浮财。经过宋振庭耐心的说服教育，这位老中医得到保护。后来的实践证明，这样做有利于群众的就医治病。

解放战争初期，延边地区是吉林省的主要根据地。延吉县的人口占延边地区总人口的1/2。它辖延吉、龙井、图们、明月4个市18个区，是延边的大县。1947年2月，宋振庭被任命为这个县的县委书记。这时也正是东满解放区最困难的时期。吉东根据地山多地少，粮食、棉花都不能自给，财政困难。后方的土匪和地主武装还未彻底肃清，前线又亟待人力、物力的支援。在这种情况下，宋振庭在省、地委的直接领导下，认真贯彻执行党中央关于土改的"五四指示"，深入发动群众，开展土地改革，组织大生产运动，开荒扩田，解决吃饭、穿衣问题，并提出了"好男儿参军去，好妇女下地去"的口号，组织广大农村妇女参加生产劳动。同时，在广大妇女中开展了"多纺多织，支援前线"的活动。根据延边农业生产特点和朝鲜族会种水稻的特长，提出了大搞水稻生产、改良发展延边黄牛和扩建苹果梨果园等号召。这些发展生产的措施，为吉东根据地经济恢复和发展，为东北解放战争的胜利，作出了重要贡献。

宋振庭在少数民族地区工作时，十分重视对少数民族干部，特别是妇女干部的培养。"海兰江大血案清算大会"后，他就注意到金信淑的政治成长，亲自过问她的入党问题。1947年，宋振庭在东兴安乡蹲点，住在李玉今家中。这位妇女于1946年6月送丈夫去参军，当她丈夫在四平攻坚战中英勇牺牲时，她又说服公婆动员两个小叔子一齐参军。她还是位生产劳动能手。经宋振庭启发教育，这个受苦受难的农村妇女加入了中国共产党，1947年末被选为县劳动模范，1948年又被选为特等劳模，成为全县贫下中农学习的典型。她还先后出席过全国烈军属社会主义积极分子大会和在莫斯科召开的世界妇女大会。

1950年，根据农业生产互助合作的发展需要，宋振庭在上级党委的部署指导下，在延吉县试办起吉林省的第一个高级农业生产合作社——金时龙农业生产合作社，对全省的农业互助合作化生产运动，起到了一定的示范作用。

宣传马列，教育人民

1950年秋，宋振庭调到吉林省人民政府任党组成员、文化处处长。1952年"三反"运动后，他任省委宣传部部长。50年代初期，共和国刚刚诞生，百业待举，宋振庭以极大的热忱，把全部精力投入到党的宣传文教事业中。

为了适应蓬勃发展的形势，宋振庭及时调整和充实了宣传部的机构、人员，使省委的宣传工作逐步走上了正轨。当时，党中央十分重视加强干部队伍的理论修养和提高其政治素质，以适应全国大规模经济建设高潮的到来。在干部正规化教育中，宋振庭始终把抓好干部的理论建设作为宣传部门的首要任务。他和董速（当时任省委宣传部副部长）一起，在省直机关培养训练一批理论教师，继而再由这些教师给广大干部去上课。宋振庭也亲自给干部讲哲学、政治经济学、科学社会主义学说和党史。为了使全省在干部理论教育中有理论与实际相结合的教材，除了自己编写《怎样自修哲学》、《什么是辩证法》、《思想 生活 斗争》等哲学小册子外，他还组织省内高校知名学者编写了《马恩列斯的哲学语录》、《马克思哲学原理教科书》。他还亲自主编了《社会主义政治经济学教科书》。

为了促进吉林省社会科学哲学研究工作的发展，宋振庭早在1954年就提出筹建省哲学社会科学研究所的建议。

50年代，在他的主持下，全省从省直机关到工矿企业、农村，自上而下地组成了宣传工作网，县级以上设辅导员、报告员，县级以下设宣传员。党在每一个时期的方针政策、中心任务、国内国际形势等，都通过这些报告员、辅导员、宣传员的讲解，传播到广大干部和群众的心里。他曾亲自和部内同志拟定学习《社会主义过渡时期总路线的宣传提纲》等。各级党组织还定期召开优秀辅导员、报告员、宣传员代表会，肯定成绩，交流经验，奖励那些在宣传战线上作出成绩的优秀分子，这就使党的宣传工作生气勃勃。在他的组织领导下，全省建立了"四网"，即宣传网、通讯网、有线广播网、科学普及网。这个时期，在全省城镇还建立起街头画廊，对普及宣传教育起了很大的作用。

宋振庭领导宣传、教育、文化艺术工作，虽然他不是专家，但也不愧于"内行领导"的称号。他对于社会科学以及文化艺术的各个门类都有着广泛的爱好和不同程度的钻研，因而他对于这些事业的领导和调度，颇具章法。为了把吉林省宣传文教事业的基础打好，他认为培养提高宣传文教部门骨干队伍的政治素质、加强其理论修养，是非常重要的。1954年春，他提出举办宣教系统党员干部训练班，抽调全省各级党员领导干部和非党骨干500多人，参加为期半年的学习，他亲自组织并多次为学员讲课。通过学习，有力地提高了全省文教战线各级领导的政治理论水平和工作能力。1956年初，他又开始筹建宣教干部学校（后改为宣教党校），开始对全省宣教干部进行了分期分批的轮训。全省大批宣传、教育、文化、卫生、科研和体育等部门的干部，经过比较系统的理论学习和党建、党性的教育，理论水平和政治素质能够较快地适应社会主义文教建设事业的发展需要。50年代，他经常深入农村，和农民同吃同住同劳动，注意调查研究。为了加强农村思想政治工作，他组织起草了给省委的关于在生产队建立政治队长的报告，后经省委讨论，同意在全省实施。

50年代，吉林省的社会科学和文化事业的基础还很薄弱。吉林省被日本帝国主义侵占了14年，受殖民地的文化影响很深。为了尽快地消除那些殖民地奴化的文化垃圾，使人民群众摆脱落后的精神文化状态，繁荣和发展社会主义的新文化，宋振庭努力抓了文化艺术团体的建设。1952年到1958年，先后成立了吉林省文联及协会、省博物馆、省作协、省歌舞剧院、省京剧院、省吉剧团等。对这些艺术团体，他要求坚持社会主义的文艺方向。宋振庭在给省歌舞剧院确定办院方针时说：我们吉林省的歌舞艺术要坚持社会主义内容、中国的民族形式和吉林省的地方特色。为了加速文艺人才的培养，使文艺队伍后继有人，在他的倡导下，又成立了省艺术专科学校（现为吉林艺术学院）、省戏曲学校等。宋振庭在领导这些文化艺术单位的创建和日常工作中都表现出很大的创造性。

粉碎"四人帮"之后，宋振庭重返省委主持省委宣传部工作。他首先把工作重点放在"揭、批、查"运动上，旗帜鲜明地揭批"四人帮"及其在吉林省帮派骨干分子的罪行。在揭批"四人帮"初期，人们往往只注重对其罪行的谴责，而很少从理论上彻底清算"四人帮"的反动思想体系，从社会的历史的根源上弄清他们的由来和发展。宋振庭针对这种情况，先后为《吉林日报》撰写了《评"四人帮"的反动世界观》、《论"四人帮"的出现与灭亡》两篇评论员文章，并很快被《人民日报》以特邀评论员文章刊出，在国内颇有影响，成为当时理论界批判"四人帮"的有力武器。

宋振庭非常注意新闻舆论工作，经常提出问题和省报、省广播电台的同志商量，经常给报刊写文章。省报在他的直接领导下，揭批"四人帮"，贯彻十一届三中全会精神，在全国省报中是走在前头的。"文化大革命"中，党的优良作风遭到严重破坏，党的文风也被糟踏得不成样子。假话、大话、空话、套话、"帮八股"泛滥。粉碎"四人帮"后，文风亟待转变。有鉴于此，宋振庭为《吉林日报》连续写了三篇文章：《写文章要真凭》、《要讲心里话》、《要与读者心理相通》。《人民日报》相继转载。这些文章，使人们认识了当时文风之不正，对扫荡"帮八股"的流毒起了很好的作用。这段时间，他个人还出版了《论党性》、《讴歌与挥斥》等书。

尊重知识，爱护人才

宋振庭在吉林省工作的 30 年里，发现并培养了一大批宣传教育方面的人才。他本身才华横溢，也更尊重知识，爱护人才。在他的领导下，那些有专长的人才都能发挥作用，不被压制和埋没。在他主管的文教领域里，聚集了一大批政治素质好，又有一定真才实学的人，其中包括许多党外人士。

宋振庭认真贯彻党的知识分子政策。他经常讲："我们宣教系统很重要的一个工作就是做知识分子工作，做好爱护和团结人才的工作。""没有知识，没有知识分子，革命不能成功。""我们的老祖宗（马、恩）不仅有知识，而且是大知识分子。"他说："吉林省文教战线的人才不足，我们这个地方有点偏僻，这个码头不热乎，要改变这种状况，要广招人才。"五六十年代，在"左"的政治气候影响下，没有对党的政策的正确理解，是不可能把各种各样的人才团结到一块的。一次，宋振庭去北京开会，陈毅向他推荐了张伯驹先生。宋振庭早就知道张伯驹是位文史专家，耿直爱国，诗词造诣很深。宋振庭当即表示欢迎。后经省委研究，张伯驹被安排在吉林省博物馆任副馆长。张伯驹夫人潘素也被安排到吉林艺术专科学校任教，使他们有了用武之地。宋振庭为戏剧界、美术界、出版界和体育界都曾聘请一些专家，如美术家、画家王庆淮、佟雪凡、李守仁、王丙召、靳之林；著名京剧演员王玉蓉、毛世来、梁小鸾、陈正岩、小白玉燕等等，都安排了适当的工作，充分发挥了他们的专长。为了发挥著名诗人、中国人民解放军军歌作者张松如（公木）的特长，宋振庭责成省文化局把张松如请到吉林，安排到省图书馆工作。后来又把张松如安排到吉林大学做中文系代主任。宋振庭认为这些人都是专家、学者，搞学问、搞业务还得靠他们，请他们到吉林来，对全省文化工作是有益的。事实证明，他们都为吉林的文化教育事业作出了重要贡献。

1962 年春，周恩来总理在广州召开的科学工作会议和戏剧创作会议上作了《论知识分子问题》的报告。宋振庭非常拥护，并认真宣传贯彻执行了，他逢会必讲："革命需要知识分子，建设需要知识分子，要很好地使用和改造知识分子，使他们更好地为社会主义事业服务。""我们党组织的责任，就是团结、教育那些出身、经历和我们不同的人，提高他们的觉悟。"他身体力行，敢于使用和保护知识分子。

宋振庭在和知识分子交往中，襟怀坦荡，平易近人，谈吐风趣，以理服人，加上他那种虚心好学、不耻下问的精神，使许多专家、教授等知识界的朋友们不把他看作领导，而是把他当作自己的挚友，都喜欢接近他。宋振庭喜欢广交朋友，经常到这些人家里拜访，促膝谈心，倾听他们的意见和建议。他了解这些人的工作、生活和思想情况，对于他们的学术研究、职务安排、政治待遇以及生活上的住房、医疗等问题都亲自过问。

宋振庭一度任省委文教部部长，他认真贯彻《中共中央、国务院关于教育工作指示》。1958年在省委的统一安排下，他积极去北京同国家教育部、一机部、卫生部协商，然后又奔赴我省的各大学去做思想动员工作，使我省很快形成以吉林大学、吉林工业大学、吉林医科大学（后改名为白求恩医科大学）、东北师范大学、吉林农业大学等为主体的综合工、农、医、师成套的高等教育体系。多年来，为国家培养了大批建设人才。

在全省教育工作会议上，他多次提出，要"落实知识分子政策，要尊重教师的劳动，关心教师的生活，重视教师的工作和进步"。这对建立一支又红又专的人民教师队伍，提高教师社会地位有很大影响。他在主管教育工作中，认真抓了干部和职工的业余大学教育。如长春第一汽车制造厂的职工大学、延边黎明农民业余大学和省、市直属机关的夜大工作。全省的农业中学，大都是在这时创建的。农中的教育和农村生产、科学实验相结合，深受广大农民的欢迎。我省的勤工俭学活动这时也有很大的进步，涌现出大批先进典型，中小学的勤工俭学收入增到7亿元，几乎接近于国家拨给的普通教育经费。教育部曾在我省召开全国的勤工俭学会议。这与宋振庭的重视教育、努力工作是分不开的。

当然，在"左"倾思想一度占主导地位的特定历史条件下，宋振庭也说过一些错话，做过一些错事，但他知错必改。他一旦发现错误，便能勇敢承认，坚决纠正。50年代后期，党内"左"的思想抬头，宣传文教系统也错划了一些右派。1959年"反右倾"时，又有人戴了"右倾"帽子。后来，中央要求对这些人进行甄别，错了的要"摘帽子"。在一次省宣传文教口大会上，请了一些"右派"和已摘帽的人与会，宋振庭诚恳地说：

"今天请大家来，我要给大家行脱帽礼，这么多年，你们背上很沉重的包袱，政治上受压制，精神上受痛苦，生活上也造成了很多困难。对不起你们，现在向你们作自我批评，希望能得到大家的原谅。"他语重情长的话使到会的同志如释重担，倍感亲切。一位老作家当时热泪盈眶，深深地受到了感动。

宋振庭调北京工作后不久，得知省里召开文代会，他惦记那些在50年代末和60年代度过风风雨雨的文艺界朋友们，特发来贺电。尤其令人敬佩的是，他在贺电中还作了自我批评，与会代表深受感动。许多同志都不禁深深地回忆和怀念他对吉林省文艺界所作出的贡献。

热爱文物，保护遗产

宋振庭在长期做宣传文教工作中，为了提高对文物的鉴赏力和观察能力，曾和一些文物鉴赏家交朋友，拜专家为师，虚心请教，从而学到许多宝贵的东西。他经常和同志们讲，十月革命后，日丹诺夫担任苏俄文化方面的领导，一些音乐家以为日丹诺夫不懂音乐而对之非难，日丹诺夫却利用一个机会，非常成功地演奏了一段古典名曲，使在场的音乐家们惊呆了，从此被折服了。宋振庭以此鞭策自己和教育同志们尽快熟悉文教工作，只有这样才能实行有效的领导。

50年代末到60年代初，我国当代著名画师张大千、溥心畬、王一亭等人的作品在国内价格相当低廉，甚至无人问津。宋振庭以他那敏锐的艺术鉴赏眼力和政治家的宽广胸怀，不怕他人非议，为吉林省博物馆制订了书画征集方案。提出博物馆书画藏品要兼容并蓄，对文物市场上张大千、溥心畬等人的画要见着就买，要把名人书札册全部征集到手，将来研究张大千、研究溥心畬、研究扇面艺术、研究书画的人都到长春来，吉林要成为热码头！要把博物馆办成某些学科和研究领域的中心和基地。在这个指导思想下，吉林省每年都有大批书画藏品进馆，总计近百年书画藏品达4000件，其中张大千、溥心畬的大批艺术财宝得以在国家文物机构和高等艺术院校被珍藏保护起来，避免了流失。

长春是伪满洲国的"首都"，日本侵略者投降后，溥仪仓皇逃离，伪满皇宫中许多价值极高的书画和善本书籍等重要文物散落民间。宋振庭对此极为关注。他同省文化局局长高叶一起组织了著名书画收藏家张伯驹，吉林大学教授于省吾、罗继祖、裘伯弓、单庆麟和长春应化所阮鸿仪等同志，组成书画鉴定小组，咨询指导吉林省博物馆古代书画征集、科研工作。

1962年春，省文化服务社（省文物店前身）从长春市一市民手中购得一件金人张瑀的《文姬归汉图》，这是一幅1945年从长春伪满皇宫流失的清内府珍贵名画。这一名画的发现，曾轰动了文博、美术界。当时卖主不了解党的文物政策，存有疑虑，不肯据实申报家庭住址。宋振庭了解这一情况后，亲自带领有关业务人员跑遍了长春市。在公安部门协助下，找到了藏主，几经周折，终于使藏主同意由国家收藏该画。为了宣传文物政策，后来在一剧场召开了隆重的奖励大会，向这位藏主颁发了奖状和奖金，以扩大影响，使流散到民间的珍贵文物尽快回到国家手中。同年夏天，在宋振庭建议下，省博物馆举办了故宫流散书画展，编印尚未发现的故宫流散书画目录，在报刊上加强宣传报道，刊登征集广告。1963年他还亲自出面做工作，使一件原故宫流散已久的明代董其昌的《昼锦堂图并书记卷》回到了国家博物馆。这是董其昌精心创作的得意之作，书与画合璧，堪称代表作，为鉴赏家所瞩目。

为了学习和鉴赏，从50年代初，宋振庭就用自己有限的一点工资买了40多把扇面，经常拿出来观赏。他爱不释手，但又担心这些东西受损失，很快就连同发票转让给省博物馆。1964年他购买了一件金末元初著名画家何澄所作的《归庄图》，此为何澄传世作品之孤本，实属极为罕见的故宫散失书画中的珍品。不久他把这幅名画以原价转让给吉林省博物馆。同时还将其他一些书画藏品也转让给了省博物馆。在他的影响下，许多收藏家如张伯驹、阮鸿仪、于省吾等人也将自己收藏多年的珍贵书画捐赠和转让给国家。同年，宋振庭还将其珍藏的善本书籍 12 种 184 卷（其中多为明版，个别的是清版）无偿赠送给了当时的东北文史研究所。为了支持吉林省艺术专科学校的教学工作，还把自己收藏的 40 多件现代画家的作品赠送给他们。

1978 年，宋振庭去抗日战争期间工作过的河北曲阳县寻亲访友。曲阳是古代定瓷的产地之一。他参观了一个古瓷窑的旧址，拣了几块碎瓷片。当地群众拿来了一些喂猪、点灯用的土瓷器和土花碗问他买不买，他和当地政府说明，买了几件带回去，请专家研究鉴定，并建议县里领导把民间保存的瓷器收集一下进行研究。1979 年，他向中国历史博物馆史树青教授请教，并自己看了一些资料，才知道买来的四个土瓷碗是古定瓷的瓷模，是有价值的文物。同年，在定瓷讨论会上，宋振庭拿去一个瓷模供与会者研究，后又让曲阳县定瓷研究所带去一件仿制。为进一步宣传，经于光远介绍，上海文物出版社将该瓷模收录在《中国陶瓷·定瓷》画册中。经宋振庭的悉心研究和介绍，这湮没已久、鲜为人知的珍贵文物恢复了它的青春。尔后他将这四件瓷模"完璧归赵"，由曲阳县文物所收藏。

他酷爱文物，靠工资、稿酬搜集许多文物，到头来又交给了国家，尽了公民的爱国之心，尽了共产党员的党性义务。

创建吉剧，繁荣舞台

宋振庭自主管吉林省宣传文教工作开始，就决心使吉林文化事业放出奇葩。他说：吉林这个地方，山川秀丽，物产丰饶，人民勤劳纯朴，有着可歌可泣的历史，只是由于开发较晚，文化上还显得荒芜。就像一个健美的少女，还未梳妆打扮，所以还未引起人们足够的注意，她的光彩还未照亮诗人和画家的眼睛，要妆点她，就要发展文化。

1958 年，根据周恩来关于东北各省要有自己的剧种的指示，经省委研究批准，中共吉林省委戏剧工作小组建立，由宋振庭兼任组长。在他主持下，工作小组制订了全面发展、繁荣吉林省戏剧艺术事业的规划，特别是要抓好新剧种的创建工作。宋振庭和省文化局、省委宣传部文艺处的负责同志研究，要在吉林省搞一个具有本地特点的新剧种。他和同志们一起，经过反复的深入比较、鉴别和选择，决定以流传在东北民间二百多年的"二人转"为母体，来创建吉剧。

二人转是东北民间土生土长的群众喜闻乐见的艺术，它以说唱为主，不是成型的剧种。解放后，在党的百花齐放、推陈出新的文艺方针指引下，二人转有了新的发展。宋振庭在文艺上具有多方面的造诣和修养。早在50年代初，他就对这一关东地方艺术之花——二人转产生了浓厚的兴趣，并给以多方培植和鼓励。他前后写下了数万字论述和赞美的文章，并多次在大会上说："二人转有长处，打不垮，敲不烂，像柳树枝一样，插哪都活。""二人转的根基在人民群众之中，是很好的、很有生命力的东西……它和人民日常生活艺术最接近，和民歌、秧歌、笑话、民谚、相声等接近，和日常生活中的小喜剧接近，和人民最近，这更是它的长处。"他把二人转的优点概括为"四大宝库"：一是农民语言的宝库；二是音乐曲调的宝库；三是舞蹈语汇的宝库；四是东北民间说唱表演艺术的表现方法的宝库。

创建新剧种的过程中，他亲自抓剧目、声腔、演员三大关键。根据他的提议，省文化局组织了戏剧工作者在"二人转"《蓝桥会》的基础上，创编出用于舞台演出的新剧目《蓝河怨》。经省新剧种实验剧团四个多月的努力，该剧终于在1958年国庆节前夕和观众见面了。宋振庭写道："《蓝河怨》的上演给创造一个优美动人的新剧种铺好第一块基石。"接着他就绞尽脑汁地考虑下一个剧目。根据梅花性格刚强、迎风傲雪、质地纯洁、一尘不染，桃花的性格软弱、没有斗争性，李花清润漂亮、性格刚柔有致的特点，他准备把桃、李、梅的性格形象化，写出一个刻画这三种性格人物的剧本。在省文化局同志的协助下，他同省直艺术造诣较高的同志一起，终于完成了剧本的创作。这就是在省内演出超千场，被兄弟剧种移植，后来又拍成电影的《桃李梅》。在吉剧创建过程中，他白天去机关上班，晚上就把剧组的创作人员请到家里来，研究唱腔和配乐问题，一讨论就是大半夜。他和大家研究了东北二人转的"红柳子"、"咳咳腔"、"四平调"等主要腔调和大秧歌的唱腔特点，确立了吉剧板腔体的主基调，并确定了"不离基地，采撷众华，融合提炼，自成一家"的吉剧创建的十六字方针。

吉林省参与吉剧艺术创建的编剧、作曲、导演、演员们一致认为：宋振庭不仅是吉剧创建的组织者和领导者，而且也是具体的实践者，他是吉剧的奠基人。

勤奋好学，锲而不舍

40年来，宋振庭主要是做宣传、文化教育工作，他的知识和学问也是靠边工作、边学习积累起来的。他有一个信条：一个合格的干部不能做本职工作的外行。一年两年当外行可以，时间长了，还是外行，作为党员，从党性来说是不允许的。宋振庭原有文化程度只是初中毕业，到延安又读了两年抗大。作为一个省主管意识形态工作的宣传部部长，成天生活在理论界、教育界、文艺界、新闻界、出版界的各类专业人员和学者、专家之中，崭新杂重的工作任务迫使他孜孜不倦地去求索、学习。他一方面拼命地工作，另一方面坚持刻苦学习，认真读书，在知识的原野上纵横驰骋。他利用一切可以利用的时间读书，博精兼容，吃饭前、睡觉前总要拿一本书看一阵子。晚间读书到十一二点钟，每次出差，总要带上一大包书，在车上、船上、飞机上都要看书。为了涉猎更多的知识，他不断地买书。凡有关哲学、史学、文学、音乐、戏曲、美术方面的书，见了就买，买来就读。还经常到省、市和大学的图书馆去借书。他卧榻周围被一书墙围起来，坐着看，躺着看，一看就到深夜。不管在吉林工作期间，还是调到中央党校后，多年一贯如此。他在生活上一向是马马虎虎，每次出差，不是丢毛巾、衣服，就是丢手表等物，但是他带出去的书却从来没有丢过。"文化大革命"中，"造反派"多次抄家，有时一天抄几次，衣物等东西丢了他漠不关心，但每次被批斗回家，总是先去看看书架上的书少了没有。一次"造反派"扯了半书架的书，他回家看到后，不断发出长吁短叹。他被关押后，不能回家，便从"牛棚"捎信，让家人给他送书去。看管的人说，除了《毛选》之外，其他书一律不准看。后来几经交涉，才准许他看医学方面的书籍。他利用被关押的三年时间读了许多中医理论书籍。后来到"五七"干校工作，他就给一些学员和附近的农民看病或提出医治意见。

宋振庭在学习上不耻下问。他常说："三人行必有我师，孔子是圣人，还要不耻下问，何况我辈！""学问"，顾名思义，学从问来，问是学的开始，养成打破砂锅问到底的习惯，才能成为有学问的人。在吉林省，他结交了许多知名的学者和教授，如历史学家兼古文字学家于省吾，文学家、诗人张松如，历史学家、文学家杨公骥等，他利用节假日或休息时间登门虚心求教，回来便"按图索骥"，按历史的顺序、哲学的逻辑、中外思想史的发展框架加以分类研究，经过理解、分析、比较，得出自己的理论。他的一些有关文学、史学和中国哲学史的知识，就是这样积累起来的。

50 年代末，他为了弄清有关佛教唯心论方面的东西，除了读过不少佛学书籍之外，他又同和尚、道士交起了朋友。一到星期日，他便匆匆吃完早饭到长春护国般若寺找老方丈澍培，和这位佛学界颇有名气的法师一谈就是一日，兴致勃勃，有时还要记笔记。到外省，也到处拜访著名方丈。他说："中国的佛教唯心论，光靠读书还不能真正弄懂，只有经过跟佛学造诣较深的方丈、法师'攀道'，才能对其奥秘有所了解。"在北京，他结识了赵朴初，两人在一起大讲起佛学来。事后赵朴初说，想不到我们的老干部中还有对佛学懂得这样多的人。他还结识北京和其他地方的一些画家、音乐家、戏剧家、曲艺家等，如吴作人、许麟庐、谢稚柳、谭元寿、马长礼、骆玉笙等。他说："这些人都是我的老师。"他一有机会就登门拜访，向他们虚心讨教。他交友情笃，以诚相待。1983 年，京剧表演艺术家姜铁麟检查出肝癌晚期，只能活几个月了，他特意将姜铁麟及夫人吴素秋接到家里，陪伴护理了一个月。他还经常看画展、听音乐，观摩戏剧演出，有时也写些评论。就这样，把美术、音乐、戏曲等知识积累起来。一次北方昆曲剧院请他去看《牡丹亭》的彩排，他竟能将杜丽娘的唱段一段一段背诵出来，使那些戏曲专家也大为惊异。因此，这些艺术家也很佩服宋振庭，都愿意同他来往。

宋振庭在知识的海洋纵横荡漾，广泛涉猎，博精兼备。他认为"博"与"精"是一对矛盾，可以结合起来，根据需要和可能，读书面要宽，因为各门知识之间都有内在联系。他对主要的、基础的书籍进行精读、深钻，以求由博而精，以精带博，相辅相成。

在生命的最后几个月里，在医院的病榻上，他还孜孜不倦地学习、看书、学画。"读书的渴望，老而弥浓"，"此时只有一个心愿，在进八宝山之前，尽量多知道一些革命道理，尽可能做一个清楚明白的共产党员。"

忠心耿耿，无私奉献

宋振庭一生忠于党的事业，服从党的安排，有严格的组织、纪律观念。1954年东北行政大区撤销，东北六省合并成了三个省，有些干部调到吉林来。这时省委任命兰干亭为省委宣传部部长，宋振庭由宣传部部长改任副部长，他顾全大局，愉快地服从了组织的决定，并主动向兰干亭介绍情况，主动配合。他经常下厂、下乡、下校蹲点，总结典型经验，较好地完成了这一阶段的繁重的宣教工作任务。

1966年，"文化大革命"一开始，宋振庭就成了吉林省的第一个"黑线人物"，定为"反革命修正主义分子"而被打倒。这时，他正患肝病，但却遭到了一连串无休止的批斗，游街示众，关禁闭，进"牛棚"，受尽折磨。尽管如此，他仍保持共产主义的坚定信念，相信光荣的中国共产党。1971年6月，他被"解放"，安排到省"五七"干校任副主任。在这期间，他一心扑在工作上，任劳任怨，兢兢业业地为党工作。

几十年来，宋振庭在工作中善于调查研究，敢于说真话，做到了实事求是。1961年，他到怀德县几个公社搞调查，发现一些干部说假话，谎报工作成绩，谎报粮食产量和社员分配日值，后来了解到这种现象比较普遍，因而造成国家购了过头粮。秋天入库，春天返销，浪费大量人力物力，劳民伤财。许多农民领不回口粮，出现了社员与社员、社员与生产队间的"三角债"。针对这种情况，他在怀德县直属机关干部大会上，在同公社干部谈话中，都强调实事求是，讲真话、实话，多次引用毛泽东在《党内通信》里讲的"说假话一害人民，二害自己"的道理。为反映和解决高估产、购过头粮及社员虚分配问题，他给省委写过专题报告，省委曾转批各市、地、县。这个报告后来也被中共东北局转发了。

同年秋，他到九台县做征购粮入库工作。省、市去了很多干部，下到各社队的干部汇报说，生产队已经没粮可送了，再送粮入库，口粮会不足，种子、马料都会送光，过春节后就得返销，来年春耕生产要受到影响。根据这个情况，宋振庭积极做县委领导同志的工作，希望他们据实向省里写汇报。

1959年刮"共产风"时，他在各地听到群众对办大食堂很有意见。他认为，生产队办大食堂不能满足社员的口味，群众也不习惯，不利于精打细算地节约粮食，不利于发展家庭副业。办食堂要征得社员的意见。譬如办些季节食堂、劳力食堂还可以，为此他及时向省委作了反映。

宋振庭个人生活简朴，从不搞特殊化。他到各市、县去工作，从不赞成地方领导陪餐。有一次到一个县去，县委书记陪了一顿四菜一汤的晚餐。饭后他对这位书记说："你工作很忙，以后不要陪我吃饭，我在这里几天，你也不要分心。"并告诉招待所，每顿饭一菜一汤即可。在"文化大革命"前，他到九台县抓中心工作，住在县委招待所里和大家一起买饭。1962年，有一次出差到吉林市没买到软席车票，工作人员和他商量次日走，他说："买硬座票走，大家能坐我为什么不能坐。"车上人特别多，硬座也坐不上，而宋振庭与许多乘客一样，一直站到九台站才算有了个座。

宋振庭于 1979 年 3 月调任中共中央党校教育长，党委常委，1983 年 10 月任中共中央党校顾问。他是党的十二大代表和第六届全国政协委员。在中央党校工作期间，工作兢兢业业，敢于坚持原则，密切联系群众，为党校的教学、科研以及其他多方面的工作，作出了贡献。

1981 年，宋振庭身染重病住进了北京医院，以后又几次出院、住院。他以革命的乐观主义精神和顽强的毅力与疾病进行斗争。他是个相当豁达乐观的人，始终保持着旺盛的革命热情，继续关心党的事业和党校的建设。

染病的 4 年中，他带病广泛参加社会活动，参加各种会议。1982 年 8 月参加了中国法国史研究会第三届年会。1983 年 3 月，在纪念马克思逝世一百周年大会上，作了题为"论在落后国家如何建设社会主义的问题"的长篇发言。同年 6 月去延安出席了全国政治经济讨论会，接着又出席天津市政协的"读书漫谈"报告会，到上海市委党校给学员讲党课，在北京工人文化宫讲党的历史传统。就在他去世前的三个月，他还强撑病体在中央党校给学员讲了最后一课。他讲完课后，汗流浃背，声音更加嘶哑，但礼堂里却响起了经久不息的掌声。

在最后的 4 年中，宋振庭还曾两次率党校代表团访问过意大利和联邦德国。

宋振庭在北京医院住院期间，当病情稍有好转，便开始学画国画。那时画的一张大墨竹，苍劲挺拔，生机盎然，表现了他热爱生活的强烈愿望。和他同时住院的赵朴初看后，欣然握笔题词。1983 年末，宋振庭退居二线，作画的时间更充裕了，越画越多。先后在北京、吉林、贵阳、延吉等城市办过画展，还出了一本《宋振庭画集》。他在《我为什么要画画》一文中叙述道："许多朋友说'土八路'、'老家伙'画画的很少，又大多到了晚年，你如果壮着胆子，画几张挂出去……不是也可以增添些老干部的情趣么？……据有人说，画画可起治病强身的作用。一举数得，何乐不为？"他要给退二、三线的老同志开拓一条路，让老同志的精神生活更充实些。

1984 年 7 月，宋振庭又突发肠胃病，但他仍然抱着乐观的态度继续挥毫作画、写字、写文章。几年间，他写了大小文章 73 篇。1984 年 11 月，他再度住到北京医院，并卧床不起。

临近岁末，病情加剧，他着急了，要在生命有限的时间里，作最后的冲击——一定要完成由他主编的《当代干部小百科》的编审工作。他躺在病榻上，嘱人把参加编写的几十位同志请来，请各教研室的负责同志任分主编，整个编写任务实行定人、定内容、定时间，实行编写责任制。他恳切要求大家在他一息尚存的一两个月内，把书稿完成。大家为宋振庭的忘我精神所感动，昼夜赶写。每写完一篇，立即送给他过目。这时，宋振庭的手已经没有力气握住书稿，他只能把书稿放在凸出的腹部上，靠在墙上，伸着脖颈，艰难地逐字逐句审阅。这部书的 125 万字初稿，在大家通力合作下，以最快的速度编写出来。书的"前言"部分，由于宋振庭再也提不起笔来，不得不逐句口授，由秘书整理完成。

1985 年元旦，宋振庭与大家一起欢度了节日。他以粗犷的笔触写下了绝唱：

> 十险九叩地狱门，
> 牛头马面也生嗔。
> 传语人间太狂者，
> 此处无席可容君。

他还写了一副对联，悬贴门首，表明心迹：

> 天行健矣余行健，
> 地厚载哉我担山。

横批是：无愧乾坤

1985 年 2 月宋振庭已病势沉重，在行将离去的时候，他回顾了自己的一生，他面对死亡，从容镇定，万千感慨凝于笔端，写下了这样的诗句：

> 六十三年是与非，
>
> 毁誉无凭实相违。
>
> 唯物主义岂怕死，
>
> 七尺从天唱大归。

1985 年 2 月 15 日，宋振庭怀着"大唱而归"的心情离了人世。

注：

①1945 年 11 月中旬，根据中共吉林省工委的决定，设立延边地区行政督察专员公署，专属管辖延吉、珲春、和龙、汪清、安图五县。县辖行政区划为市和区，区下设乡。当时，延吉市由延吉县管辖。1952 年，成立延边朝鲜族自治区人民政府，延吉市建制由区级升为县级，直辖于自治区。

（原载《吉林党史人物》第八卷，吉林教育出版社，1991 年）

也来唱一番老调

读《星公杂文集》杂记

纪　康

　　"文化大革命"初期，我省吵吵嚷嚷而又很正经地批了一阵星公的杂文，那罪名也颇震耳惊心，什么"'三反'的大毒草"，"'三家村'吉林分店经销的黑货"，云云。风风雨雨，颠颠倒倒，时隔十几年，才人还其貌，文正其名，星公杂文又得以重新面世。

　　读罢吉林人民出版社新出版的《星公杂文集》，掩卷默想，禁不住也要发几句"杂感"一类的议论。

　　杂文是散文文学的一种形式。它是一种直接而迅速地对现实生活作出反映的文艺性政论。"议论而兼叙述者，谓之杂说"，我们的老祖宗很早就开始写杂文了，从战国时代诸子百家的著述，到近代五四运动时的杂文，不仅数量增多，其中佳作也数不胜数。它揭微显隐，指陈利害，切中时弊，在政治生活和文学创作上都发生过巨大影响。到了鲁迅手中，杂文这把匕首更加锋利，它带着寒光刺向国民党反动派，抗争得极为精彩漂亮，形成了独特的鲁迅杂文的风格。毛泽东同志的一些杂文是他著作中的名篇，是毛泽东思想宝库中的珍品。谁料到了极左思潮袭来，林彪、"四人帮"横行时，杂文便命乖运蹇了。它被当作打向人民的棍棒，曾对时弊痛下针砭的杂文作者，成了被砸的对象，为此而含冤罹难者可谓众矣！从此，报刊上为人民伸张正气的优秀杂文，实在鲜矣！粉碎了"四人帮"，杂文的春天又来到了，杂文创作才又开始繁荣起来。

今天，遴选星公杂文的旧作加新作结集出版，我以为，第一位的原因是在于这些杂文仍在放射着匕首与投枪的战斗的毫光，把自己鲜明的爱憎注入字里行间。作者说自己的杂文是"出于惩恶扬善的正当动机"，"自信主观上并没有说过假话"，唱的是"意率言真的歌"。读过全书之后，对此是"读者可以明鉴"的。在谈到"心有余悸"问题时，作者写道：

真想办点事就得斗争，要斗争就要得罪人……帽子、棍子还会来，有些现成的话正等着你，这是意料中的事。但是"曾经沧海难为水，除却巫山不是云"，管他九妖十八变，你反正全经过、见过了。不就是要别的没有，要命有一条，他又岂奈我何！何况请看今日的城中竟是谁家的天下？"四人帮"的余党再凶、再跳、再蹦也不过尔尔，又怕他个什么鸟！

（《做官还是做事？》）

在分析有的人不肯尽快落实党的政策的原因时，作者说：

因为如果要落实党的政策，就要否定他，就要推翻他干过的坏事，要把他牵连在内……这些事本来就是他干的，你要落实政策，那可怎么得了。他能甘心情愿吗？何况，他还正掌握着这里的一些人事、组织大权，他怎么肯顺顺当当地、干净利落又彻底地落实党中央的政策呢？

（《为啥落实政策慢腾腾？》）

星公杂文中所表现出的这种宁折不弯的革命斗争精神，不仅是战斗的杂文应有的风格，也是每个革命者应具备的可贵品德。对那种尽是说假话、废话、模棱两可的保险话，不痛不痒的"饸饹话"的文章，群众不屑看，不喜看；对说这种话的人，尤其是做领导工作的同志，群众也是貌似拥护心不信服，因而是没有威信，没有号召力的。

按内容分，杂文有两类。一类是攻击时弊的（包括揭露批判敌人的），可谓批判性杂文，一类是赞扬美好事物的，可称歌颂性杂文。我们多么希望前者越来越少（"断子绝孙"才好呢！），而希望后者多多益善啊。十分遗憾，这只能是主观上的愿望而已。鲁迅说，攻击时弊的杂文，应同时弊一同消亡。这话换一种说法就是，时弊没有消亡，批判性杂文就应健在。现在的事实是，"四人帮"为祟十年，时弊尚未消亡，甚而更见猖獗，杂文创作更该努力繁荣。比较一下《星公杂文集》中两个时期所写的杂文内容，真难说准这句话：是后期杂文所揭露批判的，不幸在二十年前就已被道个正着，还是前期杂文所批评过的事物，二十年后又该"老调重弹"？你看，二十年前的杂文，在为如何提高群众的艺术欣赏水平而献计献策，时过二十年，杂文却要严声厉色地高呼制止打砸抢、惩罚流氓了（《积极和趣味》、《舞台上下水乳交融》、《流氓、打砸抢分子是"四人帮"的敢死队》）；50年代的杂文热情地为"传道授业解惑"的"园丁"唱着赞美诗，祝贺他们桃李满天下，得其所哉，令人钦敬（《从年长教师代表会议想到的》、《师生之间》），70年代的杂文却要退到为"五风楼"问题，为解决教师和孩子们的安身立命之地而大声疾呼（《有条件不如有志气》）；过去是赞美我们富饶的土地，美丽的城市（《要揭示出美来》、《红五月心谈》），现在则要呼吁管教"败家子"，请孩子们来监督"叔叔阿姨"了（《大家都来管教败家子》）；早已批过了主观主义、官僚主义、违反辩证法的"一刀切"的思想方法和领导方法，二十年后还要为"专搞瞎指挥的人"再费笔墨（《唯一律癖》、《不能要专搞瞎指挥的人当家》）……这不明明白白地证明着，有些时弊依然故我，甚至在"四人帮"的滋养下，凛凛然更见肥胖吗？对这些令人生气败兴的事，人民不该"慨当以慷，忧思难忘"么？但却有人让我们戴上眼罩，塞上耳朵，权当没有这些事儿，去高歌"夜不闭户，路不拾遗"，"丰衣足食，太平盛世"，否则便是患了"感伤症"，于德有损。说这话的人患了什么"症"呢？对此类不正之风，革命者，正直的人，每一提起皆"愤愤然"，但不能取"何以解忧，唯有杜康"的消极战法。酒后发几句牢骚，缄口不言保持沉默。或图耳目洁净，趋而避之，以求洁身自好，怕是都不能消除时弊的。正确的态度该是正视它，揭露批判它。做坚决的韧性的战斗，才会"使不是东西之流缩头"。而尖锐犀利的杂文就是我们进行战斗的有力武器之一，应该充分发挥这个武器的威力。战斗需要杂文，杂文应该战斗！这该是重新出版这本杂文集的必要性与现实作用吧！

读者喜欢那种能够提出和回答现实生活中迫切需要解决的问题的文章，但杂文是政论又是诗，它在进行尖锐的批判时，还要摆事实讲道理，以理服人。把生动的事实和严谨的说理结合起来，用形象的活泼的语言进行表述，才能达到良好的效果。这本集子中的杂文提出和回答问题时，宣传马列主义毛泽东思想也好，阐述党的方针政策也好，提倡表扬一种事物也好，不是"正襟危坐"宣经布道式地进行干巴巴的说教，而是用大众化的生动的语言，用自己的语言进行叙述和议论。有的是由有趣的历史典故引入正题；有的先言他物，因物兴感，从而引起自然的联想；有的夹以恰当巧妙的比喻或生动的实例；有的正话反说或反话正说；有的一箭中的，有的迂回包围。写法不一，形式多样，叙述不呆板，议论不俗套，娓娓谈来，情真意率，文艺色彩很浓，真正透出一股"杂文味儿"来，所以，读后给人教育的同时，还"给人愉快和休息"，会引起一点回味和联想。应该单独提到的，还有这些杂文的知识性和趣味性。这本集子内容确实是"杂"，称为"杂文集"，名实相符。正因如此，读后会使人学到不少东西。它对涉及的哲学、美学、文学、史学、音乐、戏剧、美术、思想、情操等方面，都深入浅出地介绍了不少知识和常识，既增强了作品的说服力、感染力，又使读者在学习文化知识上受益匪浅，读时兴趣盎然。

还有一点要说几句。作者在后记中说，这些杂文都是"当时出于工作需要，或者为了宣传某种事物，或者为了批评某种现象，随手写下的"。领导者出于工作需要，就自己工作范围所涉及的问题，读点书，搞点调查研究，然后用自己的话阐述一下党的有关的方针政策，写写自己的认识与心得，提出点见解或办法，把这些向自己领导的群众讲讲，这对提高思想和工作水平，提高领导艺术，增强领导者的威信，是大有裨益的。在实现"四化"的征途中，懒汉思想要不得。懒汉和领导者不该集于一身。

诌诗一首，缀于文末，是为结语：

> 重弹老调君莫嫌，只缘时弊寿延年。
>
> 忽现忽隐出洋相，一鼻一嘴入画帘。
>
> 蛇蝎本该横眉对，花蓓自当笑眼瞻。
>
> 还望杂家勤命笔，多刺痛疽勿生怜。

（原载《吉林日报》，1976年9月26日）

生长在北方土地上的红高粱

重读《星公杂谈》有感

今　挥

当我们以无比愤慨的心情揭发批判"四人帮"的专制主义，清算他们对我省、我市社会主义文艺事业犯下的滔天罪行时，情不自禁地想到一本惹人喜爱的杂文集——《星公杂谈》。这本曾经被紧跟"四人帮"的省委前主要负责人之流加上种种莫须有罪名大肆批判的好书，现在到了彻底推翻对它的一切诬蔑不实之词，重新给予正确评价的时候了。

1966 年，林彪和江青等人抛出"文艺黑线专政"论，全盘否定文艺战线 17 年的成绩，攻击毛主席的革命文艺路线，迫害革命的文艺干部和文艺工作者，摧残革命文艺作品，大施反革命淫威。在我省我市，最先遭到诬陷和围攻的，就是这本朴素、直言、具有地方特色的文艺杂谈集。当年，省、市报刊在省委前主要负责人及其帮派体系的把持下，以空前的规模向这本杂文集大兴问罪之师，什么乘我国"暂时经济困难，向党反扑"啊，什么"攻击社会主义、反对毛泽东思想"啊，什么"借谈文艺、谈思想之名，鼓吹资产阶级自由化"啊，"让牛鬼蛇神列队而出"啊，一项顶骇人听闻的大帽子铺天盖地而来。不仅给《星公杂谈》的作者——省委常委、省革委会副主任、省委宣传部部长宋振庭横加罪名，还牵连了组织杂文稿件的编者和有关人员，以至此后十年，我省的编者、作者和读者对杂文无不望而生畏，报刊上杂文几乎绝迹。

但是，历史是无情的，它将对一切作出公正的裁决。《星公杂谈》到底是"毒草"，还是"香花"？只要尊重事实，就不难得出正确的结论。

马克思主义文艺批评的绝对要求，是把问题放到一定的历史范围之内，对具体情况进行具体分析。这些杂文是在什么情况下写出来的？作者写作、发表和整理成小册子的历史背景以及这些杂文在社会上所起的作用是什么？这是首先必须弄清楚的问题。

1960 年，由于苏联在经济上、技术上卡我们的脖子，在政治上企图压我们，孤立我们，加上严重自然灾害，我国遇到了暂时经济困难。在这种情况下，党中央提出了"调整、巩固、充实、提高"的八字方针。1962 年初，毛泽东同志在扩大的中央工作会议上，就我党和国际共产主义运动中正反两个方面的历史经验作了重要讲话，特别是精辟地阐明了在党和人民的政治生活中实行民主集中制的问题。《星公杂谈》里面的文章就是适应这一特定的历史时期的形势，为宣传、贯彻我党的路线、方针和政策而写作的。作者联系我省政治、思想、文艺、教育等领域的实际，从 1960 年末以来，以星公等笔名，在《吉林日报》、《长春日报》、《长春文艺月刊》等报刊上，连续发表了百余篇随感式的文章。这些文章是作者满怀革命热情，针对思想和文艺的现状写的，有的还提出问题供大家讨论、活跃思想，因此紧密地配合了党的中心工作，对于繁荣文艺、促进党内外民主起了积极的作用。加之作者的旗帜鲜明，调查研究深入，文风朴实、泼辣，善于运用形象思维方法写文艺性的杂感，所以《星公杂读》一扫我省报刊上死板和老一套的文风，受到了广大读者的欢迎。

《星公杂谈》谈文艺的部分，紧密地联系我省文艺战线的实际提出问题和解决问题。作者肯定了党的"百花齐放，百家争鸣"的方针在我省学术、文艺等各界的贯彻和所取得的成绩，为我省报刊上能看到"一些好久未见有文章发表的人也卷到讨论中来"而感到"可喜"（《文坛花放》）。以"从写信谈起"为题，批评了某些人说话、写文章道貌岸然，装腔作势，干燥无味，主张做老实人，说老实话，"以真我与人相见"。杂文提倡文艺创作应当"鼓励不同的体裁、题材、风格、样式的尝试"，只要大方向正确，对作品就"不能苛求"（《创作是文艺的采掘工业》）。杂文提倡深入工农兵火热的斗争，"从生活中找出当代英雄的形象来"（《当代英雄的形象》）。其他诸如《注意劳动中的诗》、《江山多娇》、《欣赏音乐的感想》、《舞台上下，水乳交融》等文章，对我省的诗歌、绘画、音乐、戏剧等各种文艺形式健康发展，都有理有据、满腔热情地提出了许多富有建设性和启发性的意见。今天读来，也仍然使我们深受教育。

《星公杂谈》谈思想的部分，充分地体现了毛泽东同志在扩大的中央工作会议上讲话的精神。作者坚持毛泽东同志一贯倡导的我党实事求是的传统和作风，提出干革命、搞建设，都必须"又有理想又要求实"，使"一切经济建设的远大理想"和"切实的行动步骤统一起来"（《理想和求实》）。杂文引用历史典故，古为今用，生动形象地阐述唯物辩证法，通过对古代哲学家荀子《解蔽》篇的分析，提倡"调查研究"要"力戒片面性"（《荀子和反对片面性》）。杂文强调毛泽东同志关于政治和业务相统一的观点，指出"对于青年的科学和文艺工作者来说，除了要继续锻炼思想意识外，还要努力钻研学问，掌握材料，充实才和学"（《才、学、识小论》）。《星公杂谈》内容丰富，涉及面广，常常把我们从一个领域带到另一个领域，广泛地触动了群众的脉搏，篇篇都放开襟怀，有的放矢，或张或弛，发人深思。

大快人心事，打倒"四人帮"。我们欣喜地看到，《星公杂谈》的作者宋振庭同志，在实现四个现代化的万里新征程中，重新操起那娴熟自如的利笔，以"任他年华如流水，依旧豪情火样红"的革命精神，不断写出刚劲有力、泼辣生动、形象有趣的好杂文，使这种生长在家乡土地上的红高粱——《星公杂文》更加挺拔、繁茂。闻鼙鼓而思猛将，值此长征路上百花盛开之际，我们热烈地祝贺杂文的新生，更迫切地期待杂文的繁荣！

（原载《长春日报》，1978 年 8 月 20 日）

《星公杂文集》序

杨公骥

　　这本《星公杂文集》所收录的大部分是作者宋振庭同志在 1956 年到 1962 年期间所写的文章。这些文章曾发表在当时吉林省的报刊上，之后，编入《思想 生活 斗争》、《大眼眶子的"批评家"》、《星公短论集》、《星公杂谈》四本集子中。本书所辑入的便是由这四本集子中遴选出来的。

　　这文集之所以名为"杂文集"，是因为它所探讨的学术问题"杂"，包括哲学、史学、美学、教育、民俗等各领域；它所评述的艺术问题"杂"，包括文学、音乐、美术、戏曲、民歌等门类；它研讨的现实问题"杂"，包括世界观、思想、情感、道德、趣味等各方面。所有这些，都是当时学术界争论着的或现实生活中需要解答的复杂问题。称为"杂文"，名副其实。

　　名虽为"杂文集"，但却并非杂列掌故旧闻以衒己或杂抄老生常谈以训人的"杂八凑儿"。读者从文中不难看出，活生生的现实问题是这些杂文的出发点，一以贯之的哲学思想是这些杂文的脊梁骨：它贯穿于每一篇之中，它流溢于字里行间。在文中，对事物的真切评价、对知识的生动介绍和革命者的理想、诗人的激情是交杂融会在一起的。正因如此，所以文中持之有物，可以取信；言之成理，足以服人；两者又现之以火辣辣的实感真情，足以感动读者。依我看，这是作者文章特点之一。

文章的第二个特点，我认为是具有一种自然、流畅、真挚、质朴、泼辣的风格。作者是以坦率的语言、平等的态度来谈天论地说古道今，读者读起来犹如老友对之推心置腹地商量问题，会感觉到文章中流露出一股革命同志间的脉脉温情。但这样的风格，却不是作者有意制作或精心创造的，"文如其人"，乃是出于自然。对此，作者有一套"文论"。他反对那种"提起笔来先下一个决心，正襟危坐：'我要作文章了'"的"作"文法，认为"在这种精神状态之下"，而"作"出的文章，往往"道貌岸然"、"八股气不小，像有个架子撑着似的"。所以作者主张写文章"要说良心话，要诚实"，"得说出道理来，不人云亦云"，"不要装腔作势"，既不要"引证繁琐，枯燥无味"，又不要"过火不当，油腔滑调"，更不要"直着脖子叫喊，用尽好字眼"，要"说实话、真话"。作者又说：写文章的人要"是'自由'的人，以真我与人相见的人"。应该说，做到这点并不容易。其不容易之故一：若做到这点，必须努力把马克思主义或革命理念化为自己的性与情、血与肉，做到心口如一，表里通明，这才能也才敢以真面目示人。是西施才可"却嫌脂粉污颜色"，不假借朱粉，真面目反而更加艳丽，但如果有东施也来效仿，不涂脂抹粉，"以真我与人相见"，则会亮出什么样之相来呢？不容易之故二："四人帮"在当时已悄悄地开始掀风播浪，极左思潮，时涨时落，棒子当头，忽隐忽现。在此节骨眼儿，提倡并敢于"说实话、真话"，已不只是品质性格问题，还得有为革命而忘我的勇气。然而，以其文为证，作者在其作品中是实现了自己的论点的。所以，在其文章中可能有错话、欠思量之话，但并没有假话、套话、应景话。这一特点，在 1966 年把作者打作"黑帮大将"时，批判者经过仔细"审查"、"挑剔"之后也发现了，承认"宋振庭有可爱的一点就是很直爽"。凡写文章的人都能体会到，能做到"很直爽"就很不容易。

由于这些缘故，所以这些文章发表后，曾起过社会影响，曾受到广大读者的欢迎。如"批判者"所说：它"征服人心"，"流传甚广，影响很大"。

也正是由于这样的缘故，所以在"无产阶级文化大革命"之初，作者便被"四人帮"打为"反党反社会主义反毛泽东思想的黑帮分子"而被批、被斗、被迫害。其主要"罪证"便是作者的这些杂文。

作者之所以被加上这样弥天大的"罪名"，乃是被"四人帮"使用封建的"正名"法给"正"出来的。"正者，定也"，孔夫子说过："必也正名乎！名不正，则言不顺，言不顺，则事不成。"如果把这句教义"活学活用"地用之于整人和害人，那就是"必"须光给被害者"定"（正）出个罪"名"。罪"名"被"定"出之后，那就怎么"言"就怎么"顺"口，怎么批斗怎么"顺"心，"言"得"顺"口、批得顺心，则打棍子、戴帽子、罢官、关入牛棚之"事"便"成"矣！这个奥妙，本是旧社会刀笔讼师的看家本领。

作者被"正"出的"罪名"有二。一是作者所用的"四十多个笔名"中有一个是"海公"。于是，三段论法曰：海公就是海瑞，《海瑞罢官》是"反革命"的；作者自称"海公"；所以作者就是"反革命分子"。二是作者在文中曾谦虚地说："杂家不比专家，杂家话多而深者少。我是属于杂家之类，只说些'万金油'似的意见。"显然，"杂家"乃是作者的谦辞。又是三段论法曰："'三家村'黑帮集团"写过《欢迎'杂家'》；作者自称是'属于杂家之类'；所以作家就是"黑帮分子。"就是这样，作者因"海"、"杂"两个字便被罗织入什么"海端罢官"、"三家村"、"庐山会议"等大案之中，赢来"反党反社会主义反毛泽东思想"、"反革命修正主义"、"黑帮大将"、"'三家村'长春分店黑掌柜"等十几顶大黑帽子。

两字定罪,似乎滑稽,但这却是作为作者的"入罪理由"而提出来的。此"理由"不先行确定,则其他一切"罪行"皆不能成立。

于是"名正则言顺","罪名"如此这般地定出之后,"罪证"便"顺溜溜"纷纷而来。封建遗留下来的断章取义、穿凿附会、托梁换柱、深文周纳等传统手法,甚至拆字术、猜谜法等技巧,都被施用来制造作者罪证。当摘引到作者的文章时,段落则删掉前提,句子则改换主语,明话则看作黑话,正言则当作反语,将作者的文章来了个"解散重编",从而将作者文章中的每一个句子和每一个字都变成不定形的、没有固定含义的、可以由人随心解释任意猜测的词句。如作者在一篇文章中有"西风透骨"一句,便被判决为是"恶毒地反对毛主席提出的东风压倒西风的英明论断"。又如作者在《江山多娇》文中歌颂吉林省"江山"之雄美,引诗说"春风陌上初折柳,千里松江放冰排"。后联竟被作为"廋辞"看待,说"放冰排"的谜底乃是"解冻",而苏联有部宣传修正主义的小说名叫《解冻》,所以,作者既然歌咏"放冰排",就意味着歌颂修正主义所谓的"解冻",就是妄想"解"无产阶级专政之"冻",想推翻社会主义中国,使修正主义上台。再如作者在《星公短论集》前言中曾谦虚地说:这些文章"可算抛砖引玉的砖",对此,批得异常简洁利落,说:作者要"抛砖",就是要抛"放出一批牛鬼蛇神",要"引玉"就是要"引出一批毒草来"。所以"一千个不答应,一万个不答应",还声言要"砸碎"作者的"脑壳"!如此等等,篇幅无多,不谈也罢。

但我想说明,在"四人帮"的妖风邪气污染下,写批判文章的同志都是可谅解的,但是,封建社会遗留下来的那套"正名法"和"深文罗织法"却是不可被原谅的。应揭露它、肃清它,免得谬法流传毒害将来;使我们一部分孩子受污染,使另部分孩子受迫害。这是我提及旧事的主要目的。至于为作者"平反"那倒在其次。因为这些"罪名"、"罪证"竟荒诞到如此可笑的程度，似乎已不须认真地逐条反驳。不过，在 20 世纪 60 年代，在我们社会主义国家里，"四人帮"竟敢把这样可笑的"罪证"，揭之通衢，公诸报端，而且竟还有一些青年同志上当受欺，这却是可悲的、可痛的。

自从粉碎了"四人帮"之后，作者及其作品得到昭雪。人们已认识到，"四人帮"把作者的杂文打成"毒草"乃是我省一宗冤案。

诚然，如果仅从法律的角度来看，那么"四人帮"给作者加的罪名是"情不副实"的。就这一意义说来，这确是错案、冤案。

但是，如果从阶级斗争的角度来看，就是从作者文章中所表现的观念体系和思想实质来看的话，那么，"文化大革命"之初，"四人帮"在我省首先拿作者"祭旗衅鼓"开第一刀，倒也没有打错人，相反，倒是打得很准、很对。

所以这样说，是因为作者在 60 年代初的文章中所表露的立场、观点、思想、情操是与"四人帮"的思想体系相立的，相抗衡的。文证俱在，此情属实。因此"四人帮"并没有错认对头，错打作者，作者挨"四人帮"打击乃事出有因、理所应得，并不冤。此水火难并容，臣贼不两立，故也。

读者在本书中不难看出，作者在一些问题上努力宣传了马克思列宁主义和毛泽东思想及周恩来同志所提出的原则，以此针锋相对地抵制着正在逐渐泛起的林彪、"四人帮"的极左思潮。例如作者在 60 年初的文章中涉及下列问题：从事实出发，从调查研究入手，物质第一性，理想与求实统一；实事求是的科学态度，反对只套用某些结论和公式而不注意事实；结论要从物质实践中得出；答案要在实践中挖出，这才是最好的答案；反对意志论式的主观主义能动性；反对只从小册子学习共产主义的风气；文学要从生活出发，不能从概念出发，从形象到概念，而不是从概念到形象；形象不能从公式中跳出来，用一两个脸谱制定当代英雄形象是不可能的；概括只能是实际自身的概括，"双百"方针是唯一正确的方针，反之则少有生气，世界观不能代替科学；没有多样性，不成世界，不成艺术；社会主义既有集中又有民主；鼓励不同的体裁、题材、风格、样式的尝试；反对搂头盖顶的批评和鉴定；对青年作家不能苛求，肯定一切，否定一切，都要不得；迷信与鲁莽都危险得很，反对轻视书本知识；重视专家的劳动；必须把专家的劳动与群众的活动结合起来，只从一面入手解决不了问题；必须通晓人类所积累起来的知识才能建设共产主义，企图和资产阶级一刀两断，把自己关在房子里硬搞出一个共产主义文化来，是胡思乱想，要学习现代的科学文化知识；古为今用，并不要求我们从历史实际的外边再加进什么东西，而是要求我们从客观的历史实践中引出其固有规律，还历史以本来面目。

显而易见，作者书中所表现的观点都是有所为而发，是具有针对性的。事实是当此时之前，各方面的极左思潮已开始泛滥，初现灾情。

如果两相比较的话，那么不管作者自觉还是不自觉，作者所宣传的观念、所陈述的看法、所表现的情感都是与林彪、"四人帮"的极端腐朽的思想体系处于敌对状态。这时正是"四人帮"正式挑帘上台表演的前夜，作者挡在"鬼门道"（即戏台的上场门）上，当林彪1966年8月叫喊"搬掉一切绊脚石"的时候，作者受迫害也是势之必然。

由此可知，作者和其他革命干部一样，不是无辜的含冤受屈者，而是防守社会主义门墙因而受到阶级敌人"还乡团"攻击的战士；虽然受到攻讦，但真实身份并不是被告，而是原告。因为不管有意识的也好，出于无产阶级本能也好，这些同志都在很多年前便揭发过、起诉过、批判过"四人帮"所承受的那些反动透顶的集古今中外大成的意识形态。

这样说并不过分，因为我在作者的文章中发现了预见，读到了预言。作者写道："真理这个东西怪得很，不管谁大谁小，谁多谁少，谁强谁弱，谁怎么装模作样，梳妆打扮，在他面前一切平等，合于他者，最后胜利，逆其而行，终归失败。"这可作为对"四人帮"的占辞和验辞来看。

作者还写道："你记得斯大林在纪念列宁时的那个演讲吧？他说列

宁像一个鹰，有着山鹰般的气概。""鹰不同于其他鸟的地方很多。最突出的是它飞得高，看得准，能持久，独立自主在空中翱翔，不为偏见、庸俗的叫嚣所左右。斯大林正是以这些特点来形容列宁的。在今天，在党的怀抱里、在祖国的怀抱里长大的一代青年人，要求在口头上会说几句共产主义的话，会背一些经典中的有关共产主义的词句那是不难的。一般地做一个积极分子也不难……但是，如果要求他们做一个新的历史时代下的山鹰，像老鹰一样去独立处理眼前的一切就不那么容易了。让人操心的事，正在这里。"试问，作者当时操心什么呢？文中写得明白：他是恐怕我们的青年一代飞不高、看不准、不能独立自主地处理眼前的一切，由于单纯的缘故往往为偏见、庸俗的叫嚣所左右。应该说，以后的事实表明，作者操心得有理。但是，自从我们的敌人"四人帮"这个反面教员，给我们上了一堂十年一贯制的狼哭鬼嚎的大课之后，所有的人都深受"教育"，当年小鹰都变成老鹰了，而且根据事物发展规律，一代代的小鹰都将会变成老鹰，会比前一代飞得更高，我们的国家即将要成为鹰之国。这是使我们年长者欣慰的事。

从上段话中，可以看出作者对青年的关怀、热爱、期望和寄托。对青年一代的期望，充实并鼓舞着我们的老年生命，寄托着我们的灿烂的未来。因此老一代也有权利希望青年一代认识一下以往的战斗历程，从中得点有益的东西。

情不自禁，絮叨如上，是为序。虽然弁于作者集首，但文责却是自负。是须声明者。

一九七九年二月五日

（原载《星公杂文集》，吉林人民出版社，1979年）

喜看桃李梅花开

李　改

　　1959 年冬季的一天深夜，通化宾馆一个房间里坐满了人。他们——正在通化演出《蓝河怨》的新剧种实验剧团的有关领导、编导干部、主要演员和演奏员们——聚精会神地在听省委宣传部部长宋振庭同志讲话。宋振庭同志说，《蓝河怨》的演出，虽然给新剧种奠定了第一块基石，但行当还不齐全，唱腔也不成熟，新剧种要过戏曲关，必须搞新的实验剧目。于是，他讲了下面这样一个故事：明朝万历年间，集宁县知县袁如海及其夫人封氏有三个女儿——玉桃、玉李、玉梅。长女玉桃已嫁总兵府承宣使赵运华，次女玉李聘给甥儿颜文敏，三女玉梅居家待字。一日，在庙会上，残暴专横、抢男霸女的三镇总兵方亨行看中了玉李的容貌，竟倚仗权势，迫使赵运华为媒，强逼袁如海应下亲事，并订于中秋行娶。为人懦弱的袁如海束手无策，敢说敢做的封氏却在玉梅的协助下，骗得了方家写下的带有"凤冠霞帔迎亲，半副銮驾接娶"字样的庚帖。把柄在手，玉梅乔装进京，状告方贼，不料途中巧遇应试举子洪学勤，遂结伴而行、共赴考场。三榜过后，玉梅得中头名状元，钦封八府巡按；颜、洪二人也名列金榜，荣任府尹之职。时近中秋，玉梅邀颜、洪二人过府，催颜返家完婚，与洪暗订终身。中秋之日，颜、方两家均到袁府迎亲，闹得不可开交。这时玉梅赶到，以八府巡按的身份，明断案情，除暴安良。方亨行受到了应得的惩处，袁家也阖家欢聚。玉李、玉梅与颜文敏、洪学勤双拜花堂。"春深如许园如海，喜看桃李梅花开"，这个故事的名字，就叫《桃李梅》。①

应该承认，这个《桃李梅》的故事虽然十分热闹，却并不怎么新奇。在民间传说中，在戏曲舞台上，我们都不难找到它的痕迹。然而，它却引起了人们的兴趣，得到了人们的关心。人们感到不生疏，不隔阂。新剧种实验剧团的同志们在听了这个故事以后，当天晚上就开始了创作活动，组成了以刘中同志为主要执笔人的创作组，三天以后便拿出了初稿，经过修改很快又进入了排练，到了1960年的春天，《桃》剧便和广大观众见了面。②

新剧种的第二个实验剧目——《桃李梅》就这样诞生了。新剧种实验剧团的同志们又为人民献出了一束新花。他们不但在剧场演出，而且在胜利公园、人民公园露天演出，不但在长春演出，而且到吉林、四平、白城演出；不但在本省演出，而且赴辽宁、黑龙江演出。《桃李梅》受到了比《蓝河怨》更加普遍而又热烈的欢迎，"《桃李梅》剧团"成了新剧种实验剧团的别名。③

《桃李梅》为什么会受到如此普遍而又热烈的欢迎呢？

我们不妨把它和《蓝河怨》作一下比较。我们会发现这样有趣的现象：《蓝河怨》是个悲剧，《桃李梅》则是个喜剧；《蓝河怨》是从二人转传统曲目改编而来，《桃李梅》却属新创。这种不同，说明了新剧种在剧种建设上的进展，同时也告诉我们这样一条真理：悲剧也好，喜剧也好，改编也好，新创也好，都必须遵循一定的规律，都必须有个"根"。

这根，就是我们东北人民的生活习惯、性格特点、语言风格和审美观念以及充分体现着这些东西的东北民间艺术。

道是无根却有根，这就是《桃李梅》受到欢迎的主要原因。

《桃李梅》的生活气息是比较浓的。它虽然是个古装戏，写的是明代的事情，但它的作者并不以简单地再现历史为满足，而是注入了地方特色，使之易于为今日的东北人民所接受。

《桃李梅》的人物是刻画得颇为成功的。袁玉梅是个花旦，聪明美丽，泼辣顽皮，她虽是县太爷的千金小姐，却像个"戴山花、光脚丫、东北山沟里的野丫头"。④ 只有她，才能干出乔装进京、勇赴考场、暗许终身、明断案情这样的事来。玉桃的逆来顺受、玉李的沉静多情也写得恰到好处。三个小姐性格各异，袁如海和封氏夫妻二人也不相同，袁如海的"窝囊"和封氏的"干练"不是有如天渊之别吗？特别是封氏这个人物，她的不畏强暴、敢作敢当、爱憎分明、心地善良的品行，是我们东北人民所熟悉和喜爱的。她最看不惯自己的大姑爷赵运华，因为他是个滑头滑脑、八面见光的人。赵运华的个性也很鲜明。不仅如此，同是小生，颜文敏和洪学勤性格也不一样：颜朴实忠厚，洪潇洒风流。就是封氏的两个贴身丫环——小鹰、小燕，尽管出场很少，着墨不多，也都有眉眼，有面目，有个性。这当然是十分难能可贵的。总之，人物众多，个性鲜明，是《桃李梅》的重要特点之一。

《桃李梅》的人物刻画得好，除了其他各种因素外，也得力于语言的运用。特别是人物的性格化的语言，使剧本增辉不少。下面列举数例，以证其实：

1.封氏一上场就念了四句诗："好树结好果，好秧开好花，满坡都夸桃李梅，我是桃李梅的妈。"你看，短短四句不就把封氏那种满意的心情和直爽的性格表现出来了么？

2.袁玉李在送别颜文敏时有这样一段唱：

二妹我在家样样好，

表兄你出门可就步步难。

但愿你一路多加保重，

也免得二妹常挂牵。

住店别住孤零店，

单身一人可别坐船，

走路别走荒凉路，

遇见生人少搭言，

饮食更要多留意，

天寒你千万把衣添。

二妹我死活也把表兄你等，

中与不中你可早回还。

倘若是回来不见我的面，

表兄不必太心酸。

一只玉佩分两半，

愿只愿中秋月圆佩也圆。

　　句句说的都是大实话，却显得那么委婉缠绵。这样的话是玉桃和玉梅都说不出来的。

　　3. 玉梅进京，得中状元，被皇帝封了官。这在别人当会受宠若惊或踌躇满志，可是玉梅却唱道：

进京为告方亨行，

节外生枝受皇封。

我本闺中一幼女，

戴的什么乌纱，披的什么红！

我送又无处送，

我扔也不能扔，

也只好穿戴几天理理民情。

那么了不起的事儿，却被她视同儿戏。显然，这种话也不是玉桃和玉李能够想得到、说得出的。

《桃李梅》的人物和语言所以好，有一条很重要的原因，那就是：从二人转艺术中吸取营养。在这方面我们也可以举出许多例子，比如第四场《闹园》，封氏向方亨行要彩礼，是这样唱的：

老大人哪稳住神，

三宗物件在宫门，

一用那皇娘的凤冠就在她的头上戴，

二用那凤衣和凤裙，

三用那半副銮驾来迎娶，

少一样也娶不了我们那个命硬的人！

听了这段唱，我们自然会想到二人转《杨八姐游春》中佘太君要彩礼的情节。

以上我们介绍的是《桃李梅》本身的一些特点，说明它虽是新创剧目，却也有根可寻。如果说《蓝河怨》这支"出墙来"的"红杏"是植根于二人转园囿中人民生活的这块沃土之中，那么，《桃李梅》则是我们栽到那里面并且生根开花了的树。无论是长出来的还是栽上去的，都离不开东北的人民生活和东北的民间艺术。此外，《桃李梅》还突破了"三小"关，增加了老生、老旦、花脸、花旦等行当，使新剧种不再是"三小"戏；它突破了"袍带"关，以戏带功，以功辅戏，丰富和提高了新剧种的表演艺术；它促进了音乐的戏曲化，使行当音乐、场面音乐、伴奏音乐都有了新的发展，特别是迎宾、送客等喜庆音乐，是《蓝河怨》中根本没有的。这些也都是《桃李梅》的功绩。《桃》剧在吉剧剧种建设中占有重要的地位。

在史无前例的那些年，《桃李梅》曾经被扼杀过。但植根于人民生活和民间艺术中的它，并没有枯萎。粉碎"四人帮"以后，它又获得了新的生命。三年来，这个戏仅省吉剧团就演出了二百场以上，各地区和县吉剧团也都排演了，许多省市兄弟剧种也把它移植过去，去年11月份它上了电视，不久，长春电影制片厂就要把它搬上银幕。盛开的桃李梅花将愈加鲜艳夺目。

注：

① 宋振庭同志当时讲的故事和这里介绍的故事略有不同，因为二十年来，《桃》剧小改未计其数，大改也有四五次了。这里介绍的故事以目前的演出本为准。

②《桃》剧的执笔人除刘中外，还有王肯。导演是金玉霞、张奉生，张桂霞也参加过导演工作。

③ 当时新剧种还没有名字，不叫吉剧，剧团也不叫吉剧团。

④ 宋振庭语。

（原载《戏剧创作》，1980年第5期）

挫万物于笔端

《讴歌与挥斥》读后（代序）

王朝闻

宋振庭同志这本文集，给我的突出印象，是从大处着眼，在小处落墨。这种大与小的对立统一，符合读者对杂文的特殊需要。

几乎可以这样说：集子里的每一篇文章，都涉及应当怎样做人这个重大的问题。但在写作方式和写作态度方面，好像是在和朋友谈天说地，用商量的口气和读者作平等地互相探讨。作者往往寓判断于从容的叙述之中，没有打官腔，不用教训人的口吻，更不是靠引用"语录"之类的名言来吓人。作者一再谦虚地谈到自己的不足之处，与那种老子一贯正确的文风和学风不大相同。用来说理的论据，包括作者自己儿童时期的经历。尽管每个读者与作者的经历并不雷同，但这种不拘一格的写法，读起来使人倍觉亲切。我是四川人而不是东北人，文章里那些东北大白话为什么也会使我感到亲切呢？看来主要是作者那种尊重读者的态度在起积极作用。

一提到杂文，我不能不联系到匕首和投枪。这本文集反复打击着形形色色的极左思潮和各种各样的非无产阶级思想；但这种打击，并不靠剑拔弩张，而是举重如轻，委婉动人的。许多年来，我国流行着一种吓人战术。思想斗争仿佛不板着面孔，不咬牙切齿，就丧失了立场；其实，那种外强中干的八股调儿，是一种以压服为动机、缺乏说服人的自信的表现。本来，严肃的思想内容与轻松活泼的形式的对立统一，是我国小品文的优良传统；但是这种传统长期受到压抑，好像将要失传似的。大而无当的断语满天飞，简直是一种精神上的灾难。相反，这本杂文集里的文章，如《我与书》等篇，读起来觉得既有益又有趣。其所以产生这样的效果的一个重要原因，是对我国散文传统的创造性的继承。作者对自己的劳动成果没有感到满足，他在《对怎样写杂文的一点看法》里说："内容和风格过于偏于一律，不够多样……"作者向自己的写作提出了这么严格的要求，不等于是他对自己既有成绩的否定。仅就文风来说，把这些文章看成是对于长时期在我国流行的八股调儿的一种批判，也不能说是过高的估计。

这本文集中的《变两代人之间的隔膜为友爱》，是我读作者杂文的开始。文章谈到老年人与青年人交心之难，为了消除隔膜，老年人比青年人更应该主动；反对只看到青年人的弱点，而忽视老年人的弱点。与读者交心的这篇文章，在《文汇报》和《中国青年》发表之后，引起了青年读者热烈的反响；这证明了作者为消除两代人的隔膜的努力有了成效。即使老年人与老年人之间、青年人与青年人之间，某些旧的隔膜还继续存在着，新的隔膜也不断地在产生；作者消除隔膜的努力，应当说符合加强被破坏了的团结的迫切需要，那现身说法的态度更是感人的。

在我看来，人与人之间的隔膜的形成，不决定于双方年龄的大小。这本文集里的《时间单位是"半天"还是"小时"》一文，岂不是已经说明隔膜的存在的复杂性吗？我读了这篇文章，对于那些不惜浪费时间、不解决任何问题的会议更加感到不满。如果说我的不满也是一种隔膜，它的消除就不得不经过思想斗争。斗争不等于吵架，但是我们对于通过会议所体现的形式主义思想，怎么可以熟视无睹？每个人的一生，究竟没有无限的"半天"。许多人同时浪费自己的一个"半天"，加起来有多少个人之一生呀？如果说时间就是生命，为什么会议的组织者和参加者，竟然这么大手大脚，不惜浪费自己和别人的生命？列宁早就指责过"开会迷"，究竟为什么至今它还具有顽强的生命力？那些仿佛不长篇大论，就不足以表现自己重要的报告；那些仿佛不重复别人的见解，就不足以表现自己存在的发言；那些仿佛在借机会练习普通话、提高口才、培养耐心的夸夸其谈……对于物质生产和精神生产，究竟能产生什么好作用？难道这是可以继续轻视的现象？这种见惯不惊、到处存在的现象，的确有必要利用杂文等形式来引起大家的重视。说来可笑，我们常常听到有人在说，一定要把林彪、"四人帮"耽误了的时间抢回来，同时，又偏偏用长而空的会议来消磨岁月。对于时间和生命的关系等问题，是否也应当讲讲运筹学呢？究竟这种拖拖拉拉的作风，要等到哪年哪月才会向我们说一声"永别了"呢？

这本文集涉及的生活面很广，例如关于文艺与政治的关系的议论。在《致友人·谈文艺》一文里，作者指出："文艺界当前还应该继续清除极左路线流毒，还要坚持解放思想，打开禁区，搞出更加生动活泼的局面。"这话说得很对，因为繁荣文艺的阻力的确不小。而且，我以为它对于不是从事文艺工作的读者，包括把说废话当作必要的工作的读者，也是很有帮助的。我相信，当读者读了《唯一律癖》，或者读了《为什么讨论不起来》……之后，很有可能从这些反对形而上学思想的短文中，受到有益于"四化"和每个人自己的思想建设的启示。这篇文章所谈到的"唯一律法"和"削平机"，它们所起的消极作用，何尝只限于文艺工作。关于这一切，我相信别的读者可能比我能写出更深切的感受来的。当然，倘若某些读者像《懒汉中的一种》一文所批评的那样，"只着忙要知道结论……"，那么，这种读书态度对于《我与书》这种现身说法，这种动机、态度和方式都应当肯定的文章，也许不免还会感到隔膜。只有破除这些年来形成的教条主义等习惯势力，才能从《我与书》这些好文章中，学习到有益于自己进步的态度和方法。如果说这篇破除教条主义的文章也是一种"软刀子"，那么，我欢迎这种能够割除肿瘤的医疗器械。

如果不是粉碎了"四人帮"，如果没有真理标准的讨论，如果没有解放思想的大好形势，这本文集的出版是不可想象的。这本文集的出版，有益于小品文的发展。"四化"建设需要生动活泼的政治局面，也需要有益于创造这种局面的小品文，像需要有助于安定团结的各种文艺样式那样。正如作者所说："小品文虽然所论、所述、所评的范围不大，或指一事一情、一题一物，但是都应该从中引申和启发人们联系到更深刻一些的思想……"如果"事物没有经过作者更深刻一些的观察和分析，就不可能给读者深一些的思想启发"。这种看法是我们党的调查研究、实事求是的原则，在小品文问题方面的具体运用，也和古人所说的"观古今于须臾，抚四海于一瞬"的道理是一致的。如何写，当然要影响写什么，但写什么却是如何写的决定因素，广大读者需要的不是任何心血来潮、信口开河的短文章。只要写作者的态度、方法对头，只要继续解放思想，清除极左思潮的影响，不为种种"妙论"所迷惑，前人所要求的"笼天地于形内，挫万物于笔端"的小品文，一定会越来越繁荣昌盛。

一九八〇年十月十八日

（原载《讴歌与挥斥》，天津人民出版社，1980年）

从宋振庭填"初中"学历谈起

华 山

据报载，中央党校教育长宋振庭同志，在填写个人履历表的"文化程度"一栏内，从来都是填"初中"。他说他只读到初中，而组织上从来都是把他看作高级知识分子的。这对于我们如何看待学历是很有启发的。

当前，没有学历的人们填写"文化程度"表时，是颇费思索的。有的人通过多年自学与实践，在某些方面确实达到和超过大学水平，要他们填"小学"或"初中"的学历，很不情愿，唯恐一笔之差贬低了自己的水平；有的人确实没有学问，连简单的代数几何也茫然不知，于是便抓住"相当于"做文章，把"相当于"看作是别人无从测定的"活尺"，也就堂而皇之地填写"大学"。

前一种人的顾虑是多余的，学历与实际水平相比，实际水平是第一位的，有真才实学无须去"正名"，人们不会去计较古人诸葛亮的学历、今人华罗庚的文凭、苏联文豪高尔基毕业于哪所高校。宋振庭同志虽然只读过初

051

中，但人们仍承认他是大知识分子。可见，有学力，不一定有学历，有水平，不一定有文凭。确有真才实学的人无须顾虑填了"小学"或"初中"就歪曲了自己。后一种人的蒙混是不对的。学历，是一种客观存在，对学历的了解，是组织考察一个同志全面情况的一个方面，应该正确对待。一方面我们要向组织负责，打消顾虑，实事求是地填写自己的情况，另一方面应以积极的态度奋发努力，认真学习，提高自己的文化水平，弥补自己知识上的缺陷。俄国一位生理学家说过："永远不要企图掩饰自己知识上的缺陷，即使用最大胆的推测和假设去掩饰，这也是要不得的。不论这种肥皂泡的色彩多么使你们炫目，但肥皂泡必然是要破裂的，于是你们除了惭愧以外，是会毫无所得的。"

为什么没有学历的人填写学历有这样或那样的顾虑呢？除了自身患得患失的因素之外，还因为有些地方的组织人事部门确实存在着以学历、文凭定人的问题。他们划分知识分子的标准不是主要看能力和水平，而是认为凡有学历有文凭的，就是名副其实的知识分子；没有学历没有文凭的，就一概排斥在外。这未免有些形而上学的味道。于是，"学历"与"文凭"成为一些人的包袱。没学历的人固然有些包袱，有学历的人也把学历当包袱。这种情形自然是值得注意的。

（原载《中国劳动》，1983 年第 15 期）

不离基地 采撷众华

宋振庭谈地方戏的发展

何 平

中央党校教育长宋振庭最近到贵阳开会，正值北京京剧院著名表演艺术家吴素秋和著名演员姜铁麟莅临作教学示范演出，他们三人早就相识。宋振庭对京剧十分熟悉，也曾当过演员，当年在吉林省任宣传部部长时，抓吉剧很有经验。故借此机会，特请他们三位观看了黔剧《奢香夫人》并谈谈地方戏的发展问题。

为了给黔剧发展作借鉴，宋振庭首先介绍了吉剧创建的经验。他曾研究过戏剧发展的历史，主张按照戏曲艺术发展规律创建吉剧，并提出了十六字方针，即："不离基地，采撷众华，融合提炼，自成一家。"接着他对这十六字作了具体说明。

他说第一是不离基地，像有源之水。东北戏要有东北味儿，不能脱离东北的观众，脱离他们的思想、感情，包括主题旋律、念白、文学等都要来源于生活。地方戏曲民间味儿越浓越好，主基调要突出，使人一听就感觉到它的特点。如吉剧在二人转几百个曲调中，取精华去糟粕，从中挑选了东北人最喜欢的主调。当时就有人说不美，不能登大雅之堂，实践证明，今天被肯定了。二人转三百多个曲（剧）目，唱、扮、舞、说、绝五功，是东北民间音乐、舞蹈、文学语言的宝库，还有一批著名的老艺人，与东北人民有深厚的渊源，因此它像车轱辘菜一样压不断、踩不死。要广泛吸收，吉剧才有广阔的前途。第二是采撷众华。就是要吸收其他剧种的精华，把京剧、昆曲、梆子、黄梅戏等剧的长处都吸收过来。要像块干海绵一样，善于吸收。第三是融合提炼。就是说不搞拼凑的大杂烩。如板腔、行当分腔的吸收运用，要不显痕迹融会贯通。第四是自成一家，创造吉剧自己的独特风格。吉剧是以传统剧目打底，有利于突破唱腔旋律、行当角色、表演程式等问题。如《桃李梅》的编创排演，是以戏带功，过袍带关，解决了老生、花脸、闺门旦等行当问题，同时试用了咳调，形成独具一格的剧种。

结合黔剧《奢香夫人》，宋振庭谈了三点建议，第一，黔剧音乐要突出主基调，伴奏的主弦乐器也应考虑。第二，除历史剧外，多排些生活小戏，戏曲文学要口语化。第三，主调旋律、表演特点要雅俗共赏，从生活出发，扎根于群众之中，研究工作要领先。

（原载《贵阳晚报》，1983 年 8 月 21 日）

简介宋振庭的书画艺术

林钟美

省文化出版厅和贵州国画院举办的"宋振庭书画展览"，颇能引人兴趣。

去年7月底，中共中央党校教育长宋振庭教授来贵阳参加全国党校第四届哲学年会，曾在工作之余作书画八十余幅分赠一些单位和个人。这次展出的书画四十余幅，就是他当时所作的一部分。振庭同志很小就参加革命，之后长期从事繁忙的党政工作。他在文学和书画艺术方面能有今天这样的造诣，全赖几十年如一日的勤奋自学。

宋振庭常说他的书画多系"以文会友，游戏之作"，确实也是如此。一个担任繁重领导工作的老同志，他没有专业书画家那样的条件，能把主要的精力或全部心思用到艺术创作中去。他画画，往往是即兴式的画写意花鸟画，有时一口气画五六张，有时一口气画七八张。他画得快，画得多，但绝不是不讲艺术质量。我看振庭同志去年8月18日早晨在安顺一口气画的二十多幅画，其中的《荷花》、《菊》、《喇叭花》、《群鱼》、《墨干红梅》以及《群侠图》等，都是形神兼备的佳作，给人美的感受。

中国画是要求融诗书画于一炉的一种独特的艺术。中国画的历代宗师于画之外，无不同时精通作诗与书法。振庭同志除善画外，也善书善诗。他的字落笔不凡，苍劲厚重，气势磅礴。我们知道，书法艺术的美，往往是形式与内容统一的美。文以载道，文成于字，一幅字，如果字写得好，所写的文词又新又美，这就是书法的上乘了。我看振庭同志在贵州所作的书法艺术，几乎都是书写的他自己所作的即兴诗。在这些即兴诗里，颇多佳句新意，如"老骥闻金鼓，四蹄欲生烟"、"频洗肝胆鉴日月，常擦两眼辨风云"及"酿得百花成香蜜，为民辛苦为民甜"等，都很能陶冶人的品德情操。我对中国画和书法的源流知之极少，我确实不知道应该怎样评价振庭同志的书画，我想到当代大画家傅抱石（傅是振庭同志的知交）的夫人罗时慧赠振庭《鹧鸪天》一词中的"晚节清风树一家"，用这来评价振庭同志的书画倒是合适的。

据我的猜度，振庭同志写字作画，本意是为了在繁忙的工作之余调剂调剂精神，增加一点生活情趣，做一个精神生活丰富的人。不久前，见他在《人民日报》上写的杂文《生活的重心》，文中写道："倘能生存，就要战斗……战斗的武器、地点可以不一样，弄枪的人也可以使刀嘛！刀拿不动了，还可以拿笔嘛。什么毛笔、钢笔、粉笔、圆珠笔、画笔全行么！"看来，振庭同志已考虑到将来退居二线、三线后，拿起画笔等各种笔来继续为人民服务，他的这种精神，是很足以给人启示的。

（原载《贵阳日报》，1984 年 1 月 14 日）

唱大风白云　踏落花归去

观《宋振庭书画展》有感

胡　颖

　　中共中央党校顾问宋振庭同志，花甲之年患重病大难不死，业余作画三载，并于 3 月 17 日至 19 日在北京书画社，搞了近百幅的个人书画展。其敢为精神，其书画水平，得到前往参观者，特别是画坛大师们的交口称赞，在人们中间传为佳话。

　　宋振庭同志虽身患重病，对生死看得很轻，却把事业看得很重，努力做好党的工作，潜心广猎知识，苦心钻研理论和艺术，这种忘我的拼搏精神，确是难能可贵的，因而是可敬佩和仿效的。

　　"唱大风白云，踏落花归去"，这是宋振庭同志 1981 年胰腺癌大手术后写的抒怀诗中的两句。人们观看这幅字画，都为他已知生命不久，还有如此乐观精神、豪迈气概而感动不已。诗言志，画如人。宋振庭同志所以作画，是心中总有一种美的情趣，美的意境。他作的画的是美，是情感；他追求的是豪放、浑朴、写意的画。一些画家评他的画，是"于豪放与工细之间另辟一条路，以气势为主"。

人们问他为什么想起搞画展。他说，是一些美术界老朋友的热情鼓动，而自己是想：不少当年的"土八路"、"老战士"退居第二线了，离休退休了，如何使晚年的精神生活丰富多彩，多为社会主义精神文明建设做点工作？把自己的画拿出来让大家看看，是不是可以为丰富老同志的精神生活探探路子？他愿为此提供一种尝试。他的这种良苦用心，在前去看画的许多老同志中引起了反响。他们认为"这个画展，是红军、八路军以来党的高级干部开书画展的第一个，为老同志晚年的精神生活之美开辟了一条新的途径"。

宋振庭同志开始作画是在那十年遭难时期，那时什么书都得不到看，就用废报纸和过滤葡萄酒的过滤纸练起画来。1981年他住院时又画起来，一发而不可收，共作画四五百张，可惜有的被家人包了东西、裁了衣服样子。这期间，他又出版了《论党性》、《要走出自己的道路》、《星公杂谈》、《讴歌与排斥》四本书，及一本《宋振庭画集》，还写了大小文章三百余篇。他画画、裱画所需款项，皆从稿费和工资中出，别人劝他卖些画换换纸钱，他是一律不卖的，他打算把自己的画，送给中国儿童福利基金会和铁路、煤炭战线的同志们。

宋振庭同志利用工作之余，在患病期间走出了一条识画、学画、作画、展画的路子。他的成功实践启迪人们又领悟到这样的道理：人生最贵在精神。只要壮志在胸，敢作敢为，孜孜以求，好事终归可成。

（原载《老年文摘》，1984年第3期）

声如千骑急　气卷万山来

喜看宋振庭同志诗书画展

思　萌

　　陶醉在诗情画意之中，热泪渐渐模糊了我的双眼。透过生机勃勃的诗词和绚丽多彩的画卷，我仿佛看到一位坚强的老战士，正忍着癌痛难耐的折磨，泼墨抒壮志，奋笔写华章……作为诗人、画家和书法家的宋振庭同志，他首先是一个战士，一个忠于职守忘我奋斗的战士。在亿万人民向四化浩荡进军的洪流中，有他伟岸的身影，艰难地跋涉，倾心地追求。

　　宋振庭同志的诗书画，是他奉献给党，奉献给祖国，奉献给人民的一颗拳拳赤子心。几十年来，无论是在土地革命的烟尘里，还是在抗日战争的风暴中，无论是在社会主义建设突飞猛进的日子，还是"四人帮"为虐的时刻，他对党，对崇高的共产主义事业，忠心耿耿，矢志不渝！他的淋漓之墨，遒劲之笔，那挺秀的翠竹，苍劲的松柏，傲霜的秋菊，斗雪的腊梅，无不展示出他革命者美好的品格和战士的风骨！尤其令人动情的是，宋振庭同志在党的十二大会场的即席赋诗。诗人在"穹窿广厦万星明，斗转天回玉宇清"的喜人形势下，溯望坎坷的来路，瞻看美好的前程，抒发出"四代铁肩担道义，声连九鼎十亿心"的慨叹，令人鼓舞，发人深思，催人上进！

热爱生活，追求美好，这是宋振庭同志诗书画中又一鲜明的特点。十一届三中全会以后的社会生活，是作者抒写、歌咏的重要部分。透过临风的玉兰、飞悬的瀑布、诱人的肥蟹、秋晚的葫芦，笔端透出生活的清新气息，洋溢着作者喜悦之情。在"黄花正好蟹正肥，稻粱金实堆复堆"的丰收日子里，作为诗人、画家的宋振庭同志竟忘情到"虽你老病无酒量，也堪抖擞尽大杯"的程度，那栩栩如生的形象，给予人们多么强烈的感染，产生何等强烈的共鸣！宋振庭同志到中央工作以后，时时不忘自己是"吉林旧人"、"长白山下人"、"生于延吉"，游子的乡情，使我们倍感亲切。爱生活的人，怎能不爱故乡？

纵观宋振庭同志的诗书画，泼墨飞丹，泼辣豪放，雄浑博大，是他自成一家的艺术风格。他的每一篇诗作，每一幅国画，每一帧书法，都给人以粗犷豪放、古朴浑厚之感，可谓别有天地。他在艺术上的倾心追求、大胆尝试、可贵探索给人以启迪，给人以教益。

（原载《延边日报》，1984 年 8 月 16 日）

冒傻气

李庚辰

到宋振庭同志家里聊天，不意宋夫人宫敏章对老宋发了一大通牢骚。说这个人心太直，嘴太快，手管得宽，别人怕得罪人的事，他出面；别人不愿说的话，他不管三七二十一只管说，不该他管的事也要管，尽冒傻气。宫大姐还不无埋怨地说：人家一个刊物的同志，好心好意上门拜访，他倒好，一点情面不给，竟然批评人家这不对，那不对。气得老伴当面指责他："又没分工你去管，你指手画脚干什么？"老两口当着客人的面，居然辩论起该不该"冒傻气"来。

说心里话，我这个"旁观者"对宋夫人的苦衷是多少有点同情态度的。在党风尚未根本好转的情况下，某些地方"聪明人和傻子及奴才"并存，三者相较，吃亏的往往是冒傻气的"傻子"。他们爱说爱管事，这就免不了得罪人，招非议，弄得不好，还会发生选票危机；"聪明人"可就不同了，"弹簧脖子轴承腰，头上插着试风标"，尽说拜年话，尽开空头支票，坚持"不要原则的原则"，只要能八面讨好，什么是非曲直，真理正义，全可抛到九霄云外。这种人担负领导工作时，或师法苏模棱，遇事不点头、不摇头、耍滑头，要么紧步"三旨"，只是"取旨"、"领旨"、"得旨"，拿不负责任混饭吃。他们于工作无所用心，却能一天到晚悠游自在，顺心顺意，舒舒服服过日子；虽然一无建树和贡献，却能得个人缘好、官运好，比你那冒傻气、得罪人，简直显得"高明"、惬意多了！

不过，我这同情也打了一些折扣。因为，从内心里说，我或又是欣赏这冒傻气的人。作为共产党人，如掉下个树叶，也怕砸破脑袋，一天到晚，只顾扒拉个人小算盘，那他就不配做共产党员，倒不如请出党去为好。在某种意义上说，你既然要做共产党员，就得有几分傻气，冒几分傻气，就要有点傻子精神。可惜这类"冒傻气"的人目前还不是太多了，而是显少了。如果我们党内、我们国家内，有更多这样冒傻气的人，党风和社会风气的根本好转就指日可待了。还是鲁迅先生说得好，世界正由愚人造成，"聪明人"是不顶用的。在有关个人利益得失上，还是"傻"一点，冒点傻气好！

（原载《今晚报》，1984 年 12 月 19 日）

傅抱石与宋振庭的一段友谊佳话

王 丁

著名国画家傅抱石和关山月珠联璧合，创作了人民大会堂的巨幅国画《江山如此多娇》之后，1961年夏天，二人联袂北上，作了一次愉快的东北之行。在长春短暂逗留期间，傅抱石与宋振庭初次见面，成了朋友。

当时，宋振庭是吉林省委宣传部部长，尽地主之谊，和吉林的一些美术界人士接待这两位大师。他对傅抱石当然是慕名已久的了，但傅抱石对一般的领导干部是并不在意的。画家们在一起，三句不离本行，聊起画来。宋振庭偶尔说上几句，傅抱石听了一愣：因为他说的是一部古代画论里的东西，是连有一些专业画家也不一定读过的。傅抱石开始注意打量这个人，穿着、相貌平平常常，但谈吐不凡，诗词书画都说得很在行，而且作风谦和随性，没有一点架子。傅抱石被他这股子文人气质吸引了。

第二天晚上，他们又一次见面。傅抱石就开玩笑说："宋部长，你今天请我喝酒好不好？"宋振庭连忙说：

"好呵！"立即开了一瓶茅台，两人对饮交谈起来。天南地北，海阔天空，像故友重逢似的契合和贴心。傅抱石要他对自己的画提意见。他真诚地对抱石的画作了评价。他认为傅公在山水画技法上进行的革新，引起了一个新的转折，把中国画的笔、墨统一起来，并将现代科学画论和技法引入国画，开创一条新路，坚持下去，定能形成一种崭新的皴法体系。最后，他也毫不客气地指出一些缺点和不足之处。

后来接连几天，他俩又长谈了几次，越谈越深。傅抱石谈到小时候的贫困生活，刻苦学画的经历，怎样得到徐悲鸿的赏识，留学日本。并将自己的家庭、妻子儿女的情况和盘托出。宋振庭也说起自己十六岁初中毕业，奔赴延安投身于革命洪流，在战争年代和新中国成立以后如何广泛地读书、求知，受到了很多挫折，付出了高昂的代价。两人谈得很投机，结为知己。

傅抱石出来时带了四张扇面，是他画的《离骚》和湘君、湘夫人等人物，背面还题着诗，都是精品，在北京已被郭沫若等人要去了两张。关山月也很喜欢，一路上总在打它们的主意，傅抱石没有给。现在一下子把两张都送给了新结识的宋振庭，把关山月"气"得鼓鼓的。傅抱石笑着安慰道："关公别急，以后一定给你画！"

离开长春的前一天，正好是 7 月 1 日党的生日，上午九点多钟，宋振庭到长春宾馆看望傅抱石他们。傅抱石对他说："请你关照一下，今天别人不要来干扰我们。我要给你画画。"傅抱石要宋振庭出题，宋说："那就不客气了，今天天气热，我要一幅水墨飞泉图，完全要大笔头，不带颜色，要黑乎乎亮堂堂，一看就似听到满屋子都是水声，使人感到有凉意。"傅抱石苦笑着摇摇头说："哎哟，你这人真难待候，好家伙，这下可要我的好看了。"

傅公举起一杯酒一饮而尽，又斟满一杯端着，在房里来回走动，嘴里念念叨叨。过了好一阵，他放下酒杯，抄起大提斗，饱蘸浓墨，在铺好的宣纸上连连涂上几大块，接着就横扫竖抹地飞动起来，有如骏马驰骋，满纸淋漓。这时他重新端起酒杯，静观默想，偶尔喝上一口，足足看了二十多分钟。他又拿起小笔，小心收拾，水口、飞流、近峰、远山，便在笔下一一显现。最后他戴起老花镜，细心地描画人物。

宋振庭一直静静地观看着，心情非常激动，禁不住大声叫好。傅公才华盖世，真有"兴来一泼墨三斗，十里寒涛纸上听"的气势和意境。傅抱石自己也颇为满意，长长地舒了一口气，拣起一支秃笔，在画面的空白处题写道："此为振庭同志出题考试之作，即希教我以为如何？时一九六一年党的四十周年纪念日也。"谦恭、亲切，又带几分得意之情，充溢于字里行间。

傅抱石后来在回程的路上，兴奋地说："这次东北之行的最大收获就是结识了个新朋友。"傅抱石与宋振庭交谈的时间，总共不到三十个小时，竟能达到如此深交的地步，可以说是我国艺术界一段佳话。

（原载《江西日报》，1985 年 2 月 10 日）

病床上的宋振庭同志

林　放

　　五年来，每逢春节前，都要拜访一次我们杂志在京的各位顾问。今年1月26日下午，到了中共中央党校南园宋振庭同志家中。宋老尽管事务繁忙，只要我们登门索稿，他老人家不仅热情接待，且常无拘束地畅谈一番。而临别时相送，宋老总要说："你们约稿，给我写封信，打个电话都可以，不要老远地跑一趟了！"但我们都愿跑到宋老家里，借约稿之机，听听他老人家富有哲理的谈话。

　　这天到宋老家，是他刚出医院的第一天，才送走一批客人后，上楼去休息了，宋老的爱人宫大姐热情地招呼我们。为了想让宋老多休息一下再谈，就先和宫大姐扯开了家常。从宫大姐口中得知，宋老虽然近年来多病缠身，但仍是手不释卷，挥笔作书，并且深为自己的病体不能为党为人民多做一些工作而着急。

　　约摸有半个多时辰，我们随宫大姐上楼，来到宋老的卧室中。只见宋老坐在床上，双手合十，连连作拜，口中说道："这样卧床迎客，实在不恭，抱歉抱歉！"看到宋老黄瘦的面庞，骨骼显露的双手，不由心中一惊。一年前圆圆脸、胖乎乎的宋老，怎变得如此瘦削。宋老似乎看出了我们心中的疑虑，坦然地笑着说："这都是肠胃病闹的，使我的体重从一百七十多斤，下降到只有一百多斤了。这好嘛！有钱难买老来瘦！"宋老这么一说，大家也都笑了起来。

宋老的卧室，倒不如说是书房更为准确。除了一床之外，四壁都是书，就是在病床的枕旁、脚下也堆放了不少报刊；一张大书桌上，放满了笔墨纸砚、字典文稿、往来信件；两面墙上挂着字画，还有几件文物散放在书架上，宋老就是这样病卧在书的海洋之中。

看到宋老的病体，原想作一问候，就不再打扰，但宋老却面无倦意，兴致勃勃地从当前的改革谈起，说到时装表演和青年跳舞，又是无所不谈，并不断称赞天津市近几年来的工作有成绩，全市人民有干劲，凡到过天津的人，都说看到了天津市的新变化。我们当即邀请宋老待病体康复，春暖花开之时到天津一游。宋老欣然同意，说他早有赴津一看之意。

我们希望宋老有空时再为刊物写篇稿，宋老笑着说："我文债太多了，但我想到好题目，一定给你们写，我是顾问嘛！"

宋老在病床上如此谈笑风生，神情饱满，谁又能想到，这一次拜访，却成了诀别。但我们永远不能忘记，他的革命乐观主义精神。

（原载《天津日报》，1985 年 3 月 30 日）

难忘的一面

怀念宋振庭同志

刘宗武

听说宋振庭同志逝世了，我的心情为之一沉，这太突然了。尽管我与他只有短暂的一面之交，但他给我留下的印象却是难忘的。

去年3月，我出差北京，办完事顺道去美术馆观看画展，偶然中听两位老人说，在东皇城根有宋振庭书画展极好，值得一看。宋振庭这个名字我不陌生，他常常在报刊上发表些杂文，写得深刻含蓄，生动活泼，我是很爱读的。想不到他对书画还有很深的造诣。正好第二天是星期日，怀着钦敬而好奇的心情，一早我就赶到东皇城根。

宋振庭书画展设在北京政协院内一座小楼的二楼大厅内。进门后，两位年轻人（宋振庭的子女）笑容可掬地热情迎接着，签完名，就各自随意观赏。宽敞的大厅内用板墙间隔开，前前后后都挂满了形式多样的国画和书法，真是琳琅满目。所画的大都是鲜艳夺目的花卉山石，生意盎然，洋溢着蓬勃的朝气。书法则多为行书、草书，潇洒流畅，气势非凡，颇具功力。画上的题词和书法大都是作者自己创作的诗词，清新隽永，意味深长，独具一格。诗书画珠联璧合，相映成趣。最惹我注目的是别开生面的落款，篆刻着："吉林人氏"、"土八路也"。不用说，作者是东北人，业余美术爱好者。又听参观中知情者说，他是"文化大革命"期间受迫害时，才愤然开始学习书画，以排遣积郁，抒发胸臆。当时我心想，青年时从事革命，出生入死，壮年时忙于繁重的领导工作，年老了，偌大年纪始着意丹青，竟有这样优异的成就，能够搞出个人的书画展，真是不简单，令人钦佩之至！

我正全神贯注地欣赏着展现在眼前的奇花异卉，厅内突然响起一阵粗犷的声音："这位就是写《谁是最可爱的人》的魏巍同志吧？……"声调洪亮有力，有东北大汉的豪爽气概。接着他又说："你看好哪幅画，我再给你画。"于是，我赶紧转过隔间的屏风，循声望去，只见一位身着制服的老年人拍着穿军服的长者的肩膀，指指点点地介绍每幅作品。不用说，二老是宋振庭和魏巍。

我急忙上前向宋老表示祝贺，并由衷地说了几句赞赏的话。宋老爽朗地说，不像样子的东西，请提点意见。这种虚怀若谷的谦逊精神使我愈加敬仰，于是拿出笔记本请他题词留念。他接过本子不假思索地写了起来。这时我仔细地端量了一下，他圆圆的脸庞，头发花白了，胖胖的身躯十分健壮，似乎没有艺术家的风度，倒正像我记忆中的"土八路"。顷刻，一挥而就，宋老写下这样一句话：

谢谢您看了我这土八路的画展，请多加指正。

一九八四年三月十八日　宋振庭

这匆匆的一面，仅有几分钟，但他和蔼可亲的风度，却给我留下极美好的印象。此后，凡是见到宋振庭同志的文章，我都认真地阅读，他那深邃的思想，精辟的见解，透彻的事理分析，朴素自然的文风，使我受到很大的教益。那天，他精力充沛，动作敏捷，谈笑风生，没有一丝病态。可是，怎知道他竟是一个三年前就被确诊为患有癌症的人呢？是什么力量使他能在死神已经招手时，又多活了三四年，而且不断地作画、习字、写文章，主编大部头的书籍，还做了这样大量的工作呢？——是"土八路"的彻底革命精神，是共产党人大无畏的乐观主义。宋振庭同志的确是"特殊材料"制成的，他不愧这个光荣的称号。想不到这样一位多才多艺、热爱生活、富于创造的人竟被癌症夺去了生命、令人悲痛。他勇于进取、好学不倦的精神，永远值得我深深怀念。

（原载《长春日报》，1985 年 4 月 16 日）

一个苦学不倦的人

怀念宋振庭同志

刘景禄

1978 年夏，我同振庭同志路过济南，顺便去大明湖看了一次瓷器展览。临入门时，老宋问我："你懂瓷器吗？"我连忙摇头："不懂。"我想他可能想找个人为他解说一下。谁知走到第一个展览柜前，他便一件一件给我讲起来，从硬瓷讲到软瓷，从白瓷讲到青瓷、彩瓷，讲到宋代的官窑、汝窑、哥窑、定窑……一路讲去，从唐代讲到清代。我瞠目结舌了，陪同的山东省的同志也愣了，甚至解说员也过来请教。我过去对宋老的博雅是略知一二的，然而他竟能对瓷器发展史也讲出这么一大套，是我没有想到的。

1981 年夏，老宋在青岛疗养。偶然从他老伴宫敏章同志买来的一条鱼引出话题，他讲起"糟白鱼"的做法，又谈到东来顺、烤肉宛的历史，讲到"满汉全席"，又一条一条地讲出北京八大菜系……如果有位研究中国饮食的专家在场，也许可以补充或纠正他讲的一些内容，然而我们一起闲聊的三四个人谁也不能置一词。我又一次惊愕了。

同老宋在一起的时间里，我最大的收获还不在于学了多少知识，而在于他渴求知识的精神给我的启发。勤劳好学的人自然不少，但像老宋这样以花甲之年仍保持着对知识的新鲜感而不断追求的人，实在不是很多的。

老宋出生在东北边陲的一个小城镇延吉市。父亲是个皮匠，从没有登过学校门槛，但能阅读普通的书报。这位没有多少文化的手工业工人倒是十分重视文化，尽管家境困窘，仍能让子女受些教育。九一八事变后，14岁的宋振庭同志随其兄流亡到北平，就读于六部口附近的北方中学。七七事变后，便到延安参加了革命。在那样兵荒马乱的年代，即便想读书，也不会有很好的读书条件。据我知道，老宋大量读书是从新中国成立后开始的。

老宋的一位侄子和我说，50年代初，他每星期天从学校回家，都见到他的老叔坐在地板上，四周被一圈书墙围起来，坐着看，躺着看，一看就看到深夜，多年一贯如此。我问，都读些什么书？他侄子说，从马、恩、列、斯著作到鲁迅、茅盾的作品以及《红楼梦》……无所不有。

老宋交过许多教授朋友，他常用公余时间去拜访这些人，虚心向人家求教，然后回来"按图索骥"地读书。他自己说，他的相当一部分知识就是这样积累起来的。

老宋还有许多艺术家朋友，他自己说，这些人都是他的老师。一次北方昆曲剧院请他去看《牡丹亭》的彩排，他竟能将杜丽娘的唱词一段一段背诵出来，使那些戏曲专家也大为惊异。因此，这些艺术家也很佩服老宋，都愿意同这位老干部来往。

在北京医院住院期间，他认识了赵朴初同志，并和赵朴初一起大谈起佛学。过后赵朴初同志说，想不到我们的老干部中还有对佛学懂得这样多的人。我曾问过老宋：什么时候学过佛学？他说，50年代他曾为研究佛教哲学，拜访过一些有学问的老和尚，又读过不少佛学书籍。我曾在他的书架上见过不少佛学书，也曾见他津津有味地埋头读《传灯录》。

老宋常以"杂家"自许，他也确实够得上一个"杂家"。过去"杂家"曾被批得一塌糊涂，其实杂家有什么不好？难道知识还怕多吗？当然这不是说人们都去当"两脚书橱"。按古人的说法如能做到"薄而后返约"，即做到杂而不乱、在博的基础上有重点突破，那知识越多就越有用，越多越可以触类旁通。老宋的学问基础是哲学，他是从这块根据地向外出击的。粉碎"四人帮"后，他曾写过几篇洋洋洒洒的长篇论文，获得读者好评，就得力于他知识博，思路宽。

我跟老宋共同工作四年多时间，可资回忆的事情不少，然而最使我感佩的还是他苦学不倦的精神。上面的点滴回忆，既是怀念，也是自励。

（原载《中央党校通讯》，1985 年 4 月 6 日）

烈焰熄灭的时刻

记宋振庭同志二三事

若 识

又是个寻常的春寒料峭的黎明，又是那寻常的早晨急促的节奏，又是那寻常的新闻广播员的声音……但是，一个不寻常的令人震惊的讯息传来——宋振庭同志溘然长逝了！一个有着如此炽盛的精力，如此激扬的情感，如此文采风流的生命竟这样匆匆地被病魔夺去了！

我们的祖先惯于以"音容"二字来形容对死者的思念，这是十分准确的，在噩耗传来之际，老宋那"顿咔"的音容却立即浮现在我的脑海：在讲坛上他那令人振奋的激越声调，在斗室中他那发人深省的娓娓谈吐，在深山老林里他那步履矫健的身影，在长桌画案前他那挥毫泼墨的神情……

25年前，也是这样一个春寒未消的日子，在文玩荟萃的北京琉璃厂一家画店中，风尘仆仆的老宋全神贯注地在鉴赏、挑选挂满四壁、琳琅满目的卷轴画。在他的目光中，闪烁着对我们民族传统的丹青赞叹不已的神采，一些货真价实的佳作使当时身为省委领导人的他显露出那样天真的欣喜和欢快——只有怀着赤子之心的人才会出现的激动。那是 60 年代第一春,在他的关心、倡议和直接参与下,我省处于开创时期的艺术学院(当时的艺专)和博物馆的一次采购书画活动中,老宋不仅怀着对民族艺术遗产的酷爱之情和发展省里艺术事业的强烈责任感,而且表现出他对艺术品可贵的鉴别力。他对许多画家身世、经历之谙熟,对许多画派形成、演变之分析纯乎是个精于此道的鉴赏家,他对不同画风直言不讳的品评和对作品优劣的独到见解都使当时我这个初出茅庐的美术工作者备受教益和启发。记得当时在国画大师张大千先生的画前,他在仔细观赏之后极力称赞其作品的超逸格调和深厚功力,并果断地决定购买我们所能见到的全部张大千的真迹。在当时的历史条件下,远居海外,被视为"反动人物"的张大千、溥心畬等人的作品尽管售价低廉也是无人敢问津的。正是老宋在当时能独具慧眼,力排众议,才使我省和我院至今得以珍藏了一批可观的历代书画珍品,包括数十幅张大千先生等人的墨宝。记得老宋当时曾风趣地说:"你们别看张大千这个人现在政治上'不吃香',他的艺术在将来会有你们想象不到的大价钱!"今天,事实证明了老宋特具的胆略和远见。我省及我院堪称国内收藏张大千先生作品的重点地区之一,此外,当时也是在他的倡议和支持下,我们还以较低的价格购进上千把古代和近代的折扇,其中不少出自名家之手,如任阜长、陈师曾、任伯年、吴昌硕等人的成扇、扇面都属难得的精品,有些还具有一定的文物、历史价值。这些曾被老宋誉之为"三绝"(指其中的书、画和扇骨雕刻)的折扇,今天也成为我们美术教学、创作中弥足珍贵的参考资料了。三年前在中央党校他的住所,当我同老宋谈及这段往事时,他感情深沉地说:"幸亏我们当时抓住了这批珍贵东西,才算有了点家当,你作为一个见证人回去要告诉年轻人,让他们知道,这都是得来不易的呵!"这使我想起在 1965 年,正是老宋在听到当时的艺校要"处理"一批旧图书资料的消息后,非常焦急地专程来到学校视察,还对当时的有关领导作过"你们千万别当个败家子"的告诫,当然,其后不久，随着"文革"风暴的来临，老宋为他曾直接参与经营起来的艺校文物资料之蒙受损失而痛心疾首，后来，当他得知学校收藏的字画、扇面在动乱以后大部分仍得以幸存时，也曾如释重负地感到宽慰和庆幸。

老宋一直以炽烈的感情热爱自己的故乡，对吉林省文教事业的发展付出过不少心血，这当然不仅表现在对"物"上，更表现在对"人"上。是的，他是个珍视人才、待人以诚的领导人，是他在三年困难时期经常亲临学校同一些中老年教师促膝开怀，以文会友；是他求贤若渴，提出要让吉林成为"热码头"，积极从省内外广招人才、委以重任；是他在"四害"横行时，竭尽全力保护、帮助了一些"落拓"文人；也是他为前些年曾窘于生计的我院著名女国画家潘素教授到处奔走呼吁，直至慷慨解囊，后来他还同潘素、张伯驹先生多次合作国画，也堪称一段艺坛佳话。而最令我难忘的是在1981年夏我院王庆淮教授谢世的前后，他不顾自己也已身染沉疴和工作的繁忙，给予庆淮先生及其家属以多方面的关心和帮助。当时我曾受学院的嘱托赴京参与了处理庆淮先生后事的工作，其间同老宋有过多次接触，从他冒着酷暑往返奔波，亲自联系火化和购置骨灰盒等行动中，从他在向遗体告别和追悼会上夺眶而出的热泪里，都使我看到这绝不是一个领导人同一个画家之间的一般交往，而是由于和情谊甚笃的知交死别，"惊呼热中肠"而迸发出来的炽热感情。记得老宋在充满哀思的时刻曾对我讲过："'文革'中那些造反派说被我'网罗'重用的艺术家当中，卜孝怀、张伯驹、包桂芳、佟雪凡……现在又加上了王庆淮都先后作古了。这都是确有真才实学不可多得的人才呵！"从他怆然的神情和悲戚的话语中，我又一次看到这是个多么富于感情，多么难得的重才、爱才的领导人！

老宋的感情不仅是炽烈的，也是深厚和丰富的。这时，我不禁想起了在当年被"发配"到莽林荒原里的老宋，对他来说，那是一段难忘的"五七"生涯！这位头戴狗皮帽、脚踏靰鞡鞋、曾被山村小店里以貌取人的售货员视为"老屯"而不屑一顾的"干校副主任"，却以他坦荡豁达的胸怀，明判是非的智慧赢得了身处干校的广大学员和知识分子的尊敬。在那种"无心修边幅、何暇顾羽毛"①的艰苦生活中，老宋没有丝毫的颓唐和动摇，他仍在尽自己的力量为党做关心人、团结人的工作，是他在这里支持了搁笔已久的画家面对苍茫、雄浑的山林重操旧业；是他倡导了满怀愁绪的诗人面对霜天晓角的莽原放声长吟；是他在这里不仅同"五七"战士一起刈薪伐木，也同大家一道娱乐排忧。我至今记得他在度过50岁生日时吟出的诗句："半百蹉跎豪兴在，一腔块垒赤子怀。"这正是他心境的真实写照。当时我们这些被他戏称为"难兄难弟"的"五七"战士，曾用"都陵水冷酒一杯"为这个"能官能民"的老宋祝贺生日的情景，至今犹在目前。

这时期的老宋不仅极力倡导了到这里来"改观换魂"的"征人"、"游子"以诗书来抒发真实的感情，他自己也身体力行，不仅挥毫写出了不少书法作品，也赋出了为数可观的诗词，从而留下了许多值得纪念的句子，像"枕斧向阳挥汗笑，寒泉十里入梦来"、"雨湿红旗凝血碧，日映山花耀眼明"、"木屋炉火夜听雨，秋山红叶扑窗来"、"八千里云浮眼底，五十征尘唱大风'等，这都是他在繁忙的工作、劳动之余言志抒情的产物。而给我印象最深的，是在一个秋高气爽的日子里，他带着大家进行了一次爬山（当时称之为拉练）活动，他那旺盛的精力和高昂的情绪深深地感染了大家。沿途他还兴致勃勃地讲述了过去行军中同敌人周旋的一些战斗故事。当晚在回到我们居住的木屋以后，我曾拿出自己写的一首五言律诗习作向他请教②，他看过以后当即表示要"和"出一首，令我惊异的是，刚过了几乎只够抄写的时间，老宋就拿来了他"步原韵"（甚至连每一句的最后一字都同于原诗）的一首和诗：

　　　　　向阳攀绝顶，高风鼓袂寒。

　　　　　袒胸披红雨，垂肩带远山。

　　　　　当年烽火地，今日杏花天。

　　　　　耽景追斜日，归途月如镰。

这里他一气呵成地表达了自己在登山中激发起来的真情实感，在登临峰顶后，迎着"鼓袂"的高寒山风，面对青山红叶，他用了"袒胸"和"垂肩"的句子，形象地表达出自己的襟怀和抱负，当他在山上俯瞰当年抗日联军战斗过的故乡——延边大地时，抚今追昔，感慨万千，用日落月升的景象含蓄地表露出当时的心情。看了这首情景交融的和诗以后，我在钦佩他才思敏捷的同时，又一次领略了一个有着丰富斗争经历的革命者的精神境界，深受他那饱满、高昂情绪的感染……

想到这里，我翻开了在青沟干校留下的一张张照片，噙泪想着老宋那宛在的音容。他当时在山麓"营房"中写下的《木屋居铭》似乎又响在我的耳边："馨香一瓣默祝，无数志士英灵。"今天，在老宋走完了他革命的人生道路的日子里，在这烈焰熄灭的时刻，该是所有悼念老宋的人在心中焚香三炷默祝他安息的日子了。

一九八五年三月

注:

① 宋振庭同志诗句，以下引用同此。

② 原诗是:

云锁琵琶顶，山枫照嫩寒。

乍晴接骤雨，游雾掩重山。

一夜霜华地，三秋奋战天。

去年犹昨日，戴月正挥镰。

（原载《艺圃》，1985 年第 1 期）

怀念宋振庭同志

孟宪周

振庭同志作古了。

我找出 1984 年第一期《老年文摘》，重读他那《我的一封家书》，不禁心潮难平，思绪万千。

对宋振庭同志我是熟悉而又不熟悉。说熟悉，远在 1946 年我在延吉学习班时，就看见过他。那时，他是延吉县委书记，常到延吉一中去，而我们的教员学习班就办在延吉一中。1949 年 10 月间，我去吉林市参加吉林省第三次教育会议，在会上听了振庭同志的讲话，那时他刚到省委宣传部。

不能忘记的是 1952 年暑假，省里在吉林市东局子省师范学校办中等学校教员思想改造学习班。我带领我县一中老师们参加学习班。这个学习班就是由宋振庭和田质成等同志领导的。学习班将近两个月，和宋振庭共处两个月，我从而对宋振庭同志有了深刻印象。以后，凡是召开全省教育工作会议，或思想政治工作会议，我都参加，多次听过他的讲话。最后一次是振庭同志来安图县，在全县干部会上作了一次热情洋溢的讲话，时间约在 1962 年前后。但是，尽管我和振庭同志见面颇多，可我们之间的交谈却不多，因此，我对他又是不够熟悉的。

振庭同志写的文章我是必读的。尤其是"文革"后他在各种报刊上发表的文章，我更没有放过。因为我喜欢他的语言风格，而且通过他写的文章，还能得知他的一些近况。他的文章和他的讲话给我的感觉是：真诚、热情、豪放而感人。

我对他印象深刻，还不止于此。我们还是同乡人。他家原住在延吉市，我家原住在延吉市岭前，只有 18 华里的一岭之隔。真是所谓人不亲土还亲呢！何况我们都是吉林省立第四师范学校先后期的同学呢。

他在那封"家书"中，有"语寄家乡人，游子盼好音"两句诗，看来他是没有忘记家乡故土，时时都在怀念我们的吉林省、我们的延边。他是多么焦急地期待着家乡——我们的吉林省，我们的延边，在"四化"建设上，在经济体制改革中做出更多更好的成绩来，送来好音，以慰晚年呵！

我们的家乡延边，1984 年的粮食总产量突破了 13 亿斤，已达 14 亿斤！这个好音，就当作我们献给振庭同志的祭礼吧。

（原载《老年文摘》，1985 年第 3 期）

宋振庭同志与吉林省博物馆

怀念宋振庭同志

苏兴钧

    曾任中共吉林省委宣传部部长多年的宋振庭同志调到北京中央党校工作之后，我省文博战线的好多同志，经常谈论他对家乡文物博物馆工作的贡献，对他满怀敬仰之情。然而今年的春节，却从北京传来他于 2 月 15 日病逝的噩耗！我们为失去一位党的老干部、老战士，失去一位吉林省文博事业的开拓者，失去一位良师益友，失去这样一位故乡人而感到十分痛惜！

    宋振庭同志生前非常关心吉林省文博事业的发展，他既是吉林省博物馆的奠基人，又是博物馆的活动之友。多年来为吉林省博物馆的建设作出了突出贡献。早在 1951 年他任吉林省政府文化处处长时，省政府作出决定，筹建吉林省博物馆，于同年在吉林市松花江畔兴建了馆舍，翌年 2 月春节期间，吉林省博物馆正式开馆宣告成立。这年年末，他担任吉林省委宣传部领导之后，对吉林省博物馆办馆宗旨、队伍建设、人才培养、业务建设、藏品征集、馆址选择等，具体加以指导，乃至以浓烈的兴趣和热忱亲自参加一些业务活动，使博物馆沿着正确的轨道成长前进。

1957 年前后，为把吉林省博物馆办成吉林省地志的研究中心和社会教育的重要场所，在他亲自关怀考察下，将学有专长并有组织领导才能的一些同志从教育部门调到省博物馆，充任领导，加强领导力量。同时又从其他单位调来业务骨干，并从高等院校调进毕业生，增加了编制，改变了博物馆干部队伍的构成和知识结构。从此，吉林省博物馆进入了新的发展时期。由于宋振庭同志的鼓励和推动，吉林省博物馆在搜集大量自然标本、历史文物和革命文物以及深入开展地方史志研究工作的基础上，1957 年为"十年大庆"筹备好了吉林省自然、历史、社会主义革命和社会主义建设三部分组成的基本陈列，向吉林省广大观众开放。之后，文化部文物局于 1960 年冬在吉林省博物馆召开了现场座谈会，就省级地志博物馆陈列问题进行了讨论，会上肯定了吉林省博物馆筹备基本陈列的经验，当时吉林省博物馆受到文化部的表扬，吉林省政府授予省博物馆"全省红旗单位"的荣誉。这是和宋振庭同志的领导关怀分不开的。

50 年代后期和 60 年代初期，由于"左"的思想路线干扰，吉林省博物馆不得不搞些与博物馆性质脱离的一些临时展览。对此，宋振庭同志是不赞同的。他告诫博物馆同志说：不能把博物馆办成展览馆。博物馆要有丰富的馆藏，要搞科学研究，要利用藏品搞陈列展览。在当时的政治形势下，他的这种主张是多么难能可贵啊！这使我们坚定了"三性二务"办馆方向。从 1960 年以后，吉林省博物馆经常利用馆藏，举办各类的陈列展览，其中不少是在宋振庭同志倡导和筹划下搞的馆藏书画方面的一些专题展览以及省内著名国画家、油画家的作品展览。对个人画展，他让博物馆将其中有代表性的优秀作品留作博物馆的藏品收藏起来。吉林省博物馆每举办一项陈列展览，只要他在长春，都抽空来馆审查指导，并提出一些很有见地的见解，以提高展览的水平。

五六十年代，当时国内文物市场有关我国当代著名画家张大千、溥心畬、王一亭等人的作品很少有人问津，价格相当低廉。宋振庭同志以他那敏锐的艺术鉴赏眼力和政治家的宽广胸怀，不怕他人物议，为吉林省博物馆制订了书画征集方案，提出博物馆书画藏品要兼容并蓄、各家各格、成龙配套、自成体系。要把文物市场上张大千、溥心畬等人的画买绝，见着就买；要把书画、扇面、成扇买绝，见着就买；要把名人书札册买绝……将来研究张大千，研究溥心畬，研究扇画艺术，研究书札都到吉林来，吉林要成为热码头！要把博物馆办成某些学科和研究领域的中心和基地。那些年，吉林省博物馆每年都有大批书画藏品进馆，总计近百年书画藏品达四千多件，其中张大千、溥心畬、齐白石等每人的作品都达百件以上，扇面、成扇达一千多件。居全国博物馆藏近百年绘画艺术作品数量之前列，是国内藏张大千、溥心畬绘画作品最多的收藏单位，构成吉林省博物馆藏品中的一大优势。那个时期，除吉林省博物馆外，吉林艺专也在他的鼓励、倡导下征集一大批书画，包括数量很可观的扇面、成扇。今天看来，宋振庭同志的主张是很有远见的，再想征集张大千、溥心畬、齐白石、徐悲鸿等艺术大师那么多珍贵作品，再想征集那么多的书画扇子，时过境迁，已不大可能。这大批艺术财富得以在国家文物机构和高等艺术院校珍藏、保护起来，避免了流失国外，其意义不言自明。宋振庭同志那几年，时常借去北京公出之机，亲自带领博物馆业务人员去几家文物店，鉴选文物，具体指导征集工作。

宋振庭同志还特别关心古代书画，尤其是故宫流散书画和善本书籍等其他重要文物的搜集工作，在保护祖国古代珍贵文物方面也作出了重要贡献。为使博物馆在征集、研究古代书画文物工作方面有"眼睛"、有"火车头"，1960 年他亲自去北京为博物馆物色专家，请来著名书画收藏家、鉴赏家张伯驹先生，安排其任吉林省博物馆副馆长，又建议为其摘掉了"右派"的帽子。聘请张伯驹先生的夫人、著名青绿山水画家潘素在吉林艺专任教。张伯驹先生来长春之后，宋振庭同志邀请吉林大学教授于省吾、罗继祖、裘伯弓、单庆麟先生以及长春应化所阮鸿仪等先生，组成书画鉴定小组，咨询指导吉林省博物馆古代书画征集、科学研究和陈列展览等业务工作。他对各位专家学者非常敬重，经常去他们家中拜访做客，研究学问画艺，与他们交朋友。也时常邀集他们来博物馆品评鉴赏书画，赋诗挥毫，至诚相待，肝胆相照，表现出一位共产党人的宽博情怀。1963年春天，在宋振庭同志大力赞助支持下，经吉林省博物馆当时主持领导工作的同志卓有成效的努力，博物馆召开了首届学术年会。这个学术年会由张伯驹先生主持，于省吾等先生被邀请出席了会议。由张伯驹、于省吾和罗继祖等老先生编撰的《春游琐谈》在学术年会上发表。《春游琐谈》不乏重要的学术价值，其成书过程得到了宋振庭同志的热情支持。

张伯驹先生来长春后，由于宋振庭同志的大力关怀支持和当时省文化局的正确领导，以及当时省博物馆主持领导工作同志的苦心经营，吉林省博物馆的古代书画文物征集工作有了新的转机，取得显著成绩，征集了数以千计的大批珍贵书画、碑帖等历史艺术方面的文物。其中有不少名作都是经宋振庭同志亲自批准拨款征集到的。从1960年至1965年期间，省文化局拨款给博物馆每年书画征集费用多达一二十万元。由于他的亲自过问，那几年博物馆文物征集业务经费基本得到了保证，只要有重要书画文物发现，经费是不成问题的。目前吉林省博物馆藏有古代书画近四千件，绝大多数是1966年以前征集到的。藏品是博物馆一切活动的基础，也是衡量一个博物馆办得水平高低的重要标志。吉林省博物馆在书画征集工作上之所以取得这么大的成绩，和宋振庭同志正确贯彻执行党的文物政策、热心关怀博物馆事业建设是分不开的。可以说，博物馆的书画藏品凝聚着他的心血。每当我们接触到这些珍贵藏品时，自然而然地想到了他对我馆做出的建树。

1962年春，省文化服务社（省文物店前身）从长春市一群众手中收购到一件金代张瑀的《文姬归汉图》，原题签作"宋人文姬归汉图"，是1945年从长春伪满皇宫流散出去的原清内府所藏珍贵名画。这一名画的发现，曾轰动了文博、美术界，引起了学者们极大的研究兴趣。可是收购时作价甚低，而原卖主又不了解文物政策，存有顾虑，怕招来其他麻烦，接受画款后未能据实申报其家住址。宋振庭同志得知此事后，亲自带领有关业务人员，通过公安部门协助，跑遍了长春市，好不容易才找到了原卖主，并且在一剧场召开了隆重的奖励大会，奖励原物主，颁发了奖状和奖金，借以扩大影响，宣传文物政策，推动故宫流散书画文物征集工作。这件名贵传世作品，便由吉林省博物馆珍藏。同年夏天在宋振庭同志建议下，省博物馆举办了故宫流散书画展，编印尚未发现的流散书画目录，同时在报刊上加强宣传报道，刊登征集广告。1963 年，他还亲自出面做工作，使省博物馆在公主岭市征集到了一件原故宫流散书画——明代董其昌的《昼锦堂图并书记卷》，这是董其昌的精心得意之作，书与画合璧，堪称其代表作，深受鉴赏家瞩目。宋振庭同志就是这样热心关怀和领导文物部门认真贯彻党的文物政策，搜集保护祖国珍贵文物，其工作作风之深入急切，深深感动教育了我们文博工作者。

宋振庭同志对祖国传统书画艺术非常热爱，有着浓厚的兴趣，繁忙工作之暇，潜心学习研究，不断提高鉴赏水平。他曾鼓励博物馆年轻书画鉴定人员说，书画鉴定并非奇奥高深不可及的学问，没有什么神秘的，只要眼勤、嘴勤、手勤、脚勤，有毅力，虚心向专家学习，就一定能学到手。学鉴定要入迷，天天都要看，就是每天睡觉前，把画册摆在床头上，躺床上翻翻，也会有益处的。他还告诫说，不仅跟一位专家学，还得向其他许多专家学，学习每个人做学问的长处。你们有很好的条件，要充分利用，功到自然成。

为了学习，为了鉴赏，宋振庭同志用工资节省下来的很有限的钱，收藏了一些为数不多的名人书画。其中金末元初著名画家何澄所作《归庄图》一卷，卷后有元、明、清诸大家的题识，为何澄传世作品之孤本，在美术史上占据重要地位，实属极为罕见的故宫流散书画中的珍品。北京某大博物馆曾以两件宋画为代价欲求于宋振庭同志，其价值不言而喻。1964 年，宋振庭同志征得其夫人宫敏章同志的赞同，仅以 700 元原价之数让给了吉林省博物馆。他还将其他一些书画藏品也让给了吉林省博物馆。在宋振庭同志影响鼓动下，张伯驹先生将其收藏的宋代杨婕妤（即杨妹子）《百花图卷》等一批故宫流散的珍贵书画和宋拓《九成宫醴泉铭》、《圣教序》等著名碑帖让给或捐赠给吉林省博物馆，阮鸿仪先生将其收藏的元代赵孟頫《种松书札卷》、《宋元明名人诗笺册》、明代孙隆《花鸟草虫图卷》等珍贵书画先后让给了吉林省博物馆，于省吾先生将其收藏的明代马守贞《兰花卷》也让给了省博物馆。一时使吉林省博物馆书画藏品的分量有了明显的改变。同年宋振庭同志还将其珍藏的善本书籍 12 种 184 卷，其中多为明版，个别的是清版，无偿赠送给了当时的东北文史研究所。

在"文革"那一场浩劫中，吉林省博物馆被当成"封、资、修大杂烩"加以批判，宋振庭同志则被当成博物馆所谓"黑后台"倍受攻击批判。是非颠倒，功罪莫辨，正确的说成错误的，有功说成有罪，蒙受不白之冤，使他身心受到严重伤害。回想起来，令人痛心！粉碎"四人帮"之后，宋振庭同志襟怀坦荡，关心吉林省博物馆建设、关心吉林省文博事业兴旺发达的情怀，仍然不减当年。根据文博事业发展的需要，他力主成立吉林省文物局。1978 年省文物局成立之后，全省文物事业有了较大发展。在吉林省博物馆基础上，先后从省博物馆分出成立了省革命博物馆、省文物工作队（后改为省文物考古研究所）、省伪满皇宫陈列馆，在各地区也兴建了一批市、县博物馆。全省文博队伍壮大了，各项业务建设都有较全面的开展。

1981 年，从北京传来宋振庭同志患病的消息，同志们为他的病而担忧。是年冬，我借随同原文物局的领导同志去北京办事之机前往宋振庭同志居住处看望他。当时他正在兴致勃勃地挥毫舞墨作画，弄得手上、衣服上都是画色。他说，"我的画兴大发，写诗画画是老干部离岗位后的一个很好的出路，我想带这个头"。他对自己的病毫不介意。宋振庭同志把刚刚画好的一幅《双鸡图》题上我的名字送给了我。在这幅画上他用粗犷有力的笔锋题诗一首，"三更即早起，花甲学祖逖。挑灯舞笔墨，酉年多画鸡",下注"辛酉冬至日,晨四时披衣起坐,余首次画鸡也"。宋振庭同志闻鸡啼即起,与病魔搏斗之情景,感人至深。此后,他同癌症顽强的搏击中,绘画灵感勃发,画艺突飞,在北京等地曾几次举办了个人画展,并出版了画集。宋振庭同志还特意为吉林省博物馆画了《红梅》、《墨牡丹》、《秋菊》、《海棠》、《牵牛花》、《梅竹》、《虾》、《螃蟹》等画风豪放的作品。为纪念这位对吉林省博物馆作出了重要贡献的事业开拓者、实干家,我们会永远将这些遗作珍藏好。宋振庭同志对吉林省博物馆的苦心关怀和突出贡献,我们将永远不忘!

写于一九八五年四月五日清明节

(原载《博物馆研究》,1985年第2期)

宋振庭在吉林

董 速

　　我和宋振庭在吉林省一起工作近二十年。在党的宣传工作岗位上，我们互相勉励，共同切磋，为做好吉林省的宣传工作而努力前进。

　　去年 10 月末，我去北京看他。他虽骨瘦如柴，却仍神采奕奕，和我侃侃而谈，从生活、思想、工作到事业，谈得无不生机盎然，哪里像个将要离开人间的病人。他还约我去西山看红叶，我没有去。他严重的病情，已使我感到乌云遮心，我知道，美好的回忆，往往会成为未来的悲伤。

　　我要离开北京时，他去招待所看我，并说："明年再见。"明年？我但愿他还能看到明年祖国的腾达、人民的奋发和生活的美景。

　　去年 10 月北京一别，竟成了永别！

　　现在他已长眠了，一颗热情奔放的心，停止跳动了。而他在吉林省的工作业绩、精神风貌，却深深留在这里人们的心目中，留在不少机关单位里，留在吉林省的工作史册上，并是熠熠闪光的一页。

宋振庭是个思想深邃，有才华、有激情的人。虽在工作上，他有时稍显不稳，但他能创业，能开拓，有披荆斩棘、克服困难的精神。

他有较深的理论修养。50 年代初，在吉林省委的领导下，组织全省干部学习哲学、政治经济学、党史党建。他经常亲自讲课，讲得既有理论体系和观点，又能联系实际，有较大的生动活泼性，给听者以启示和裨益。为了开展全省社会科学研究工作，他和省里社会科学工作者一道，建立了哲学社会科学研究所，后扩为吉林省社会科学院。他还组织人编写大学政治课教科书，主张和支持出版大型刊物《社会科学战线》，该刊一经出版，很快驰名全国，都说它是粉碎"四人帮"后一本拨乱反正的好书。

他在文艺工作上，也作出了贡献。50 年代，在省委的指示下，组建了省文联及所属各个协会，使全省广大文艺工作者联合与团结起来，通过各种艺术形式，反映国家建设，歌颂人民生活。他狠抓剧团剧目的建设，先后建立了京剧团、歌舞团、话剧团等。省吉剧团的建立，可以说是他创造精神的展示。他和戏曲工作者、音乐工作者们一道努力，在"二人转"的基础上，创建了新剧种——吉剧。吉剧是我省戏曲园中，一朵人们喜爱的新葩。吉剧第一个剧目《蓝河怨》和观众一见面，就以浓郁的乡土气息和艺术魅力，引起观众的好感，受到群众欢迎。后来宋振庭还和剧作者合作，编写大型剧目《桃李梅》，获得观众的称颂。《桃李梅》至今还是吉剧一个重要的保留剧目，载入我省戏剧史册。

宋振庭是一个优秀的党的宣传工作者。他热衷于宣传党的方针政策，热情地歌颂党在各个时期的工作成绩和喜人形势。50 年代，根据省委指示，开展强大的宣传阵势。他和宣传部的同志共同组成了全省自上而下的宣传网，把党的方针政策讲给各级辅导员、宣传员，让他们向群众去宣传落实。

宋振庭对我省文物工作，也极为关心和重视，让博物馆的同志到处收集有价值、有历史意义的文物。省博物馆里保留的张大千的画，在全国都是少有的。

宋振庭喜爱人才，善于发现和使用人才。实践出真知，训练出人才。他在吉林省工作期间，为党培养了不少宣传干部，不少同志认他为良师，他的学生之多，用"桃李满天下"来形容，不算过誉吧？

宋振庭是个博学广见的人，对钻研事业，有锲而不舍的精神。晚年他竟对美术绘画产生了浓烈情趣，由练笔学习，到笔耕不辍，仅十几年的时间，已作画几百幅。他去世前，还在北京举办了画展。

去年他病重时，即自知生命年限不长了，他写了一首无愧于乾坤的诗，内容是：

> 六十三年是与非，
> 毁誉无凭实相违。
> 唯物主义岂怕死，
> 七尺从天唱大归。

是的，振庭同志他大唱而归了。但是他的精神永远活在人们的心目中。

（原载《文艺时报》，1985 年第 8 期）

道是相知能换泪

悼念宋振庭同志

舒 谭

一个正直的人，一个衷心热肠的朋友，一个博学多才的作家、诗人、画师——宋振庭同志永远离开我们了。

他虽只活了 64 岁，却是向时间夺取生命的人。我是作为他文章和诗画的读者，为这位崇敬的友人倾诉我的哀思的。

他毕生从事党务工作，自少年时期参加革命，为党的事业努力奋斗了一生。从县委宣传部干事，县委书记，市委书记，地委常委，省委常委兼宣传部部长，中共中央党校教育长、顾问，直至逝世。

老宋虽然做了一辈子党的领导工作，却没那种经常出现于人们眼前的"老爷架势"。当然，他在思想上也"左"过，有谁是一贯正确的！重要的是知错能改。老宋一旦辨明是非，迅即端正立场。在"文革"中尽管遭到残酷迫害，仍保持共产主义的坚定信念，对"四人帮"爪牙们的倒行逆施进行了抵制和斗争，以后积极参与理论界拨乱反正工作，写了大量的反"左"哲学论文和犀利的杂文。辞世之前几小时，还和前来探病的荣宝斋的人谈文物。

他出身于长白山下一个制作靰鞡靴的手工业工人家庭，家境贫寒，哥哥姐姐读过一点书，却没上过什么高等院校。他打认识一些字起就喜欢乱翻书，杂七杂八地记住一点"之乎者也"，似懂非懂。日寇强占东北，他15岁那年流亡到北平，才正式就读于初中，初步接触进步书刊。但他认真研究马克思主义著作，真正懂得革命道理，还是七七事变后辗转流徙、奔向延安、进入"抗大"之后开始的。全国解放后，他一直从事文教宣传工作，感到自己原有的文化水平不够格，为了干好本行，只有靠上"自修大学"。严格地讲，他是从1949年之后方为自己创造了较好的读书条件。他的求知欲特别强烈，这种炽热的好学精神老而弥笃，涉猎古今中外，视野从哲学、经济学、历史旁及文学、戏曲、音乐、诗词、书画、碑帖等，自十三经到马列主义经典著作都成为他所研读的对象。他对各种学问皆发生兴趣，雄心勃勃，如同要鲸吞天地间的知识一般，由穹苍之浩渺以至尘沙之微末。在"文革"中，"造反派"把他仅有的私产（书）"革"去了一半。粉碎"四人帮"后，他重整旧业，有了几个余钱都买了书。他的书斋，东北两壁从地面到天花板，架上一排排堆列的是书、书、书……卧室、床头和窗台上也满是书。这些书不像有些大人物客厅里的摆设。为了学习我国哲学史，他读佛经，还同长春护国般若寺的方丈老和尚打过交道。他为了懂一点中医医理的唯物辩证法，也曾浏览过医药书籍，并向老中医登门请教。他对文物也很有鉴赏力。他陪同外宾参观吉林省博物馆的历代陶瓷时，能讲得头头是道，如数家珍。

值得一提的，是他的晚年学画。他举办过三次画展，引起画苑的重视，更在老干部中激起震动，认为"土八路"临老还能学画。他说："不仅让朋友听了觉得奇怪，就连自己也有几分好笑。"然而，他毕竟学会了。他的学画，用他本人的话说："四十年来，我一直是干宣传文教这一行。我想，既然干这个和爱这个，总得多少懂一些才好，不然总是说外行话，瞎指挥，怎么行！"

求知的渴望促使一个鞋匠的儿子贪婪地穷究宇宙的奥秘，"读的越多，越感到自己的浅薄，越不敢讲话了，只有每当骨鲠在喉不吐不快时，就写出一些。"王朝闻同志为他的杂文集作序时说：文章给人突出的印象，是"从大处着眼，在小处落墨"，是"大与小的对立统一"，"没有打官腔"，"不用教训人的口吻"。他嘲笑"唯一律"，把一百样菜做成一个味，"天天看报，都是可以不换内容只换日子和人名的文章"。他为"暴露文学"和"伤痕文学"鸣不平，认为"伤痕"可以转化为财富。一个负责政治思想教育工作的同志，敢于率直地倾吐群众的心声，需要多大的勇气与胆识呀！

凡认识他的人都承认他交友待人以诚、接物以敬。他一再呼吁"唯以平等待人，方可谓友爱"。

他的朋友横跨老中青，遍及三教九流。文人喜欢和他交流自不必说，农村老大娘也爱同老宋唠嗑，小青年更尊他为知心的长者。他的《变两代人的隔膜为友爱》在《中国青年》发表之后，引起了青年们热烈的反响。在战争年代，共同命运的绳索将人们紧紧系在一起，人在患难中是平等的。的确，"回头一想，胜利之后，真相知的朋友是谁！反倒有些惘然了。"有人说，经历"文化大革命"，人与人之间的关系变得冷漠了。果真如此吗？我不信！我结识老宋是他调来北京以后的事，时间不算久，而倾盖如故，有相见恨晚之憾。他从老画家周怀民同志处得知我向他"敬求法会"，满口答应，刚出门坐上汽车又折转说："我怕事情一多，忘了，干脆说画就画！"马上向周索取纸笔，在玉版纸上一挥而就疏影横斜、水汽淋漓的老干红梅，并题诗："梅高傲霜雪，情深先百花。不至香雪海，足迹遍天涯。"我当时一则以喜，一则以愁，愁的是这幅 2 尺 ×4 尺加以装裱天地头，寒斋壁上怎样容纳得下！谁知无意中一句话传到他耳里，不久又送来小幅的结实累累的葡萄，并题款识："草草急就成此，聊寄仰慕之情耳。"他对朋友真如一团暖流迎面扑来。

他是从一片白茫茫的大地踏进知识宝库的，了解知识的可贵和人才的难得。他扶植有才华的人，不分老少；他十分重视团结党外知识分子，做到礼贤下士推心置腹。这里有许多生动的故事，不胜列举。在东北时，许多专家、教授都成为他的座上常客；在北京，他有许多画家和戏曲家朋友。他的学问也是这样从结交朋友中积累起来的。

昔人有诗曰："平生换泪交，将别更恻恻。"宋振庭同志和我们永别了，我相信他多年的故交们，必然首肯斯言的。

（原载《人民日报》，1985 年 11 月 25 日）

漫话当初

一个老兵的回顾

先 程

吉剧的创建活动始于 1959 年初。今天，屈指一数已经二十六七年了；吉剧命名，如果从 1960 年初算起已 25 年了，借这次纪念活动我摘抄几段日记。

党的号召

1958 年 12 月在长春市文化宫剧场，吉林省文化局在这里举行全省现代戏观摩演出。在会演大会上中共吉林省委宣传部部长宋振庭作了"关于戏曲工作的情况和会后任务的报告"，他首次提出：本着"有源可寻、群众喜欢、独具一格"的要求，号召大家创建富有吉林地方色彩的"吉林戏"。也就是要求搞吉林省的新剧种，结束有史以来吉林省没有自己本地戏曲剧种的历史。

后来得知此事并非仅仅来自吉林省委，而是在庐山中央开会时周恩来总理对吉林省就有所嘱托。所以 1962 年周总理在长春视察时高兴地在南湖宾馆小剧场看了吉林省吉剧团汇报演出的《包公赔情》、《燕青卖线》、《搬窑》等小戏，热情地鼓励了我们，而且还和大家合影留念。

建立组织

1959 年 1 月 23 日，吉林省文化局发文成立"吉林省文化局新剧种创编组"。此前，也就是 1 月 21 日，中国音乐家协会吉林分会在长春市二马路省文联会议室召开成立大会。会议的主持人、音协主席、省文化局局长高叶同志在会上讲话时说："我顺便宣布一个事。省委号召创建新剧种，我们省文化局最近研究成立新剧种创编组，我提议咱们的音协理事张先程当组长。"这个创编组的成员是从各个方面抽调来的，其中有省戏校教师那炳晨，省歌舞剧团刘中和刘芳，并请二人转老艺人程喜发、双红、郭文宝、李青山、谷振锋，以及省戏校副校长评剧老前辈李岱同志和评剧老艺人郑锡武等人担任顾问。很快我们在一起开了个见面会。1 月 26 日省文化局召开第一次新剧种会议，高叶同志正式宣布吉林省文化局新剧种创编组成立。

高叶同志当时身体不太好。他在家里和住院当中带病听我的汇报，研究第一步究竟怎么走。后来经上下反复讨论，还是决定从二人转传统剧目中选剧本素材，并具体确定《蓝桥会》作为第一个新剧种实验剧目。省委宣传部部长宋振庭同志亲自抓新剧种创编组的工作。他指示我们一定要以二人转音乐为基础，抓基调，搞"三化"，即板头化、角色化、戏曲化。我们当时的"四人小组"（我和那炳晨、刘中、刘芳），都很听话。刘中很快写出了一个《蓝桥会》初稿，我们三个搞作曲的同志每天除了学习、解剖京、评剧种音乐而外，就是具体讨论我们新剧种的音乐结构。在 1959 年的二月份，我们几乎没停脚地在市里跑，也到外省跑。现在的曲剧种音乐设计就是 3 月初我们四个人去哈尔滨学看二人转时，住在道外旅馆的三楼一个小房间里拟定的。那几天，我们白天在旅馆里讨论，晚上看哈尔滨市的二人转演出，请他们给我们介绍二人转唱腔在他们那一带的新唱法、新曲牌，经多次讨论，我们把二人转曲牌进行科学归类，并认定新剧种应该选取的主要曲牌。同时我们设计了两个声腔系统，而且起名一为柳腔，一为嗨外调，也就是现在吉剧所叫的柳调系统、嗨调系统。特别是我们纵观全国几个大剧种音乐发展情况之后，决定我们的新剧种音乐一定要搞"男女分腔"、"行当分腔"。所以我们在设计《蓝桥会》音乐的同时就把新剧种音乐的发展蓝图定下来了。（具体想法，我曾经在1959年11月号《议演谈唱》刊物上发表了一篇文章）今天想来：建立组织在长春，设计雏形在哈尔滨。

艰苦奋斗

当时新剧种创编组织既无牌子，又无办公地点。省文化局和省歌舞剧团商量在他们的南广场路东两层楼宿舍中借用一个不满十平方米的小房间。当时，室内设备非常简陋，破旧的地板随时有下沉的危险，屋里除刘芳同志住宿的一个床和行李而外，办公用具几乎一无所有。墙上贴着我们四个人商定的什么"删改剧本，抓住基调，不搞展览，板头音乐……"设计口号。仅有的一台旧式英制钢丝录音机还是从省歌剧团暂借的。仅有的一辆私车公用的无铃、无锁，骑上直晃荡的破旧的30年代德国造自行车，还是那炳晨个人的。其他参考资料就是靠我们四个人的个人藏书和到省市图书馆翻阅来的了。尽管这样，当时我们劲头很足，每天工作到深夜。

新腔试唱

1959年4月，省文化局在电影发行公司召开会议。当时领导决定要我们把《蓝桥会》的新腔设计给大家唱一唱。就在这天晚间，我们在八大厅二楼（现在的机械工业厅二楼），省文化局文化处办公室搞了一个别开生面的新腔试唱会。这个试唱会很有趣，既无演员参加，又无乐队伴奏，全部工作由我和那炳晨、刘芳担任。那炳晨用胡琴伴奏，由我代女主角《蓝桥会》中的蓝瑞莲，唱了一段戏中的核心唱段——五更思亲；由刘芳代男主角魏奎元和我对唱一段男女主人公相遇时的男女对唱。试唱会与会者很兴奋，一致认为这个音乐设计不错，柳调很好听，分腔很合适。新剧种的音乐蓝图，就是在这个会上做了初步体现。

地下活动

剧本、唱腔初步有了头绪，接着就是新剧种第一个实验剧目怎样立起来和由谁立起来的问题。4月20日，省文化局决定，由我们创编组和民营的长春地方戏队合作排练，六月份排出来，在舞台上请领导审查。

长春市地方戏队当时在新民胡同，这个胡同里有两个剧场：一个是老落子园改成的曲艺剧场；一个是场地不大，却卖座的小剧场。这个小剧场极简陋，小台子没有两席地大，破旧的座椅前放几张大条桌。观众可边看戏边喝茶。每天到这里看戏的，大多是进城办事的农民。经济上当时的地方戏队和小剧场订有合同，收入分成劈份。《蓝桥会》排练期间，省里赔偿他们经济损失。我们创编组工作地点很困难。在剧场小舞台地下室的一个小房子里工作。这里和舞台只有一板之隔，每天台上的演唱，观众的反响，不管你听不听，都能传到你的耳朵里，虽然可随时了解剧场效果，但对音乐创作，震耳欲聋的锣鼓声，实在使人难以"入境"。从省歌舞团抽调的一位伴奏人员，反感最大。他说："我听不来那个调，看不惯那一套。一进新民胡同就头疼。"作为一个歌舞团的人员，到这来，我觉得脸面不好看，心里有说不出来的难过。但大多数同志，还是非常积极的，特别是省委宣传部部长宋振庭多次亲临现场指导，使大家很受教育。5月初的一天午后，当他第一次看《蓝桥会·哭坟》一场戏排练时，听到演员演唱新腔"哭糜子"，伴唱声和大喇叭声使他非常兴奋。当蓝瑞莲演唱"五更思亲"时他多次为之叫好，使大家深受鼓舞，感到身在地下，心却在地上，困难虽大，情绪高昂。

"地上"工作

1959年四五月份是我们最忙的日子，也是最困难的时候。剧种实验没导演、没演员、没乐队。高叶同志临住院前领我到省戏校青年进修班去了一趟。当时戏校在红旗街，即现在省歌办公楼。在一楼的一个教室里普遍听一次学员的个人唱功，目的是选《蓝桥会》的试唱演员。晚八点才听完，高叶要我坐他的小车一同回家。路上，高叶同志和我讲："这些学员都是各县剧团的主演，临时抽来培训的。看来抽太拔尖的学员学校不会同意，我们就得考虑二三流的啦"。经过协商，很快抽来第一位新剧种的"实验演员"隋晶莹。

当时在省委宣传部文艺处工作的吴景春同志对新剧种工作也特别热心。他熟悉各地的二人转团队人员。通过看二人转队演出，在四平抽调来拉板胡的马宝富；在白城借来了学员宋菊；后来又请来了李岱同志做导演。就这样，总算凑来一班以长春地方戏队为主的实验人员。

5月初排练非常紧张。小剧场每天营业演出，使《蓝桥会》的排练受到很大影响。省文化局和市文化局商定，中止长春市地方戏队在小剧场的演出，人员暂时抽出来，经费由省里负担。地方戏队公方代表李洪湛同志和我共同负责，把两方合在一起的实验班子拉出来。这种新剧种实验又进入了一个新的时期。我把它叫"地上"工作时期。这时省局和省歌商定要我们暂住在省歌南广场东楼二楼的三个房间里。这个楼是伪满为日本人盖的一个"公寓"。楼上有一个大方厅，四周都是用木板隔起来的一个一个小房间。省歌当时把四周小房间当单身宿舍，有的做办公室。中间抽出来的两个房间容不下我们这个三十多人的队伍。没有办法只好白天在方厅排练，晚上在方厅席地而睡。这样的条件对大多数人来说已经蛮好了，实验队总算有一个自己的窝了。可是也有个别演员对此很不满意。觉得同是演员，省歌同志住在小房子里，有床、有被，而我们倒好，早晨起来把行李卷捆起来排练，晚上排练很晚，还得把地扫干净铺上行李睡觉，现在搞的这个新剧种成败都不好说，一旦不成咋办？不如在县里，不管咋的有固定演出，有固定收入，这样越想越不安心，结果有两位很有前途的女主演不辞而别，但多数同志还在坚持实验。

首次彩排

1959 年的 6 月 12 日是我们这些新剧种建设者一个难忘的日子。从 2 月份我们创编组正式开展工作到 6 月 12 日的首次在舞台上彩排汇报，大家已经忙了四个多月。可以说新剧种经过十月怀胎终于一朝分娩。第一个实验剧目究竟怎样？大家也实在担心，新生的婴儿难产倒不怕，就怕来个"畸形"，特别是怕得"产后风"，对大人、孩子都不好。为此，上上下下都非常紧张。

首次彩排定在东北人民艺术剧场（即现在的长春人民艺术剧场）举行。省委宣传部部长宋振庭、市委宣传部部长岳林等领导同志和戏剧界有关专家都非常重视。彩排开演前很早就都到齐了，大家关切地瞩目大幕的拉开。导演李岱在台上一再地嘱咐大家一定要注意松弛，可是他比我们更紧张。当《蓝桥会》汇报演出结束，大家报以热烈的掌声时，我们悬挂的心才落下来。

宋振庭同志立即在剧场西侧休息室召开座谈会，并同与会者合影留念。会上岳林同志和其他几位专家也发了言，对《蓝桥会》作了充分肯定，并提出应该把剧本再进一步改好，脱开原二人转传统本的局限，明确主题、加深人物冲突，注意结构上的"戏曲化"。针对这种情况，宋振庭同志不顾一天的疲劳，连夜和我们在一起制订了下步工作方案——六一二方案。在这个方案中，除对剧本、音乐提出具体修改意见外，还做了充实编导力量及演员、伴奏员、舞美人员的决定。同时决定在国庆十周年献礼之前，即 9 月拿出二稿，先向省、市委领导正式作一次汇报彩排演出。

成立剧团

由于领导下了决心，从省京剧团抽调来几位舞美人员；从省戏校青年评剧团抽调几名青年演员；从其他部门借来了老编剧籍华、苏宁，导演金玉霞和长春市地方戏队部分人员组成了一个新班子，也就是后来省文化局正式批准的吉林省新剧种实验剧团。班子的负责人是我和曹瑛。从此，新剧种的创建进入一个新阶段。

这时，从省歌舞剧团临时搬迁到省京剧团，省京剧团把东平房小排练场倒出来给我们。大家就在这不满三十平方米的房子里白天排练，晚间住宿。不久，我们又搬进安达街82号省电影机械厂的二楼。

由于人员的充实、情绪的安定和好不容易才有了一个正式安身之处，所以，大家情绪极为高涨。二人转老艺人徐文臣主动担负起炊事工作，每天他来得最早，带动好几位同志也积极为大家服务，尽管大家还是席地而睡，可谁也没有怨言。刘中、籍华和苏宁同志很快把剧本修改出来了，经我们和宋振庭同志几次研究讨论，通过了新的排练本，并把《蓝桥会》改名为《蓝河怨》。我和那炳晨、刘芳同志整天忙于谱曲、试唱。经过一段紧张排练，终于在9月7日正式在长春市工人文化宫剧场向省、市领导作了一次汇报演出。

剧种诞生

从9月4日起大家就像将要出嫁的姑娘忙嫁妆那样，整天滚在剧场里。9月7日晚，开演前既怕领导不来，又怕领导看后把新剧给"枪毙"了。作为一个"人工催产"的新剧种，大家仅仅忙了7个月，究竟能行不能行？包括宋振庭同志在内，大家的心情都很不平静。当开演的铃声打响的时候，台上人员的紧张程度已经到了顶点。开演前后我是上下走动，一会看看台上的演出，一会扒大幕缝看看台下观众的情绪，我还走到剧场一侧注意观察由宋振庭陪同看戏的省委领导的情绪，全戏演出台上没出差错，台下看戏的人除了有时有点笑声而外也没啥大反应。可是当全戏演出结束，大幕合起来的时候，全场气氛可大为不同了。演员多次谢幕，台下观众长时间鼓掌。省、市领导走上舞台接见大家的时候，有的同志流下了眼泪。文化宫后台小休息室坐满了人，省委第一书记吴德，书记处书记李砥平、富振声，副省长肖靖，宣传部部长宋振庭，长春市委书记处书记沈亚钢、李都，市委宣传部部长岳林，省文化局副局长刘西林等和大家坐在一起，热烈地祝贺演出成功，一致认为新剧种已初具雏形。我们省终于有了自己的地方剧种。第二天省、市报都发了消息，发了评论文章。宋振庭同志的《〈蓝河怨〉和新剧种》也在《吉林日报》上发表了。欢呼我省新剧种诞生的消息成了当时报刊、电台宣传的重要内容，从此结束了我省没有地方戏曲剧种的历史。从事这一段工作的同志们，总算没有辜负党和人民的期望。

（原载《艺术周报》，1985 年 10 月 6 日、1985 年 11 月 2 日、1985 年 12 月 21 日）

记忆中的肖像

怀念振庭

宫敏章

《记忆中的肖像》——这是振庭同志在 60 年代初所写的一篇中篇小说的题目，现在我借用来做我这篇文章的标题，理由有二：一是因为这个题名与我这篇文章的内容恰好吻合，二是因为他那篇小说里写到过我年轻时代的影子，我用他这个题目回忆他，也有回报之义。不过，他写我时，我还是年华正好的中年人；我现在写到他时，他却不在这个世界上了。

从 1945 年 2 月我们结婚，到 1985 年 2 月他去世，我们共同生活了整整 40 个年头。一年来，这 40 年的风风雨雨、苦乐悲欢时时萦回在我的脑际，又像是电影一幕幕在我眼前闪过，白天使我意惹情牵，深夜使我久久不能入睡，仿佛他仍站在书架旁翻书，坐在桌前伏案写作，倚在沙发上沉思，或者和同志、朋友们高谈阔论……

振庭同志是中共党员和党的干部，关于他在几十年工作中的是非功过，自有党和群众去评断，我这里只想

103

记述一些我们共同生活中的琐事，或许从中可以看出他的性格和为人之一斑。

在炮火硝烟中缔姻

1943 年夏天，我在晋察冀边区曲阳县六区区政府任民教助理员。当时按照毛泽东同志《在延安文艺座谈会上的讲话》提出的知识分子要同工农兵结合的精神，许多知识分子都下放到基层锻炼。一天，从县委宣传部派到我们区来一个年轻人，二十上下岁，大脑袋，小细腰，上身穿着的一件白土布衣服已经变成灰色，裤子又短又肥，一抿裤腰把左边的裤腿都扭到了右边的裤腿上；脚上穿着一双比他的脚大得多的布鞋，前边空着的部分往上翘着，怕鞋掉下来，在鞋中间穿了孔，系着一根粗布带。这就是我第一次见到的宋振庭的形象。当时我们区里三个女干部背后品头评足地议论："看他那个傻头傻脑的笨样吧，能干什么工作？"我们都偷偷地笑。

那年春天雨水调和，庄稼长势很好，等到青纱帐一起来，日寇加强了对游击区的封锁。敌人在每隔五里左右的地方修一个炮楼，中心炮楼有五六层楼那么高，监视着我们的行动，使我们开展活动很不便。1943 年夏，久旱无雨，蝗虫四起，遮天盖地，庄稼受了很大的灾害。区委立即决定动员各村男女老幼一齐上阵，扑灭蝗虫，同时正好利用这个机会把各村的青救会、妇救会、农会等组织起来，并由党团员带头，把各村的地道连接到一起。区委还决定对群众大力进行形势教育。

一次我们召集了有半个区群众参加的大会，讲国内外形势。当时有人提议让振庭讲，我表示坚决不同意。我想，召集这样一个大会很不容易，他那么个笨头笨脑的样儿，会讲个什么？加上他说话一口东北调，老百姓听不懂，不把大家讲跑了才怪呢。我提议让区长田士英同志讲。有人说："小宋是县委宣传部来的，肚子里有货，让他讲吧。"最后，田士英同志非让振庭讲不可，这样，振庭也就接受了。我还记得他那一次讲演用了一副对联做题目："今年打败希特勒，明年消灭小日本"，横批是："接着完蛋"。这个题目就把不少人逗笑了。这个其貌不扬的年轻人滔滔不绝地讲起来，从欧洲战场讲到太平洋战场，讲到国内形势和华北形势，一讲就是小半天。那时大家打蝗虫本来很累了，在毒日头底下又晒又渴，可是几百名干部群众一动没动，鸦雀无声。报告一结束，人群里爆发起热烈的掌声。区委书记牛振国同志过来拍着振庭的肩膀说："小伙子真行！是个做宣传鼓动工作的好材料。"不少青年也围上来，纷纷问他：是什么地方人？干什么工作？多大年纪？念几年书？等等。有的村干部说："小宋同志今天晚上到我们村去住吧，我们在地道里办了个青年夜校，你再给讲讲。"还有的村干部上来拉住他的手说："我们村边就是炮楼，只有晚上才能开群众会，今天晚上跟我去吧。"他只好左一声"好"右一声"好"地应酬着。

振庭的第一次讲演就打了个响炮。从此他不管走到哪个村，哪个村的干部都喜欢他，群众都欢迎他。有的村干部和他开玩笑："你今天一定得讲讲，不讲不给饭吃。"他走一村，讲一村，有时一天晚上讲两场。嗓子哑了，就带着哑嗓子讲。当时组织上把我和振庭分在一个片（一个区分三个片），常常是他讲形势，我讲当前工作。

日伪军为了监视我们，在每个村都安排了报道员，天天到炮楼上报告当天情况。实际上这些报道员都是我们的人。振庭同志出主意，让报道员把群众打的蝗虫装进麻袋，用车拉到炮楼上给敌人看，让他们知道群众出来活动是打蝗虫。这样，敌人看到我们组织群众成群结队地活动也不开枪。有时到了夜间，区干队和民兵组织起来对炮楼上的伪军进行训话。主讲当然由振庭来担任，因为他讲得好，同时伪军中有许多东北人，由他讲效果更好。振庭总是用命令的口气让他们伸出头来听。月光下，果然看到伪军们一个个伸出头来乖乖地听。振庭给他们讲国际国内形势，讲百姓的苦难生活，启发他们的民族意识，教育他们不准欺侮百姓。他向敌人训话时用的名义是"宋政委"，敌人也摸不着头脑，听了他的训话果然老实多了。

随着相处的时间越来越多，我对他的印象渐渐有了转变，觉得他有骨气，真勇敢，对他的身世也有所了解了。

他 1921 年 4 月出生在吉林省延吉市一个小手工业者家庭。父亲是个皮匠，没有登过学校门，靠自学自悟可以看懂报纸。母亲是个很能干的劳动妇女。父亲很重视子女的教育，尽管家境贫寒，仍想一切办法送孩子上学读几年书。家里没钱买书，就到亲友家里借些书给子女们看。九一八事变后，东北沦陷于日本侵略者的铁蹄之下，振庭便离开家乡，到北平读书。这时他开始接触进步书刊，民族意识和阶级意识渐渐萌发，于 1936 年夏参加了民先队，开始进行革命活动。1937 年七七事变后，他和几个同学结伴离开北平，辗转奔赴延安，先后在抗日军政大学和马列学院学习和工作，1939 年来到华北抗日前线。

他平时不多讲话，有时间就看书看报。我觉得这个人好学、有才，可对他的形象总看不惯。个子虽然不小，可有点驼背，走起路来八字脚，还一摇一晃的。从见到他后，我就没见他穿过一件干净衣服，吃起饭来也不管是什么饭菜，一大口一大口地往嘴里填。一次我们四个人到一家老百姓家吃饭，吃的是地瓜叶和苞米面做的疙瘩，砂子很多，闭不上嘴，我们三个人你看我，我看你，都没吃多少。只有振庭一个人狼吞虎咽地吃着，什么也没吃出来。

就在这时，他提出和我交朋友。当时我思想斗争很激烈，没有表示态度，可是更注意了对他人品的观察。当时我们区里的干部都愿意和他聊天，听他讲问题。有时他还很幽默，逗得大家哈哈大笑。大家送他个外号："万事通"。有时房东老大娘也搬个板凳坐过来，边做针线活边听他讲。大家都佩服他年纪不大，可知道那么多事，真有本事。我也经常向他提出些学习上的问题，他有问必答，古今中外地谈起来滔滔不绝。

我们两人订婚时，我家里人都不同意，区长亲自出来说服也不行。

1945 年春节，我们附近几个村子联合搭起了戏台子，要唱京戏，到处找会唱京戏的人。不知谁发现振庭会唱京戏，于是大家非要求他登台不可。他居然粉墨登场，唱了一出《捉放曹》。这一下给我们的婚事带来了转机。我的祖父是个喜欢看京戏的人，看完戏非常高兴，回来对我说："你看这小伙子还真有点本事，看人不能看外表，家穷家富不算什么，人有本事就行，这门亲事我点头了！"第二天他就买来一张大白纸，把振庭叫来，对他说："她爸爸不在家，这门亲事等他回来我也好有个交代。你把你家祖宗三代都是干什么的，叫什么名字，现在在什么地方，都给我写上。"振庭照办了。振庭第二次来我家时，我让他从山区给爷爷买了二斤黄烟叶。爷爷一见孙女女婿尊敬他，高兴得不得了。有时他亲自到十几里地以外的村子，给振庭借书看。

就在这年春天我们结了婚。"八一五"抗战胜利后，我们按组织上的命令，开赴东北，一直工作到 1979 年春。

一个苦学不倦的人

振庭参加革命前只读到初中毕业，参加革命后又读了两年"抗大"，此外没上过任何学校。四十年来，他主要是做宣传、文教工作，他的一些知识和学问主要是边工作、边学习积累起来的。他常说："一个合格的干部不能做本职工作的外行。一年两年当外行还可以，五年六年还是外行，作为党员，从党性来说是不允许的。"他的一生，热爱工作，热爱生活，什么都想学，什么都想干，什么都想试一试。几十年中他一直保持着这么一股劲头。

解放后，我们的工资虽然不算少，但要赡养两家的老人，还有六个孩子，生活并不宽裕。就在这种情况下，振庭还是不断地买书，有关哲学、史学、文学、音乐、戏曲、美术的书，见了就买，买了就读。弄得家里一分钱储蓄也没有，为此我常和他闹点矛盾。有时他去书店，我不给他钱，他就向司机同志借，常常把司机身上的钱借光，过后还得我替他把钱还清。

记得一次他为了买《资治通鉴》花了 40 元，还要买《续通鉴》，我就没让他买。回到家后，他就抱起一本《通鉴》埋头读起来。这时我们6岁的二女儿从宋任远同志家回来，絮絮叨叨地向她爸爸说："宋家伯伯要我给他去当女儿，连姓也不用改，还叫宋芬，要是你同意，宋伯伯今天就让我把行李搬过去，以后我就不回来了……"振庭边看书边说："好，好，好……"二女儿听了非常高兴，抱起被褥就往外走，被她奶奶拦住，孩子就哭起来。这时我从外面回来，问振庭是怎么回事，他竟然什么也不知道，孩子和他说的宋任远同志的玩笑话他全没有听见。还有一次家里吃饺子，他边吃边看书，等到吃完问他是什么馅，他说不出，没品味出来，注意力全用在书上了。这一类笑话闹过不少。

他常常向我和孩子们讲，学点知识不容易，要想学得深，就得学得宽，因为知识是触类旁通的，读书像挖井一样，只有把井口开得大些，才能挖得深。这些话是他自己多年学习的体会。为了开阔知识面，他利用一切可用的时间读书，吃饭前、睡觉前总要拿起一本什么书看一阵。每次出差，总要带上一大包书，在车上、船上、飞机上看。

在生活上，他一生从来都马马虎虎，大大咧咧。衣服脏了，如果不是有人提示，他从来不知道换。每次出差，什么毛巾、牙刷、手表、裤子，经常丢。出差带两双袜子，回来时常常两只脚穿着两样袜子，另外的两只不知丢到什么地方去了。但是，他带出去的书，却从来一本也没丢过。"文化大革命"中，"造反派"一次一次来抄家，有时一天抄几次，振庭的皮鞋、料子服都丢过，他不知道也不关心，可是每次挨斗回来走到书架前，一眼就看出《马恩通信集》丢了一本，《鲁迅全集》少了两本，等等。后来"造反派"到我家，见到线装书就拿起来一扯两半，有一次扯了半书架的书。"造反派"走后，我用手推车把扯破的书推到锅炉房烧了。振庭回来，看着空书架，什么也没说，长长地叹了两口气。

"文化大革命"开始不久，振庭就被监管起来，不准再回家。他从"牛棚"里带出信来，让家里人给他送书去。可是看管的人说，除了毛主席著作，其他书一律不准看。后来几经交涉，才准许送些医学方面的书。

于是振庭就利用监管的三年时间读起了中医理论书籍，后来转到"五七"干校后，他居然能给一些学员和附近农民诊脉看病。他有时还到一些农民家里登门看病，然后亲自走十几里路买来药，送上门去。有些病人病好之后，亲自到我家来致谢。

振庭在学习上的另一特点是不耻下问。由于他受的正规教育不多，有时也念别字，如把"造诣"念成"造 zhǐ"，用他自己的话说，就是开了多年"造纸"厂。有时在会上念错字，有人指正，他非常高兴，并诚恳地向人家致谢。他常说："三人行必有我师，孔子是'圣人'还要不耻下问，何况我辈。学问，顾名思义，学从问来，问是学的开始，养成打破砂锅问到底的习惯，才能成为有学问的人。"

为了学得知识，他广泛交结了各界的朋友。不少比较出名的学者和教授，他都认识，趁节假日或休息时间去向人家登门求教，回来后再自己读书，经过理解、分析、比较，得出自己的认识。他的一些史学、文学和中国哲学的知识就是这样积累起来的。他还认识北京和其他地方的一些画家、音乐家、戏剧家，有机会就向人家讨教，还经常看画展、听音乐、观摩戏剧演出，有时还写些评论。他的一些美术、音乐、戏曲知识就是这样积累起来的。

"文化大革命"前，他曾主编一部哲学教科书。为了弄清佛教唯心论，他又同和尚打起交道来。每到星期日，他匆匆吃完早饭就走。我问他到哪里去，他常说："找和尚去。"一个星期天，我也跟他去了，看他们到底谈些什么。来到长春般若寺，一进庙门，就有几个小和尚过来和振庭打招呼，看来他们早认识了。来到方丈室，他便和澍培法师（在佛教界颇有些名气）谈起来，有问有答，振庭还时时作着笔记。他们谈得兴致勃勃，说些什么，我完全听不懂。好不容易熬到中午，我说："走吧！"他却说："不走了，我和他们一块吃，晚上再回家。"没办法，我只好自己回来。我当时思想比较"左"，以为一个共产党员和革命干部同一些和尚总来往，太不成体统，他和我说，只有这样才能知道宗教的内幕，才能知道为什么一些人陷入其中不能自拔。他还说："中国的佛教唯心论，光靠读书还不能真正弄懂。经过这样一些谈话，才对其奥秘有所了解。今后再批判佛教唯心论，我心中就比较有数了。"

他就是这样一个人，在知识上他显得很"贪婪"，所以就成了一个所谓的"杂家"。这对一些专业学者来说，也许有些不足为训，但他的贯彻一生的强烈的求知精神和刻苦、坚韧的学习劲头，是可贵的，也是我难以忘怀的。

与吉剧的因缘

吉剧，是吉林省的戏剧工作者在解放后新创立的剧种，到现在也只有二十多年的历史。振庭作为当时吉林省文教战线的领导者之一，和吉剧的诞生和发展有着很深的缘分。

解放前，东北地区没有自己的地方剧种，民间土生土长的群众喜闻乐见的二人转，只以说唱为主，还不是成形的剧种。解放后，在党的百花齐放、推陈出新的文艺方针指引下，二人转出现了向戏剧发展的趋势，其中，孕育着吉剧的诞生。

1958年，振庭开始与文化局和省委文艺处的有关负责同志研究，要在吉林省搞一个带有本地特点的新剧种。他是吉林省人，对哺育自己成长的家乡人民和土地充满了热爱的感情。他常说，吉林这个地方，山川秀丽，物产丰饶，人民勤劳纯朴，有着可歌可泣的历史，只是由于开发较晚，文化上还显得荒芜。就像一个健美的少女，还未梳妆打扮，所以还未引起人们足够的注意，她的光彩还未照亮诗人和画家的眼睛。要妆点她，就要发展文化。创建一个带有地方特点的剧种，是件非常有意义的工作。

1959年他任吉林省戏剧领导小组组长，重点抓新剧种的创建工作。要创建新剧种，首先必须有剧目，振庭就从抓新剧目着手。根据他的提议，吉林省的一些戏剧工作者在二人转《蓝桥会》的基础上，创编出用于舞台演出的新剧本《蓝河怨》。又经省新剧种实验剧团四个多月的努力，终于排练出来，在国庆十周年前夕和观众见面了。《蓝河怨》的上演，使振庭非常兴奋，他在《〈蓝河怨〉和新剧种》一文中写道，《蓝河怨》的上演，"给创造一个优美动人的新剧种铺好第一块基石"。

《蓝河怨》上演后，他又搜索枯肠地考虑下一个剧目。一段时间内，他总是对着墙上一幅荣宝斋水印的白梅图琢磨什么。一天晚上，他同我谈起梅花，说梅花在百花中开得最早，性格刚强，迎风傲雪，质地纯洁，一尘不染，接着又谈到桃花、李花。他认为桃的性格软弱，没有斗争性；李，清润漂亮，性格有刚有柔。这时他已经萌发一个想法，准备把桃、李、梅的性格形象化，写出一个刻画这三种性格的人的剧本。为此，他昼思夜想，有时夜里睡在床上，突然起来打开灯，抓起笔写上几行。不久，省委责成他去通化地区蹲点。他到通化后，工作之余仍在构思剧本。后来省文化局派人到通化帮助他进行创作，振庭和这些同志详细谈了创作意图，每天晚上都讨论到深夜，把剧本的雏形基本确定下来。回到长春后，他白天去机关上班，晚上就把剧组的创作人员召集到家里来，研究唱腔和配乐问题，一讨论起来就是小半夜。

那时正是困难时期，大家都吃不饱，也没有什么夜餐和加班费之类的说道，都是凭着创建一个新剧种的热情在工作。他们研究了东北二人转和大秧歌的唱腔特点，也研究了河北梆子、越剧的音乐特点，甚至对东北民间跳大神打单鼓的调子也进行了研究。最后经大家反复讨论，形成了十六字方针，即："不离基地，采撷众华，融合提炼，自成一家。"他们每天都闹腾到深夜，相当辛苦，我就给他们下一点原汤面吃，还烙一点小饼，并和他们开玩笑说："我这是管吃不管饱。"那时我家大人小孩也吃不饱肚子，只能做到这种程度。《桃李梅》投入排练后，振庭又深入到排练场进行具体指导，选演员、派角色，甚至连表演身段也参与意见。

1960年初，《桃李梅》上演了，受到观众的热烈欢迎，但也听到相当多的不同意见。振庭几次和大家讲，正确的意见要虚心接受，错误的意见要坚决顶住，创建新剧种的工作要坚持下去，信念不能有任何动摇。《桃李梅》边演边改，后来在吉林省演红了，打开了局面。听说《桃李梅》剧组到沈阳演出时，剧场经理起初很瞧不起，说，二人转也要这么大的场子？结果《桃李梅》越演越红，那个经理转变了看法，还给演员们煮绿豆汤喝。

《桃李梅》演出成功后，剧团的同志说剧本是老宋创作的，送来200元稿酬。振庭说，剧本是剧团集体创作的，我不能署名，钱也不能收，谢绝了。剧团的同志见我们执意不收，就送来一个暖水瓶和一块塑料台布作纪念，我收下了。

接着，剧团的同志又创编演出了《包公赔情》、《燕青卖线》等剧目，获得了更大的成功。"文革"一来，创编《桃李梅》等剧成了振庭"罪行"的一部分。粉碎"四人帮"，振庭重新工作后，立即想到吉剧，指示剧团恢复"文革"前的剧目。结果，这些剧目在1978年进京和到他省演出，引起强烈反响，获得很大成功。

热爱文物，保护文物

振庭长期做文教宣传工作，不甘当外行，不倦地学习，涉猎的范围极宽。他曾和一些文物鉴赏家交朋友，拜人家为师，学到许多宝贵的知识。当时有些人对他这点并不理解，其中也包括我。我为此和他争论过，他就给我讲了日丹诺夫的一件事。十月革命后，日丹诺夫任文化方面的领导，一些音乐家就责难日丹诺夫不懂音乐，只会读文件。日丹诺夫什么也没说，走到一架钢琴旁，奏起一段古典名曲，他精湛熟练的演奏技巧使在场的音乐家们惊得目瞪口呆，从此他们折服了。他讲这个故事，就说明了他想当本行工作内行的学习动机。也正是因为他渐渐懂得了比较多的文物方面的知识，才对吉林省的文博工作进行了有效的领导，作出了自己的贡献。

50年代初，国画大师张大千等人的画在国内价格低得很，甚至无人问津。当时振庭就认为这些画艺术成就很高，有极大的收藏价值，告诉博物馆的同志：见到这些画就要收购，要收绝。即使暂时不能公开展览，也要保存起来，为将来的研究创造条件。他说要使吉林省博物馆成为收藏张大千早期作品最多的地方。吉林省博物馆收藏的一些张大千的画，就是这样收购进来的。当时他还指示省博的同志把北京等地有价值的扇面买绝，将来定有价值。

长春是伪满洲国的首都，日本投降时，溥仪仓皇逃离长春，伪满皇宫中的许多价值极高的书画散落民间。对此，振庭也给予了很大关注。1962年春，省文化服务社从长春市一市民手中购得一件金人张瑀的《文姬归汉图》，就是从伪满皇宫流失的名画。当时卖主不了解党的文物政策，存有顾虑，不肯据实申报家庭住址。振庭了解到这一情况后，立即请公安部门协助，找到了这位卖主，并在一剧场召开了隆重的奖励大会，向这位同志颁发了奖状和奖金，以扩大影响，使流散到民间的珍贵文物尽快回到国家手中。

1963年，振庭听说公主岭地区有个农民在夹壁墙里藏了一件古画，派人调查属实，就动员这个农民把画卖给国家。这个农民很害怕，一定要求先给钱，后交画。当时振庭就答应给1000元，那个农民又要两只英格表，振庭也答应了。这样才使这件从故宫流失已久的明代董其昌的《昼锦堂图并书记卷》回到国家博物馆。

50年代初，振庭还用自己有限的一点工资买了五十几把扇面，经常拿出来观赏、把玩，不忍释手，目的是增加知识。他担心这些东西受损失，很快就连同发票转让给博物馆。1962年东北文史研究所成立，他又把自己珍藏的12种明版、清版书（184卷）无偿地捐赠给东北文史研究所。为了支持吉林省艺术专科学校的教学工作，他还把自己收藏的四十多件现代画家的作品赠送给他们。

1964年的一个星期天，我和振庭到省文化服务社去逛，见一个农民夹着一幅古画要卖。当时书画鉴定人员对这张画的真伪有争议，基本定为伪作，只出200元收购。那个农民坚持要700元。振庭详细观察了这张画，认为可能是真件。即使是伪作，年代也很早，有价值。当时他就和我商量，如果是真的，咱们就交国家，如果是假的，就把我的手表和大衣卖掉，把这张画自己买下来。于是我们把这个农民请到家中，用700元把画买了下来。后经故宫博物院的专家鉴定，确认是金末元初著名画家何澄所作的《归庄图》，在美术史上有重要地位，是何澄传世之作之孤本，属故宫散佚名画之珍品。北京某博物部门愿用两件宋画交换，振庭表示，这幅画在吉林收购，应归当地博物馆收藏，就把这幅名画以700元原价转让给吉林省博物馆。

1978年秋，振庭利用参加全国知青会议的休息时间，去抗日战争时期工作过的河北省曲阳县寻亲访友。曲阳是古代定瓷的产地之一，他参观了一个古瓷窑旧址，拣了几块碎瓷片。当地一些农民围着看。有人说，我们家有些小盘、小罐，卖给合作社，合作社也不要，你要不要？振庭就和当地专署和县里的干部商量，买了几件农民用来喂猫、喂鸡、点灯用的土瓷器。这时一个女社员拿来几个带花的土碗，他也一同买下了，开了收条，公社会计也写了证明信。回到县里，振庭建议县里的领导把民间保存的瓷器收集一下进行研究，并表示要把带走的瓷器交给专家研究鉴定。1979年振庭调北京工作，向中国历史博物馆的史树青教授请教，自己也看了一些资料，才知道买来的四个土瓷碗是古定瓷的瓷模，是有价值的文物。同年，在定瓷讨论会上，振庭拿去一个瓷模供与会者研究；后又让曲阳县定瓷所带去一件仿制。为进一步宣传，经于光远同志介绍，上海文物出版社来人拍了照片，发表在《中国陶瓷·定瓷》画册中。经振庭的悉心研究和介绍，这四件湮没已久、从未被人所知的珍贵文物终于恢复了它们的真正价值。后来他又将这四件瓷模交还曲阳县文物管理所收藏。

振庭喜爱书画，也收藏了一点书画，从中学到许多有益的知识。他近几年在养病期间，练习书画，并向同志、朋友赠送一些自己的作品，就是得益于他这种爱好。对他这一点，并不是大家都理解的。在"文革"中，有人指责他是什么"古董商"，后来社会上也有一些闲言碎语。对此，他在《收藏家的品格》一文中说："我想有一种情况，人们会谅解。就是一些同志到了晚年退休，喜爱书画，向画家求几张字和画，不过'秀才人情纸半张'而已，又不去以权谋私，搞什么聚敛、倒腾、做买卖。这种精神生活，不比专爱打扑克、打麻将、种花、下象棋差，也算是一种好的精神生活。当然，过了界，贪得无厌，有了邪味就不好了。再者，一些书画家以自己的工资稿费，为了专业，保存一点参考研究资料，并不是巧取豪夺者，也应允许。可是有一点得明白，即书画文物绝不是一切向钱看的私产。这在古人中也有差别，有人打上'子孙永宝，勿散勿失'的收藏章，而另有人打上'云烟过眼'的收藏章。子孙能不能永宝呢？全是地主老财的梦话！如果换成'人民永宝'、'祖国永宝'，那不会错。因此许多爱国人士把自己祖辈流传下的珍贵文物献给国家，这样的人理应受到人民的尊敬。中国人是最老实、最厚道的人民，谁个优，谁个劣，从不差错的。"

生命的最后之光

1981 年初，振庭突然身体不适，很快全身发黄，住院检查诊断为胆道堵塞。不久又由北京医院会诊，认定是胰腺肿瘤。对此，我不敢相信，也不愿相信，然而事实是无情的，手术结果证明诊断正确。我问医生，他还能活多久，开始医生们都沉默不语，后来向我暗示，一般只能活一年左右。

最初，为了不增加振庭的精神负担，使他保持心理的平静，病情对他一直是保密的。后来到青岛疗养，一位医生不慎将病历放到了振庭床上，使他一下子了解了病情的真相。癌症，这种意味着死亡判决的病症，对一般人的精神打击之大是可以想见的。出乎我和周围人的意料，他竟谈笑依然，坦然处之。这使我和亲友们感到极大的精神慰藉。

手术后，又曾作过一个多月的放射治疗，他的体重减了四十多斤。后来刚能下地，他就和我商量要画画。我立即从街上替他买来宣纸和笔墨，他便在病房里动手画起来。第一张画画的是一张大墨竹，苍劲挺拔，生机盎然，表现了他追求生活的强烈愿望。当时一起住院的赵朴初同志看后非常欣赏，欣然题词："振庭同志挥笔写胸中之成竹，而甚得王介甫诗意，因录介甫诗以证之：一径森然四座凉，残阴余韵去何长。人怜直节生来瘦，自许高材老更刚。曾与蒿藜同雨露，终随松柏到冰霜。烦君惜取根株在，欲乞伶伦学凤凰。"

赵老的题词是对他的热情鼓励，使他作画的兴致高涨起来，一发而不可收。四年来，他画得着实不少，画好后就赠送给同志和朋友。他结交的一些新老画家也都热情支持他以画养病，还常和他一起作画，并对他详加指点，使他在画技上取得很大进步。

1983 年末，他退居二线，作画的时间更充裕了，越画越多，还先后在北京、吉林、贵阳、延边等城市举办过画展，许多老同志、老朋友都来观赏，热情鼓励他继续画下去。吉林人民出版社还出了一本《宋振庭画集》。他自己常说，我自己知道，我的诗书画严格说是不合章法的，是深山野谷里自生自灭的野生植物。用佛家的话说是"野狐禅"，没有根底，水平不高。他画画并不是要把自己的名字和画家联系起来。他在《我为什么要画画》一文中说："从画着玩，到认真干，而且还要印它若干张，这也有它的外因和内因的。外因是，许多朋友说'土八路'、'老家伙'画画的很少，又大多到了晚年，你如果壮着胆子，画几张挂出去或者印它一本，不是也可以增添些老干部的情趣么？就我自己主观方面说，这几年涂抹得多了，几乎到了着迷的程度，将来退休后，就想以此度过晚年。据有人说，画画可起治病强身的作用。一举数得，何乐不为？"这就清楚地说明了他作画的动机。

自他作过手术后四年来，病魔始终缠着他，他是想到过死的。他在1982 年初写的《我怎样看待死》一文中说："我对死，看得比较平淡。其实也没什么秘密，这不是我对生活没有感情、活得没劲。正相反，我爱生，但也不怕死……这只是一己的私事。人们的眼光应放大些，只要我的同胞，我们人类能活得美满，我可以死，如果需要死的话。我该活，如果我活着能尽一切力量干有益于人民的事。想通了这一点的人，就是先驱者、革命者，就是个大死生的人。"这就是他的生死观。医生原来预言他能再活一年，可是他凭着乐观的生活态度和同疾病顽强斗争的意志力，居然又生活了四年。

四年来，他带着病广泛参加社会活动，参加各种纪念会、座谈会。1983 年 3 月，在纪念马克思逝世一百周年大会上，他作了长篇发言，论在落后国家如何建设社会主义的问题。1983 年 6 月全国政治经济学讨论会在延安召开，他应邀参加会议，躺在汽车里和同去的同志谈笑风生，回忆当年奔赴延安时的情景。这之后，还到天津市政协讲过《读书漫谈》，到上海市委党校讲过党课，在北京工人文化宫讲过党的历史传统，等等。

在最后的四年中，他还曾两次率党校代表团访问过意大利和联邦德国。一次参观一个大教堂，主人演奏起管风琴表示欢迎。演奏结束后，振庭和演奏者谈起乐曲表现的思想，主人看到振庭完全能够理解，非常高兴，并把这一消息告诉了远在几百里之外的作曲家。当他们要离开时，作曲家特地从外地赶来送行，还把自己作品的唱片赠给振庭。在汽车里，振庭唱起京剧《鱼肠剑》的一段，尽管语言不通，但高昂激越的唱腔却打动了作曲家，说："你唱的很像我们的抒情咏叹调。"彼此为能相互理解而非常兴奋。

就在去世前三个月，他还在给党校学员讲《读书漫谈》，学员们热烈鼓掌对他强撑病体讲课表示谢意。这时他已消瘦得很厉害，不久又发烧到39 摄氏度，久久不退烧。这时已时近新年，家里人都为他的病情恶化忧心忡忡，已经没有心思过年。可是他仍像往常过年一样，兴致勃勃地指挥孩子们用彩纸彩灯把客厅装饰一新。12 月 31 日，他还伴随着轻快的乐曲，拖着病体和我跳起舞来，接着快活地坐在沙发上看孩子们跳舞。过了元旦后不到一个星期，他就卧床不起了。住进医院后，他还和孩子们谈论着少年时的趣事。在弥留之际，他还用微弱的声音对我说，过春节要多买鞭炮，让孙子和外孙子放个够，把房间收拾好，把火锅擦干净，等他回家吃涮羊肉……2 月 15 日上午，也就是他生命的最后一天，刚刚结束研究生考试的小女儿匆匆赶到医院，附在他耳边讲述了考试经过，他脸上露出满意的笑容，不断点头，这时他说话已经困难了。下午三点，我们四岁的小孙子来看他。他集中最后的气力抬起手摸着小孙子的头，说着："好孙子，好孙子……"他眷恋着生活和亲人，盼着早日病愈回家，指望过个团圆美满的春节……可是就在当天晚上六点，病魔终于夺去了他的生命。

我们祖国的"四化"大业在迅猛向前进展，我们的子女也都在各自的岗位上为党的事业贡献着自己绵薄的力量，作为一名忠实的中共党员，振庭在九泉之下可以感到欣慰了。

1985 年 10 月 18 日于北京

（原载《社会科学战线》，1986 年第 1 期）

寄情二分月　神往绿杨城

忆宋振庭为扬州留下的诗文

黄经伟

　　"临终诀语无滴泪，为党驰驱日夜心。来去一生身磊落，七尺从天唱大归。"共产主义的忠诚战士、中共中央党校顾问宋振庭同志"魂归天国"已近一年了。一年来，每当从报刊上读到他的遗作时，他的音容笑貌，他的才情人品，总是那么鲜明地展现在我的脑海。

　　1982年3月，宋振庭和夫人宫敏章踏上了"春风十里扬州路"，实现了他的夙愿。宋老对扬州这个中外瞩目的古都早已心驰神往，在清新、幽丽的瘦西湖，他挽着夫人的膀臂哼着吉林故乡"二人转"的曲调，漫步湖滨时，一面和老夫人打趣，一面兴奋地对我们说："我一到这里，心就醉了。"我们同游者也随着宋老伉俪的欢歌笑语，沐浴在明媚的春光之中。在钓鱼台这一风景佳绝处，我向宋老介绍：两年前上海市委书记夏征农夫妇在瘦西湖游玩时，曾有"细水长流入大江，西湖不比瘦湖强"之句，他听了非常赞同，连声说好。

宋老游过扬州，更加爱上扬州。1982 年初秋，我将当代近三百位中外名人赞叹扬州的诗篇寄呈他审阅，他全面披阅诗稿以后，精心撰写了《扬州文化和建设社会主义精神文明》长篇论文，文中谈到了扬州的过去、现在和将来。他尽情讴歌，"扬州是唤起中华民族自豪感的好地方"，"是发光于古今中外的一颗明珠"，"是和苏杭并列地代表着地上的天堂的"，"扬州文化是综合的中华民族文化，不管爱好什么的人，到扬州都可以找到他的所爱"，详尽地论述了历史文化名城在祖国灿烂文化中的地位。宋老生前曾几次表示：要到扬州小住几月，再为扬州写点文章，可是可恶的病魔却夺去了他的生命，使我们失去了一位饱学多才、胸怀坦荡的共产党人。

梦绕魂牵，难忘宏愿，斯人虽逝，诗文长存。宋老为扬州撰写的文章诗句将常留扬州人民的心中。这里敬录宋老在扬州时所作的一首诗，聊表对这位德高望重的革命前辈的怀念之情。

前人发宏愿，转世到扬州。

扬子一万里，长卷一望收。

烟花三月下，维扬联蜀丘。

南北运河通，横贯古邗沟。

京口居门户，淮水绕此流。

三分明月夜，二分此勾留。

画桥二十四，雷塘忆迷楼。

楼台烟雨寺，珠帘琼花幽。

平山接远岑，大师通瀛洲。

白诗欧苏文，樊川载酒讴。

梅花史阁部，丹心照千秋。

红楼溯渊源，百世仰曹侯。

畅观西湖瘦，泛舟古渡头。

历史博物馆，接目景物稠。

珍珠一万粒，简编今古搜。

黄君有心人，集腋成此裘。

临篇神已往，激浪过飞舟。

三叹复三唱，何日再重游！

（原载《扬州市报》，1986 年 1 月 26 日）

振庭同志，我深切怀念您

李元明

这一年来，每当我经过振庭同志的住房，或者在门口碰到他的亲人，我的心情终是久久不能平静。我仿佛感到，他仍在里面工作，总想问一声："老宋好吗？"但是，他已经走了一年，走到我再也见不到的遥远的地方去了。

振庭同志是 1979 年从吉林省调到中央党校担任教育长的，耀邦同志曾在大会上介绍过他。1980 年，我开始和他有了个人接触。那时，北京大学邀请我兼职北大讲授国际政治课，有关部门代我婉言谢绝了。我因 50 年代在莫斯科学的正是这个专业，有意承担这门课，就想到去找振庭同志，或许他能帮点忙。但又想到他是教育长，我是一名普通教员，不好意思进他家的门。后来还是去找了他。他听了之后就说，北大请你去讲课很好嘛！将来我们也要开这门课，这也算一种练兵嘛！何况又是你的专业，可以接受聘书，到那里去讲课。由于他的关心，我到北大

122

讲了三个学期的国际政治课（每星期三个小时）。1982年党校新设这门课时，因自己有了北大的教学经验，就讲得比较顺手。这一次接触使我对他的尊敬之情油然而生，并缩短了我们之间的距离。以后的个人接触就逐渐多了起来。

1982年6月22日，振庭同志主持校委办公会议，宣布筹建包括国际政治教研室在内的四个新教研室。他对我们教研室有明确的设想。他说，开设国际政治课主要是为了开阔学员的眼界，放眼国际舞台。他还说，国际政治主要是国家间的政治关系，国际政治要把理论、历史和现状三者结合和融贯在一起。振庭同志要求我们立即行动起来，走访外交部、中联部等单位的领导同志，作出规划，报告校委。记得那几天，他经常找我们谈话，阐述他的设想，听取我们的汇报，明确进一步活动方案。在他的精心培育下，国际政治课这支新栽的花枝逐渐开出了鲜艳的花朵。

振庭同志书读得很多，知识渊博，对法国的历史有着特殊感情。有一天，当我把商务印书馆寄来的世界名著伏尔泰的《路易十四时代》厚厚一本书送给他时，他非常高兴。他当时身体并不好，工作又忙，但他表示，将很快读完它。1982年8月5日，中国法国史研究会在我校举行第三届年会。开会前，我请振庭同志到会见见与会同志，表示欢迎之意，最好能说上几句话。但是，振庭同志在会上的即席讲话，却是一篇极好的论文。当时来自全国各地的法国史学者深深地被振庭同志渊博的法国史知识和对法国大革命研究的深度所震惊。当时他并未带来一片纸，却能将马克思在《路易·波拿巴的雾月十八日》的最后预言和恩格斯关于法国启蒙思想家的伟大作用的一段精辟论述逐字逐句地重复出来。他对法国大革命时代英雄人物的熟悉程度也是惊人的。在谈到拿破仑的时候，他说："现在拿破仑的几束头发就值百万英镑，也可以看出拿破仑在世人心目中的地位。对于这样的人，难道可以不知道吗？如果未来的省委书记不知道拿破仑是谁，那将是很不体面的。"法国史研究会把振庭同志的这篇即席讲话作为首篇放在第六期会刊上。过了两年，在西安举行的第四届年会上，许多法国史学者还非常关心地向我问起振庭同志的近况。

1984年4月间，振庭同志从校医院给我来电话，要我去看他。那天，他躺在病床上，精神很好。我问他身体怎么样了，他说，没事，只是有些感冒。接着，他说了天津人民出版社委托他主编《当代干部小百科》的事。他说了编这本书的意义，并详细地谈了编这本书的设想。让我负责国际政治部分。6月份，我写出了提纲，交给了他。有一天，振庭同志找我说，同意我的提纲，让我立即着手编写。那一天，他还说了小百科和其他百科书籍的一些区别，一再强调要有自己的特色。说到他自己的身体时，他说，这个病真讨厌，但相信总能看到这本书出版的。我在倾听他讲话的时候，涌起一个不祥的念头：振庭同志脸色很苍白，身子十分虚弱，说话也没有底气，看来要挺不住了。我暗暗下了决心，一定集中精力把自己的一部分很好完成，让振庭同志生前能够过目。10月份，总算完稿了，振庭同志拿到我的初稿时很高兴，露出了笑容。我也高兴了，因为既然振庭同志把这部书当作他生命最后时刻的著作，并把生命留给他的力量、欢乐和希望都倾注在这部书上，如果我能在这一点上尽一些责任，也多少能够宽慰一下自己。

1985年2月，社会科学出版社把我写的《拿破仑评传》的样书寄给我，我马上把它送到振庭同志那里。当时他躺在床上，翻了翻这本书，笑着说，我们有自己的拿破仑评传了。过了一个星期，振庭同志的小女儿宋英同志到我家来，满脸泪水说，一切都结束了，爸爸不行了，我们很快就要失去他了……结局来得如此之快，使我难受极了。我马上骑车去校医院，他极度消瘦，发出微弱的声音说，不要惊慌，一切都会好的。接着，他又说，"小百科"你得费心了。我找不到一句安慰他的话，只是默默地站着，仔细端详着他那痛苦但非常安静的脸。因为陆续有人来看他，我退出了他的房间。这是我最后一次见到他，并同他说了话。

当我同他的遗体作最后告别的时候，看到一位精力如此充沛、思想如此活跃的长者，竟突然一言不吭地、安静地躺在那里，想到这位长者再也不能听取我们汇报，再也不能因汇报激起他的热情，而滔滔不绝地发表他的精辟言论了，一颗火焰般的心，永远沉寂下去了……我禁不住掉下一颗颗悲痛的热泪。

我们"四化"建设多么需要有更多的像振庭同志这样的教授，这样的社会活动家啊！

（原载《社会科学战线》，1986 年第 1 期）

"七尺从天唱大归"

回忆宋振庭同志

董　速

宋振庭同志离开我们已经整整一年了。

去年 2 月的一天下午，老伴和周围的同志在我面前，都以一种异样的眼神看着我。我觉得很奇怪，反复追问，他们才沉痛地告诉我，宋振庭同志逝世了。虽然，对于他的死，我是早有思想准备的，但是当这一切成为现实的时候，我还是无法控制自己的感情，颓然地坐到椅子上，头脑里刹那间成为一片空白，好长时间，两行热泪才缓缓流下来。

我和宋振庭同志在一起工作近二十年，我们把一生中最主要的时光和心血，都用在了吉林省的宣传文教事业上。二十年里，我们相互支持，相互砥砺，在长期的革命工作中，结下了深厚的友谊。他的为人，他的精神和风格，他的工作热忱和能力，都给我留下了永远难以忘怀的印象。他去世以后，我一直想写点什么来纪念他。现在，让我把这篇文章作为一束洁白的鲜花献在他的灵前吧。

（一）

我认识宋振庭同志是在 1946 年。那时我在吉林省民政厅社会科当科长，省委和省政府当时都设在延吉市。有一天，我去市里了解土改中斗争地主的情况。接待我的是一位相当年轻的市委书记，他身材魁梧，精力充沛，说起话来既风趣又犀利，我不知不觉被他的讲话吸引住了。他介绍我参加了他们召开的一个斗争会，我进行了现场采访。回来以后，写了篇文章登在当时的《吉林日报》上。

这位市委书记就是宋振庭同志。他当时只有 25 岁，第一次接触就给我留下了良好的印象。后来，吉林市解放了，省直机关迁到吉林市，我调到省委做宣传部理论教育科长。1950 年秋，宋振庭同志也调到省里，开始任文化处处长，后来任宣传部副部长，1952 年"三反"运动以后，当时的部长蓬飞同志调至中央，他接任了宣传部部长。那时，宣传部只有十五六个人，整个宣传工作还没有铺开。宋振庭同志任部长以后，把原来的三个科扩建为五个处室，又陆续调来了一些同志。宣传部的局面焕然一新，整个宣传工作逐步走上了正轨。

50 年代前期，是一个热火朝天的时代。新中国成立不久，百废待兴，百业待举。宋振庭同志以极大的热忱，把他的全副精力都投在了党的宣传事业上。当时党中央十分重视提高干部队伍的理论修养和政治素质，在全党范围进行了干部的正规化教育。宋振庭同志认为，抓好这项工作是宣传部门的首要任务。他首先在省直机关培养训练一批理论教师，然后再由这些教师给广大干部去上课。他给这些教师讲哲学，讲政治经济学，讲科学社会主义学说，讲党史党建，他讲起课来精力充沛神采飞扬。他还直接给省直机关干部作学习辅导报告，吉林市的工人俱乐部、光华电影院都是他经常登台讲课的地方。他的知识面广博，修养又深，还能联系实际，再加上他的讲演才能，使得报告既生动又深刻，既有理论性，又有鼓动性。50年代过来的老同志，直到今天提起宋振庭同志的报告，往往还留有十分形

127

象的记忆。

1953 年我当宣传部副部长以后，有一段时间和他在一个办公室办公。有一次我看他头天借本列宁的哲学著作，第二天就还了，我说："你借本书也不好好看看，翻翻就算了？"他却说："我看完了。"

我不信，一部十几万字的书，一个晚上就看完了？他见我怀疑，竟详细地讲起书的章节和内容。我暗暗地佩服他的聪明，同时也想，党组织安排他当宣传部部长，真是知人善任。

50 年代，在他的主持下，全省从省直机关到广大农村，自上而下地建立了宣传工作网，县级以上设辅导员，县级以下设宣传员。党在一个时期的方针政策、国内国际形势、当前的中心任务等，都通过这些宣传员和辅导员的讲解，深入到每一个干部和群众的心里。各级党组织还定期召开优秀宣传员、辅导员代表会，奖励那些宣传战线上有成绩的优秀分子，群众性的宣传工作搞得生气勃勃，家喻户晓。

宋振庭同志不仅是群众性宣传工作的组织者和领导者，而且对马列主义基本理论的研究也有相当的造诣。他懂得理论对实践的指导作用，十分重视和关注社会科学领域的基本理论建设。"文革"以后，由于党在一段时间里还未能完全摆脱"左"的路线的影响，对"四人帮"的批判还停留在对他们的政治目的的揭露和谴责上。宋振庭同志敏锐地感觉到从理论上彻底清算"四人帮"的反动思想体系，从社会的、历史的根源弄清他们的由来和发展有十分重要的意义。于是他领导省直宣传文教部门，在社会科学的各个领域里进行理论上的拨乱反正、正本清源。除了召开一系列批判会议以外，在短短的两个月里就筹备并出版了大型社会科学理论刊物《社会科学战线》。由于这一杂志是粉碎"四人帮"以后出刊比较早的刊物之一，所以一经出版，就在全国引起了比较大的反响。1978 年春天，我们去北京参加宣传工作会，会上许多人向我们索要这本杂志。家里送来 300本，不到两天便被索取一空。这一刊物，一直受到他的关心和爱护。

（二）

宋振庭同志是一个富于开拓精神的革命者，共事二十年，他的创业精神和创造性的工作，都是我学习的榜样。宋振庭同志领导着宣传、文化、教育等方面的工作，对于各项文化艺术，他虽然不是专家，但也无愧于"内行领导"的称号。他对于社会科学以及文化艺术的各个门类都有着广泛的喜好和不同程度的钻研。因而，他对于这些事业的领导和调度，也都指挥得当，颇具章法。他的开拓和创业精神，是以他的"懂行"和战略眼光为基础的。他任宣传部部长以后，经常考虑的是怎样把吉林省宣传文教事业的基础打好，这个"基本建设"怎样抓。当时，吉林省的社会科学和文化事业的基础还很薄弱。吉林省被日本帝国主义占领了十几年，侵略者及旧社会留下的殖民地文化影响很重。为了尽快地清除那些反动腐朽的文化垃圾，使人民群众摆脱落后的精神文化状态，繁荣和发展社会主义的新文化，他努力抓了文化艺术团体的建设和改造。从1954年到1960年，陆续成立了吉林省文联、省博物馆、省歌舞剧院、省京剧团、省吉剧团等。为加强文艺人才的培养，使文艺队伍后继有人，又先后成立了省艺术专科学校、省戏曲学校等。宋振庭同志在领导这些单位的创建和日常的工作中，都表现了很大的创造性。比如吉剧，原来吉林省的地方性曲艺只有二人转一种形式，普遍流行于农村乡镇，为广大群众所喜闻乐见，但是，许多唱段和表演中有不少庸俗和低级的东西。针对这种状况，宋振庭同志提出，要改造这种旧的艺术形式，使它成为社会主义文艺苑中一朵新花，应当在原来的基础上提高一步，去掉那些陈旧的、落后的糟粕，增添并创作新的内容和唱腔，由原来的演唱改为戏曲，从而形成一个具有吉林省地方特点的新剧种。在省委的支持下，成立了一个"四人小组"，他常常利用业余时间，把他们请到家里，又拉又唱，共同切磋唱腔设计和表演技艺。经过和省委领导同志研究，又确定了这个剧种的指导方针："不离基地，采撷众华，融合提炼，自成一家。"第一个实验剧目《蓝河怨》与观众见面时，即受到了热烈的欢迎。之后，他还亲自参加了吉剧《桃李梅》的创作。这个剧的演出效果很好，被拍成电影，一直是吉剧的保留剧目。

省戏曲学校创建时，宋振庭同志主张要盖一所比较美观的校舍。当时有人不同意。但他认为，这既是艺术事业又是教育事业，花点代价是值得的。在他的坚持下，戏曲学校的主楼建成了，很漂亮，很壮观，在当时算是一流的建筑。后来，为了加强吉剧建设、充实演员队伍，宋振庭同志经过反复考虑，提出将戏校评剧班学员全部划给省吉剧团。对这种取舍，我曾不赞同，认为砍掉评剧班有点可惜。宋振庭同志说："吉剧要搞好，唱腔剧目是关键，演员也很重要。"从评剧班过来的演员功底好、年龄小，比较快地学会了吉剧的唱腔和表演。后来，其中不少人成了吉剧表演的佼佼者。

为了发展吉林省的社会科学研究，早在 1954 年宋振庭就提出筹建省哲学社会科学研究所。1958 年研究所成立后，省里拨出专款支持他们开展学术研究。在宋振庭同志的支持下，所里派人从全国各地买来许多珍贵的图书资料，其中有许多孤本和善本书，苏联的《真理报》从创刊号到当时为止都买到了。十分可惜，在"文化大革命"的一片混乱中，某些人竟开着小轿车把一些珍贵的图书拉去据为己有。

宋振庭同志对祖国灿烂的古代文化十分热爱，他深深懂得历史文化遗产对于激发人们的民族意识和爱国热情，对于陶冶人们的审美情操和文化修养的积极作用。因而他对吉林省的文物博物事业也十分关心。五六十年代的北京琉璃厂，可算是中国古代文化艺术的博览会。在我的记忆里，他每次去北京开会，都要去琉璃厂转转，一转就是大半天。发现有好的文物，就告诉省博物馆的同志去买。那时，在他的积极提倡和支持下，博物馆的同志到全国各地去搜集古代文物和名人字画，如张大千的画，及各种各样的扇面。现在，这些已成了难得的珍品了。

（三）

如果算上"文化大革命"期间的话，宋振庭同志在吉林工作了三十多

年。这三十多年里，他大半时间是在领导岗位上，他为吉林省发现并培养
了一大批宣传文化方面的人才。宋振庭同志本身很有才华，他也十分喜爱
人才，尊重人才，善于发现人才。在他领导下，那些德才兼备、有一技之
长的人，都能发挥作用，不被压制和埋没。在他身边，团结了一大批政治
素质好，又有一定真才实学的人，包括党外人士，共同为党的宣传工作和
祖国的文化事业而努力。今天，吉林省宣传文化战线上的领导骨干，不少
都在宋振庭同志领导下工作过，这些人在 50 年代还是刚刚崭露头角的小
青年。50 年代我省有位青年作家以独特风格出现在文坛上。宋振庭同志对
他很关心，对他的创作成绩多次给予热情的鼓励，对他的创作题材及深入
生活等，也经常进行引导。这位作家在他的鼓励和帮助下，踏上广阔的生
活领域，创作了不少反映现实生活的优秀作品。已故作家丁仁堂，在深入
生活、安排生活基地上都曾得益于宋振庭。那时，有些人认为知识分子比
较复杂，工作难做，可宋振庭同志专爱同知识分子来往。他说，我们省文
化艺术队伍本来就薄弱，我们要依靠这些专家学者们，不能光看他们的毛
病，不看他们的长处和优点。

　　宋振庭同志培养帮助人才成长，不仅仅是以一个领导者的身份出现，
他经常是以一个观众、一个教员、一个朋友的身份出现。省艺术学校刚建
校的那几年，为了迅速提高吉林省的音乐水平，他常把一些音乐教师和学
员找到一起，听演唱，指点排练，有时还搞比赛，唱完了，他从作曲、唱
腔，直到发音，一一进行分析评价。为了加强省吉剧团小演员的基本功训
练，宋振庭建议他们上四川去学习川剧的"水袖"，说这叫作"采撷众
长"，他还当场给他们表演"水袖"和手绢的甩法。这些当年的小演员和
宋振庭同志结下了深厚的忘年交情谊。后来宋振庭同志调北京工作，他们
只要去北京，就会到他家里去看望。

　　培养人才，团结人才，不仅仅需要热情，而且还需要一些勇气，有时
可能还要担些风险，顶住舆论的压力。没有对党的政策的正确理解，没有
勇于负责的精神，是不可能把各种各样的人才团结到一块的，尤其不可能

把那些当时身处逆境的人才用起来，发挥他们的作用，为社会主义事业服务。五六十年代经常是在"左"的政治气候下，有谁能给被政治风雨冲得颤抖的知识分子一些温暖，有谁敢于坚持党的正确政策，给那些挨了整的人才以一定的关怀？宋振庭同志是其中的一个。1957年被划为右派的，其中大多数是知识分子，有些还是颇有名气和才学的。有一次宋振庭同志到北京开会，一位中央领导同志问他敢不敢安排张伯驹。宋振庭早就知道，张伯驹是个文史专家，诗词造诣很深，可他却是清朝遗老，又是右派，当时在北京没工作。他当即表示：敢要！于是张伯驹被请到吉林来，安排在省博物馆当副馆长。还有一些人，如画家潘素、王庆淮，著名京剧演员毛世来等，也被请来，安排了适当的工作，使他们充分发挥才艺。有位著名诗人，当时也都被错划为右派，有些地方不敢用，宋振庭也把他请到吉林来工作。这些，在"文化大革命"时都成了宋振庭"包庇重用牛鬼蛇神"的一大罪状。就是在当时，也有人不同意他用这些人，而宋振庭同志则认为这些人都是专家，搞学问搞业务还得靠他们，请他们来对工作是有益的。

（四）

宋振庭同志的缺点毛病不少，我和他共事也曾发现他工作中常有失误和错误。发现了，就给他提出来，他大都接受了。他擅长宣传演讲，讲起话来大家都愿意听，他也越讲越兴奋，有时就忘了掌握分寸，语言也过于激奋，每逢遇到这种情况，听者向他提出意见时，他都诚恳地接受。在他面前，大家有意见都敢讲，敢提，从来不用担心他是不是能接受，是不是会报复。他没有心计，更不会搞权术，直来直往，坦坦荡荡。他的毛病，都在面上，让人一下就能发现，而不是深不可测。

宋振庭同志做过的一些错事，有些是不能由他一个人负责的。但是，无论对什么样的错误，他从不逃避个人责任。1957年，吉林省的宣传文教系统划了一批右派，1959年"反右倾"又有一些人戴了"右倾"帽子。后来中央有精神对这些人要甄别，错了的要"摘帽子"。一次宋振庭在省宾馆召开会议，请一些右派参加，其中有已经"摘帽"的，也有没"摘帽"的。会议伊始，他站在台前诚恳地说："今天请大家来，我要给大家行脱帽礼！这么多年，你们背上了很沉重的包袱，政治上受压制，精神上受痛苦，生活上也造成了很多困难。对不起你们，现在向你们作自我批评，希望能得到大家的原谅。"他的话，激起了台下一阵热烈的掌声。事后，有人不满意他，说他太"右"，竟然给右派行"脱帽礼"。"文化大革命"中，这件事又成了他的一大"罪状"。

"文革"伊始，宣传部门首当其冲，宋振庭同志被作为吉林省的第一个"黑线人物""揪"了出来。几十次的批斗、游街，他受尽了折磨，以后又被隔离"监护"。那时期，有几年我没见过他。直到1969年秋，我们都"解放"了，共同参加"学习班"学习，才久别重逢，彼此都感慨万分。他对我说："要有信心，相信党会正确地看待我们的。有错误，改正就是了。"他还是那么坚定、刚毅有活力。

学习班结束以后，我被发配到永吉县，插队落户，他被送到最艰苦的地方——青沟"五七"干校。以后，干校迁到左家，他也去了。1971年，省里开会批判陈伯达，我又见到了他。当时我们仍属入"另册"的人物，宋振庭同志更是受歧视，受排挤，工作不得其所，才能得不到发挥，他对当时某些人的所作所为极为不满，我问他："你怎么样？"他笑了笑："你看，我这不是挺好吗！你在学习班，我在干校，咱们还是同行！"愤懑之情，溢于言表。

（五）

"文化大革命"结束后，宋振庭同志回到省委宣传部做领导工作。这时，他更是以前所未有的激情和忘我精神，开始了新的战斗征程。在思想理论战线上大胆地进行了系统的拨乱反正的工作。当时有人称誉吉林省是宣传理论战线的"热码头"，许多会议都愿意来这儿召开，文章也愿意拿到这儿来发表，也有人认为吉林省思想解放，有话敢说，有观点敢发表，"左"的精神枷锁和流毒影响正在受到猛烈的冲决。这些主要是由于省委的正确领导，同时也是和宋振庭对于解放思想的坚决态度和批判"左"倾遗毒的坚决行动分不开的。

1979 年，宋振庭同志调中央工作，不久就身染重病。疾病并没磨灭他的精神，摧残他的斗志。他是个相当豁达而乐观的人，病中他又重新开始了国画创作和研究，还举办了个人画展。就是在他病势已经相当沉重的时候，他还给中央党校的学员上课，他讲完课后，礼堂里响起经久不息的掌声。他十分清楚，自己将不久于人世了，但他却毫无悲观萎靡之态，反倒以乐观的精神、豪爽的谈吐去感染和影响同志和家人们。1984 年深秋，我去北京看望他，他的癌症已经复发了，骨瘦如柴，可他却还兴致勃勃地邀我去西山看红叶！

宋振庭同志在病势沉重，行将离去的时候，回顾了自己的一生。面对死亡，他从容镇定，万千感慨凝于笔端，写下了这样的诗句：

> 六十三年是与非，
> 毁誉无凭实相违。
> 唯物主义岂怕死，
> 七尺从天唱大归。

是的，宋振庭同志是大唱而归了。四十年前，他是这样大唱着奔赴抗日前线，三十年前他是这样大唱着为党的事业呐喊进击，二十年前他是这样大唱着迎接突然袭来的政治风雨，现在，他仍然是这样大唱着走向生命的最后时刻。他半个世纪以来大唱着的，正是那一曲响彻全球的"国际歌"！

（原载《社会科学战线》，1986 年第 1 期）

落花时节恰逢君

记编辑谷守女与作者宋振庭的友谊

金荣光

在《中国青年报》等9单位联合举办的"1986年度全国优秀畅销书"评比活动中，天津人民出版社出版的《当代干部小百科》名列榜首。这部119万字的著作，厚厚的上下册，第一版8万册，一销而空，紧接着第二次印刷，又是30万册，再度受到广大读者，尤其中青年干部的青睐。

这部著作的编辑出版凝结着许多人的劳动，而编辑谷守女与作者宋振庭更是为它费尽了心血。

那是在1984年，天津人民出版社决定了这本书的选题后，大家认为宋振庭（当时是中央党校教育长）担任主编最合适，并将组稿任务交给了两位副总编辑：谷守女、夏聿静。

谷守女是编辑部与宋振庭最熟悉的人。她接受了任务，心却无论如何踏实不下来。若是在前几年，这毫无问题，但现在还行吗？要知道，宋老已经患了不治之症——

胰腺癌。动了一次手术，又发现了新的癌细胞，于是动第二次。两次手术没根除，眼下又动了第三次，脾完全摘除了，胃也切除了三分之二！

谷守女和夏聿静匆匆赶到北京，先找到宋老原来的秘书，然后在医院见到了宋老。宋老面色苍白，瘦削羸弱，说话有气无力，肚子很大，满是腹水。谷守女见此情景，强忍着在眼眶中打转的泪水，露出微笑，劝慰宋老安心养病。宋老却非常乐观豁达，天南地北谈个没完，风趣地说："你们看，我有病的玩意全切除了，我的病全好了。"

在如此大度的人面前，还有什么话不能讲呢？谷守女便将来意全盘托出。宋老频频点头，脸上露出微笑，欣然应允为这本书做出最后的努力。

第二天，宋老又会见了谷、夏二人，详细谈了意见，还提出这本书最好叫"小百科"这类题目。交谈时，宋老告诉不要作记录，这样容易分散精力；而是主动用录音机录下来，叫他们将录音带带回天津。身患重病的老同志如此为别人着想，如此为工作的方便考虑，此情此景，怎能不使人感动万分！

不久，谷守女又带着两名责任编辑来北京。宋老这时已出院，他亲自随车去接，还领着他们去市内的一座空闲小楼看房，愿把这座小楼作为这部书的编辑加工和审稿的地方。尽管这地方后来没用，但宋老的负责精神已经再一次深深印在了谷守女等同志的心中。

为编好这本书，谷守女又第三次带着天津市委宣传部一位副部长以及当时天津市出版局局长等，前往北京看望了宋老。

宋老作为《当代干部小百科》的主编，十分高兴，久病后已经虚弱的身体仿佛又充满了精力，脸上时常浮现着喜悦，他几次对人说："在我生命的最后里程上，还能为千百万青年干部做一件有益的事，这是我最大的快慰，也是对我的病的最好治疗。"养病期间，他召集中央党校教研室的主任们以及热心于这部书的同志，开座谈会拟定了目录，并要求他们各自承包，编辑过程中又经常找各分部主编研究，亲自解决疑难，亲自检查落实，短短半年，这部书稿就分别写出来了。

宋老拖着极为虚弱的身体，在病床上将书稿放在充满腹水的肚子上，硬是逐字逐句地审阅。119万字呵！对一个健康的人来说都不是一个小工作量，更何况是这样一位重病的老人。天津人民出版社的总编辑、副总编辑，包括谷守女一行到京，见宋老这样拼命工作，眼睛都湿润了。

中央党校副教授、国际政治教研室主任李元明曾回忆说："1984年4月，振庭给我打电话，要我去看他。那天，他躺在床上，向我说了天津人民出版社要委托他主编《当代干部小百科》。他和我讲了编这本书的意义及设想，一再强调编得要有特色。他脸色苍白，身体很虚弱，说话没底气，几乎挺不住了。我暗下决心，一定集中精力，编好我承担的这部分稿件。10月份送去初稿，他非常高兴。振庭同志把这部书当作他生命最后时刻的著作，并把自己生命留给他的力量、欢乐和希望都倾注在这部书上了，这是多么感人的事呵！"

皇天不负苦心人。《当代干部小百科》终于赢得了广大读者的热切欢迎。王震同志为该书题词："干部必修知识"，宋任穷同志题词："锲而舍之，朽木不断。锲而不舍，金石可镂"。遗憾的是，宋老不幸早逝，未能目睹这部自己花费心血最大，也是一生中最后著作的出版发行。谷守女手抚样书，与宋老交往多年的情景一遍遍浮现于脑海。

7年前，谷守女和宋老素不相识。那是1980年，从事编辑工作已经二十个年头的谷守女，当时正筹办刊物《八小时以外》。创刊号上，想登一些知名度较高的作家的稿子。社里决定由谷守女去向宋振庭同志组稿。到了北京，先给宋老办公室打个电话，不料秘书的回答是冷冰冰的："宋教育长太忙，无暇接待。"谷守女反复说明来意，回答仍是没有余地。就这样碰壁而返吗？她不甘心，她不相信宋老会对她要组的选题没兴趣，也许是电话中没讲清楚吧。她干脆连午饭也不吃了，径直来到中央党校，找到一个朋友，让他带路，去登门拜访宋老了。

开始，宋老见到这位四十出头、戴着白色镜框眼镜的"不速之客"，略感惊异。待到耐心听完她的组稿要求，宋老显得非常高兴。第一期杂志，第一篇文章，内容又是爱国主义方面的，宋老欣然应允。临别时他握着谷守女的手说："我再忙，也要为《八小时以外》写好这篇打头炮的文章。"

不久，封面像大海一样湛蓝的第一期《八小时以外》和读者见面了，首篇文章就是宋老写的《人不嫌母丑，狗不嫌家贫》。这篇文章受到各界人士的瞩目和欢迎，像磁石一般吸引了成千上万的青年。

谷守女又来到宋老的家，征询对创刊号的意见。三个多小时的长谈，宋老热情洋溢，就如何办好《八小时以外》提了不少宝贵建议，顺便也评价了当代的杂文，谈了如何繁荣杂文创作的想法。宋老又主动将《八〇诗社》这篇稿子交给谷守女，发表在《八小时以外》第二期上。

两篇文章及时发表，而且安排处理得很好，使宋老非常感动，他觉出了谷守女是一个值得信赖的编辑，而谷守女也将宋老视为师长和朋友，特别尊重。

一次，谷守女出差去北京，前去看望宋老。两人见面，谈到理想、人生、家庭、青年等问题。当谈到青年和老年之间的"代沟"时，宋老说："许多问题，我和老宫（宋振庭的老伴）怎么向孩子们解释，也解决不了。但有一次，我和他们谈，我和老宫是如何认识，如何恋爱，如何结合的，在几十年的风风雨雨中又是如何生活的。没想到，这件事在他们心里引起很大震动，好像两代人的'代沟'，一下子被填平了。"

这番话给了谷守女极大启示。她想：如果把老一代革命伴侣的爱情生活编成一本书，对解决当前青年恋爱、婚姻中的问题将会产生多大影响呵！尤其青年人对泛泛说教不感兴趣，形象的故事可以寓理于情。于是，她选择一些青年喜爱的人物，寻到合适的作者，编成一本《"真爱"的追求者》。书中有"相约长风冲雪浪，休怜细雨湿黄花"（记老舍与胡絜青）；"真挚"（记吴晗与袁震）；"共祈百岁老鸳鸯"（记王力夫妇生活）；"爱情，像白玉一样晶莹"（记高士其、金爱娣），"接天莲叶无穷碧，映日荷花别样红"（记叶永烈与杨惠芬）……这本书出版发行后，受到广大青年读者的热烈欢迎，在"全国首届优秀青年读物"评选活动中荣膺二等奖。

宋老与谷守女从相识到熟悉，彼此日益信赖起来。宋老便主动将自己这些年写的计有30万字的杂文全拿出来，交给谷守女，希望能由天津人民出版社编辑成集。谷守女带回这些杂文认真审读，发现宋老的杂文包括范围广，涉及问题多，年代也久远，很难编成一本主题鲜明的杂文集。但是，其中批判"四人帮"、歌颂英雄人民内容的杂文，主题集中，非常有特色。谷守女便在编辑部提议，择出这些文章出一本书。这样，只能用全部稿件的不足五分之二。谷守女的脑际升腾起一系列问题：这样安排宋老能否接受？是不是会得罪宋老？如果宋老一气之下要拿回去怎么办？

谷守女赶到北京，找宋老的秘书谈了情况，决定由秘书先给宋老透露些出版社编辑意见，然后她才面见宋老交换意见。宋老听完后，并没有表示不满，脸上还露出微笑，觉得谷守女讲得很在理。他说："这样出书也好，主题鲜明，书出来也有特点。"后来，这本书取名为《讴歌与挥斥》，王朝闻同志为之写了题为"挫万物于笔端"的序言。当宋老见到这本小32开、淡紫色精美封面的书时，非常激动与高兴，握着谷守女的手说："在我一生中出的书里，这是最好的一部，我非常感激你，十分感激你。"谷守女也激动得几乎落下泪来。

谷守女是1961年河北大学毕业后来天津人民出版社从事编辑工作的。她独立主编的第一本书是《一束智慧的花》，出版后反响很大。之后又陆续编辑了《做革命的硬骨头》、《乐观集》等四十多种图书。1981年成立青年编辑室，谷守女担任了室主任，负责了许多书的二审，像《创业之歌》、《人才学通论》、《人才成败纵横谈》、《路，就在你的脚下》、《博士成长的道路》、《祖国之恋》、《华夏赤子》等。每一本书的出版，都凝聚了她的心血。有的书是她写的序，甚至有的章节都出自她的手笔，但却没有署上自己的名字。她在一篇文章中写道："编辑工作是一个高尚的职业，它要求编辑具有许多美好的品德和高尚的情操。编辑工作是社会的需要。我们必须看到，由于社会分工的不同，正像工人不能在每件产品上标上自己的名字，教练员不能在运动员身上注上自己的姓名一样，作者的扬名是他职业特点决定的，编辑的隐姓埋名也是他职业特点决定的。编辑必须有博大的胸怀，为社会创造财富而不计较个人的名利得失。"

谷守女的确也是这样实践的。在辛劳而繁杂的编辑生涯中，她已经默默无闻地耕耘了近三十年。在她的家中，有老诗人臧克家题赠的书法条幅："黄金足赤从来少，白璧无瑕自古稀。魔道分明浓划线，是非不许半毫移。"臧老的题词，高度评价了谷守女的情操。而我们从谷守女与宋振庭同志的一段交往中，不也是可以清楚地窥见这种执着于编辑事业的献身精神？宋老在他生命的最后阶段，作为一个作家，他遇上了像谷守女这样优秀而可亲可敬的编辑，实在也可以算作是一种幸福！

（原载《编辑之友》，1987年第5期）

历尽劫波　相逢一笑

夏衍与宋振庭的通信

夏　衍　宋振庭

夏老如晤：

手术后困居病室，承临探视，内心至感。风烛之年，有许多话要说，但欲言又止者再，后来深夜静思，仍内疚不已，终于写了此信。

庭总角读书，即知有沈端先先生者，后来虽屡在开会时见面，但仍无一叙心曲之机会。1957 年反右，庭在吉林省委宣传部工作，分管文教、电影。在长影反右，庭实主其事，整了人，伤了朋友，嗣后历次运动，伤人更多，实为平生一大憾事。三中全会之后，痛定思痛，顿然彻悟。对此往事，庭逢人即讲，逢文即写，我整人，人亦整我，结果是整得两败俱伤，真是一场惨痛教训。对所谓"四条汉子"之事，庭本不知实情，但以人言啧啧，乃轻率应和，盲目放矢。"文革"前庭对周扬同志及我公，亦因浮言障目，轻率行文，伤及长者，午夜思之，怅恨不已。1961 年影协开会时，庭在长影小组发言，亦曾伤及

141

荒煤同志，梗梗在心，未知陈兄能宽宥否也。

我公豁达厚朴，肝胆照人，有长者风。此疚此情，本拟登门负荆，一诉衷曲，终以手术后卧床不起，未能如愿，近闻周公亦因病住院，只能遥祝康复矣。我公高龄八十有四，庭亦已六十三矣，病废之余，黄泉在望，惟此一念在怀，吐之而后快，此信上达，庭之心事毕矣。

顿首祝

康健

宋振庭

1984 年 9 月 15 日

振庭同志：

惠书拜读，沉思了许久。足下大病之余，总以安心静养为好，过去的事，该忘却的可以淡然置之，该引以为戒的也可以暂时搁置一下，康复后再作审慎的研讨。心理要影响生理，病中苛责自己，对康复不利。现在中国的平均寿命已为 69 岁，60 岁不能算老，说"黄泉在望"之类的话，未免太悲观了。

您说上次见面时"欲言又止者再"，这一点，我当时也已感觉到了，我本来也想和你谈谈，但后来也因为你有点激动而没有说。任何一个人不可能不受到时代和社会的制约，我们这一辈人生活在一个大转折的时代，两千年的封建宗法观念和近一百年的驳杂的外来习俗，都在我们身上留下了很难洗刷的斑痕。上下求索，要做到一清二白，不犯一点错误是不可能的。解放之前和明摆着的反动派作战，目标比较明确。可是一旦形势发生突变，书生作吏，成了当权派，问题就复杂了。知人不易，知己更难，对此，我是在 60 年代初文化部、文联"整风"时才有了初步的体会。

不久前我在拙著《懒寻旧梦录》的自序中有过一段反思独白："我又想起了五四时期就提过的科学与民主这个口号，为什么在新中国成立后 17 年，还会遭遇到比法西斯更野蛮、更残暴的浩劫，为什么这场内乱会持续了十年之久？我从痛苦中得到了解答：科学和民主是社会发展的动力这种思想，没有在中国人民的心中扎根。两千多年的封建宗法思想阻碍了民主革命的深入，解放后17年，先是笼统地反对资本主义，连资本主义上升时期的东西也统统反掉，60年代，'以阶级斗争为纲'，又提了'斗私批修'、'兴无灭资'之类的口号，相反，17年中却没有认真地批判过封建主义，我们这些人也真的认为封建主义这座大山早已经推倒了，其结果呢，封建宗法势力，却'我自岿然不动'……我们这些受过'五四'洗礼的人，也随波逐流，逐渐成了'驯服工具'，而丧失了独立思考的勇气。"

这些话出自内心，并非矫饰，这是由于不尊重辩证法而应该受到的惩罚，当然也可以说是"在劫难逃"。人是社会的细胞，社会剧变，人的思想行动也不能不应顺而变。党走了几十年的曲曲折折的道路，作为一个虔诚的党员，不走弯路，不摔跤子，看来也是不可能的。在激流中游泳，会碰伤自己，也会碰伤别人，我解放后一直被认为"右倾"，但在30年代王明当权时期，我不是没有"左"过，教条主义、宗派主义都有。1958年"大跃进"，我也一度头脑发热，文化部大炼钢铁的总指挥就是我。吃了苦，长了智，"觉今是而昨非"即可，没有忏悔的必要。我在文化部工作了整整10年。回想起来，对电影、外事，由于比较熟悉，所以犯的错误较少，但对戏曲、文物等等，则处理具体问题时往往由于急于求成，而容易急躁"左"倾。这就是说，"外行领导内行"，一定要特别审慎。从你的来信中我也有一些联想，你对电影是外行，所以犯了错误，伤了人；但你热爱乃至醉心书画、碑帖、考古，所以在1962年那个"阶级斗争要天天讲"的时刻，你竟能担着风险把划了右派的张伯驹夫妇接到长春，给他摘了"帽子"，并让他当了吉林博物馆副馆长。这件事是陈毅同志告诉我的，当时我很佩服你的勇气，当然，没有陈老总的支持，那也是办不到的。

对于1957年后的事，坦率地说，由于整过我的人不少，所以我认为你只是随风呼喊了几声而已。况且你当时是宣传部部长，上面还有文教书记，他上面还有第一书记，再上面还有更大的"左派"，所以单苛责你一个人是不对的。明末清初，有一首流传很广的打油诗："闻道头须剃，而今尽剃头，有头皆要剃，不剃不成头。剃自由他剃，头还是我头，请看剃头者，人亦剃其头。"1974 年在狱中偶然想起，把它戏改为："闻道人须整，而今尽整人，有人皆可整，不整不成人。整自由他整，人还是我人，请看整人者，人亦整其人。"往事如烟，录此以供一笑，劫后余生，何必自苦？病中多宜珍摄，顺祝早日康复。

夏衍

1984 年国庆前一日

（原载《散文世界》，1988 年第 1 期）

真山真水　气候宜人　大有希望

宋振庭同志谈贵州

余正生

　　1983 年 8 月 2 日下午，我到花溪宾馆，约请中共中央党校教育长宋振庭教授为报纸写稿，同他进行了交谈。宋振庭同志这年 63 岁，精神矍铄，平易近人，非常谦和。他见多识广，学识渊博，十分健谈。下面是与宋振庭同志谈话记。

　　我请宋振庭同志谈对贵州的观感。他说：贵州气候很好，十分宜人。北京这个季节，很热，温度常超过37℃。来贵州后，感觉和原来听说的和从书报上看到的老印象大不一样。过去说什么贵州"天无三日晴，地无三里平，人无三分银"，这话说的不符合今天的实际情况。贵州贫困落后的面貌发生了很大变化，十分令人高兴，差距也许还有，但贵州发生这样大的变化，是想不到的。

　　贵州的人很朴实，很实在，直截了当，办事干脆。贵州的山水，是真山真水。当然也有污染，但是真山真水。阿哈水库、小车河、龙湾、黄果树，这些地方都是真山真水，这是很宝贵的。去年，我到意大利，今年又到西德（联邦德国），那里没有一条河水不受污染。污染，成了当前世界性的灾难。贵州真山真水，有这么个有利条件，要注意保护。

这次北京来这里的几位同志，都有这样的说法：贵州是个待开发之地。待开发在我们国家来说是不多的。贵州处在祖国大后方，交通越来越方便，是大有可为的待开发之地。贵州气候好，夏天不热，冬天不冷，对植物生长有利，人物生长也有利。我住在花溪，住在真山真水之中，很高兴，很舒畅。这几天休息好，工作、写东西效率都很高。

在谈到贵州山区绿化问题时，宋振庭同志说，贵州山上有幼树，森林在复苏，这是个好势头。山上有树，水中有鱼，只要经济搞得活，加上人又朴实，自学成才，文化有高度的飞跃，贵州大有希望。

宋振庭同志说，贵州这个地方，古人也有人认为是不毛之地、多山之国。但古人中也有人有不同的看法，柳宗元和唐、宋的好多人都为贵州说过好话。柳宗元流放到柳州时，写了很多很好的诗文，其中就有涉及贵州的。贵州现在到了社会主义时代，要大翻身，大开发。不过有的东西，特别是森林保护，要注意。中国这样的国家，严重的问题在于山，百分之七十以上是山，山要是没有出路，中国就没有出路。贵州如果在山上做出文章来，那就是不仅给中国，而且给人类作出巨大贡献。我认为，贵州如果把山上的文章做好了，贵州就能打翻身仗。如果守着山、看着山吃光，那就毫无出路。贵州的石头山，有人说是不毛之地，实际上根本不是那么回事，原来石头山绝大部分是有大树的，是后来破坏了。当然，破坏的时间很长，恐怕从汉代起，南征，就破坏很多。从汉代起到三国以后，贵州一直是破坏，建设却很少，国民党更破坏。我们过去也走过弯路，特别是1958年以后，都在破坏山林。山的教训是很深刻的。所以，党中央非常关心绿化的问题。中国问题是绿化问题，世界问题也是绿化问题。

宋振庭同志16岁初中毕业后，到延安抗大学习。在长期革命和工作实践中，他勤奋好学，刻苦研读，兴趣广泛，多才多艺，不仅擅长诗文，而且还作字画、写戏、编剧。这次他来贵州，就画了不少山水画，他说：我这次来贵州，发现贵州的山水画和花鸟、人物画相当好。这主要是贵州画家生活在真山真水之中。到过怒江，到过贵州的赤水，到过贵州真山真水的地方，然后画山水，才有出路。贵州的山水画大有出路。

宋振庭同志说，贵州文化要发展，需要"智力支边"，京、津、沪一些大的思想家、理论家、教育家、学者、表演艺术家、画家，多来进行学术活动，切实地、不是浮夸地进行传授、讲学，互相交流，大有好处。贵州的专家、学者多到北京和全国各地去走一走，这种交流，对克服闭塞是很有好处的。过去，北京好多人对贵州不太了解，好多人没有来过，对贵州有误解，这个误解要改变。

（原载《贵阳晚报》，1988 年 8 月 20 日）

治学经验谈

王昌连

　　宋振庭是位有名的宣传工作者和有严谨治学精神的学者。这里，整理出他的治学经验，奉献给在职自学的战友们。

　　宋振庭于1937年投奔延安时，是一个16岁的初中生。后来，他当过抗大和华北联大的教员，解放后（除"文革"十年）一直担任吉林省委常委、宣传部部长，1979年春调任中央党校教育长，1983年改任顾问。他一生勤奋进取，坚持刻苦读书，认真治学，在文化知识的原野上驰骋。1985年2月逝世前，是马列主义教授、作协会员、新闻协会理事、戏剧家协会会员、美术家协会会员。他善写杂文，熟悉佛学，出过画集，办过画展，还会唱京戏，懂中医，能给人诊病开方子。人们无不惊叹他学识渊博，多才多艺，称他为一位难得的"杂家"。他是怎样读书、做学问的呢？

　　宋振庭读书、学习，有一个正确目的。他说，读书是为了净化自己的灵魂，追求美好的事物。读书不能有邪念。卷入了个人名利，为了一个狭隘的目的去读书，一定读不好，甚至会有铜臭气、官僚气、烦琐气。

宋振庭主张"我读书，不是书读我"。他认为，要为求知而读书，为理解而读书，不能随便让别人在我们脑子里跑马。尤其读古书，第一遍尽可能按自己的理解去读。精读时，再去查查古人有什么解释、争论，有选择地读。他主张和古人直接"见面"，打"直通电话"。他说，食古不化，是古今读书家一大悲剧。

从史入手，以史带论，是宋振庭读书的又一大妙法。他认为对某门学问或某个作家，应"知人论世"多读史，有个全局了解，等于先有张导游图，知道了门牌号码，然后按图索骥。用此法读书，对作家就会产生特殊感情，古今人还可深交，即心交、神交。他说，把一切所学到的知识，都纳入自己理解及"杜撰"的世界哲学史和中国哲学史的总"货架"里，是他读书的一个最基本的特征。

宋振庭读书喜欢杂。他说，知识有一种殊途同归、举一反三的连锁反应的特点。如诗词、戏剧、美术、中医、宗教等等，其间关系既密切，又深刻，且有互相启发作用。中国古代思想史跟佛教关系极大；戏剧和历史往往互相印证；中医和中国哲学史也有内在联系，可见知识这个东西不是孤立存在的，不要怕杂。博精结合，精读、浏览相结合，就能学好。问题是要有勇气，要大胆，敢于到知识海洋里遨游。

宋振庭善于把读和写结合起来，既动脑，又动口，尤其是勤于动笔。他笔下会用多种语言方式，无论是文学语言、哲学语言，还是美的语言和粗俗的语言。他说，写文章要能大则大，能小则小，不要都写长篇大论。他常常有半天时间就写半天文章。他强调过，要用自己的材料和感情，根据需要写东西。咀嚼之后形成的文字，再差的文章也是自己的，是自己心血的凝结。

宋振庭治学很能放下架子，甘当小学生。他认为一个人真的能够学孔夫子的"每事问",肯定可以成为很有学问的人。他说,向人家学习,不能摆领导干部和学者的派头,要敢于在任何人面前提出最幼稚的问题。他当省委宣传部部长时,在大庭广众之下念"造诣"为"造纸","造"了好多年,当一个老教授看他很虚心、没架子,指出他念错了时,他马上认错,没再继续"造纸"了。

宋振庭专门谈到过现在的发文凭、讲学位。他说这不是坏事,但是若有人仅仅是为文凭而学习,不求真才实学,不学真实本领,那就可悲得很了!他说:"无论干什么,真本领、真知灼见才是根本。务虚名者,只有死亡枯萎一途!"

宋振庭的道德文章都是我们后辈学习的榜样。

(原载《政工学刊》,1988 年第 2 期)

直撼血性为文章

缅怀宋振庭同志

金恩晖

"有的人活着，他已经死了；有的人死了，他还活着。"宋振庭同志虽逝世三载，他却正是永远活在我心里的一位热情的长者。

人生经历中还有这样的体会，你与有的人虽然频繁往来，却说不上了解，甚至终生印象模糊；你与有的人只见过几面，叙谈叙谈，通些信，却心息相印，他甚至会终生予你以影响。对于我，宋振庭同志正是后一种人。我与他接触不算多，但他的精神、品格、风貌、文采，他对青年同志的爱护和关怀，对文化事业的支持和指导，令我毕生难忘。

20世纪50年代，我在吉林省实验中学读书时，喜爱上了文学，尤其爱读省内报刊上宋振庭同志发表的杂文。同时自己也东施效颦，练习着写了些发表，不料我有一篇杂文在1957年反右斗争中被报刊公开点名批评，诬为"反党反社会主义毒草"，我自然也难逃厄运，几乎被划成右派。1961年我从北京大学毕业，回到长春在省图书馆参加了工作。宋振庭同志来馆借书时，有了接触，他虽为省委宣传部部长，却平易近人，不摆大官的架子，对古今中外各种问题即兴发表的议论，虽只言片语，却幽默风趣，常常蕴含着某种深刻的哲理。他给我的印象是通体透明的，其人、其言与其文是完全一致的。

1962年，我在《吉林大学学报》上发表了一篇美学研究论文，他读后不久，就给我写了一封热情洋溢的长达三千多字的信。信中广泛地谈了美学和文艺理论问题，特别对我的治学方向、方法予以多方面指导，还引用一首郑板桥的诗相鞭策。我刚走出校门，二十几岁，大有受宠若惊之感，将这封毛笔写得龙飞凤舞的十多页信笺珍存案内，不时翻检，以为砥砺。遗憾的是，"文革"期间，他被当作"反革命修正主义分子"揪出批斗，我也被"上挂下连"成了"三家村式的黑帮"，这封信被造反派逼我交出后，就再也没能找回来。每念及此，都免不了有揪心之痛。

1979年，（吉林，编者注）省图书馆学会成立，领导要我办刊物，我写信请宋振庭同志担任会刊顾问，他当时已调中共中央党校任教育长，但很快地，就接到了他当时的助手刘景禄同志转来的他写于1980年1月8日的回信，信中对我省图书馆事业、省图书馆学会刊物的工作提出了极为中肯的指导性意见。而在此5年之后——1985年2月，他竟与世长辞，这封信就成了他对图书馆事业建设的遗言。

长歌当哭，春晖恋恋。当我含着热泪默读信笺执笔此文之际，宋振庭同志25年前写给我的第一封长信中所赠郑板桥《偶然作》一诗，像明亮的星光一样又闪现在我的脑际："英雄何必读书史，直摅血性为文章。不仙不佛不圣贤，笔墨之外有主张。"我想，不唯书、不唯上，敢于坦坦荡荡、直来直去地提出自己的独立见解，这正是宋振庭同志一生的形象写照，也是他留给我们的最宝贵的精神遗产。

（原载《图书馆学研究》，1988年第5期）

《宋振庭杂文集》后记

宫敏章

    1982 年初，振庭突然发病住院，经检查确认是胰腺癌，立即做了手术。当时为了避免给他带来精神负担，医生和我们家人都瞒着没有告诉他病情的真相。过了不久，由于一个偶然的机会，他看到了病历，明白了。可是出乎我的所料，他却处之泰然。此后他身体刚刚恢复一些，就又兴致勃勃地工作，兴致勃勃地参加各种会议，兴致勃勃地出国访问，当然也兴致勃勃地写作、编书，似乎忘却了自己是个重病在身的人。到了 1984 年下半年，他急剧地消瘦下来，渐渐不能参加活动了，这时就坐下来，一篇篇地整理自己的杂文。他没有说，但意图是明白的：他想在生命的最后日子里自编一本杂文选集，并且提笔写了一篇"自序"（印在本书前面的便是）。可是，没等这本书最后编完，病魔便夺去了他的生命。

    振庭的去世，对我精神上的打击是难以言喻的。虽然明白人要死，神仙也没办法，可是感情上却久久难以平复。这时，我便继续搜寻、整理他的杂文，想完成他的一项遗愿，这对我也是一种最好的精神慰藉。一年来，又收集到几十篇，加上他自己在生前搜集的，共得 231 篇。

重读这些杂文，唤起了我对我们共同生活的种种回忆。

振庭从 16 岁参加革命，到 64 岁去世，整整 48 个春秋，基本上都是在党的文教战线工作的。他本来只读到初中毕业，文化程度并不高，后来的理论基础和广博的知识，全是靠勤苦自学积累起来的。他在日常生活中无嗜好，不抽烟，不喝酒，下班回家就读书，几乎什么书都读，常常读至深夜，星期天或节假日，常常去一些人家里拜访，这些人包括教授、学者、作家、音乐家、美术家、戏剧工作者等等。拜访的目的就是向人家求教。因为这些方面的知识都是他做好文教工作必须懂得的。为了了解有关宗教的知识，他甚至曾和老和尚交过朋友。为此，他也曾受到一些人的非议，他都在所不顾。也正是因为他积累了这样宽泛的知识，才有了他这些杂文。

振庭的杂文，都是有所感而发的。记得 50 年代的某一天，我同他去百货公司，他观察到许多人进进出出并不想买任何东西，只是闲逛，就跟我发了一通感慨，回家后便写了《从点货谈起》这篇杂文，接着又写了《一篇不可忽视的开支账》，提醒人们珍惜宝贵的时间。50 年代前期是我们党的事业最兴旺发达的时期，也是振庭的杂文多产的时期。"文革"期间，因写杂文获了罪，不用说杂文写作也停止了。打倒"四人帮"后，他又开始了杂文写作，针对某些干部精神不振作，他写了《是做官还是做事》等一系列文章；针对有些人盲目崇拜外国，他写了《我骄傲，我是中国人》等文章。1984 年，他因病退居二线后，仅半年多时间就写了四十多篇杂文，可以说他的晚年是他的杂文写作最旺盛的时期。他一生写过各种各样的文章，然而数量最多的还数杂文，他爱读杂文，也爱写杂文，这里凝聚了他一生的相当一部分心血。

这本文集里的杂文不是振庭杂文的全部，但包含了大部分是没问题的。这些杂文的时间跨度有三十多年，有些文章内容由于时过境迁，也许有不妥之处，这次出版未作改动，敬请读者见谅，相信读者是会通过自己分辨决定弃取的。

承蒙山西人民出版社的好意，愿意出版这本杂文集，使我了却了一桩心愿；并向为这本杂文集的出版付出了心血的陈宇华、林晓靖、程晓平同志致以诚挚的谢意。

宫敏章

1986 年春节于京郊

（原载《宋振庭杂文集》，山西人民出版社，1989 年）

宋振庭与吉剧

吕树坤

全国各戏曲剧种，在其诞生和成长过程中，总有几个代表人物，作为该剧种的创始人与他们所创建的剧种一起，载入中国戏曲史册。

中华人民共和国成立后，各地创建的新剧种，都是在中国共产党和人民政府领导下，有组织、有计划地搞起来的。在这些新剧种创建过程中，除了那些为剧种建设作出重要贡献的编剧、作曲、导演和演员是该剧种的创始人之外，那些为剧种建设立过汗马功劳的党政领导者，同样应该是该剧种的创始人。如当年吉林省党政领导者中的富振声、郑季翘、宋振庭、高叶、刘西林、吴景春等，与那些为创建吉剧作出重要贡献的业务人员一样是吉剧的创始人。而在这些党政领导者中，值得大书特书的，是原吉林省委宣传部部长宋振庭同志。

（一）

在吉剧史中，宋振庭的名字，既不应因其人做党的领导工作而被湮没；也不应因吉林省热心于吉剧创建的党政领导者大有人在而被冲淡；更不应因习惯势力凡提到领导者必以职务高低为序而被忽略。在吉剧的创始人中，宋振庭的名字是应该写在前面的。

宋振庭同志不仅是吉剧创建的组织者和领导者，而且是具体的实践者、实干家。他兼有正确领导者和高水平专家与学者的双重身份，他所起的作用是他人无法比拟和替代的。因此，研究宋振庭同志为创建吉剧所作出的贡献，是总结吉剧三十年成败得失的一个重要方面，是探索吉剧如何步入明天的一个重要途径。

宋振庭同志晚年病故前，在北京与夏衍同志住在同一家医院里，病榻间每有书信往来。宋振庭同志对 1957 年长春电影制片厂"反右扩大化"问题深表愧悔，夏衍同志因宋振庭同志是"书生作吏"表示理解和谅解。面对"书生作吏"四个字，宋振庭同志沉吟良久。的确，就其气质而论，与其说他是个领导干部，不如说更像个专家、学者。他的博大精深的学识，精辟独到的见解，才华横溢的谈吐，即或在专家学者之中，亦不在二三以下。他从不以领导者而自居，却每每以杂家而自诩。

他在《捕捉住人民心上的旋律》一文中，开头便写道："上次谈美术，这次谈音乐。因为杂家不比专家，杂家话多而深者少。我是属于杂家一类的，只能说些'万金油'式的意见。"这当然有自谦的成分，因为并非"话多而深者少"，而是"持之有物，可以取信；言之成理，足以服人"（杨公骥：《〈星公杂文集〉序》）。宋振庭同志于 1956 年到 1962年期间，出版了《思想 生活 斗争》、《大眼眶子"批评家"》、《星公短论集》和《星公杂谈》四本杂文集。在这些杂文集中，探讨了哲学、史学、美学、教育和民俗等学术问题；评述了文学、音乐、美术、戏曲和民歌等文艺问题；研究了世界观、思想、情感、道德和趣味等各方面的复杂问题。

广博的学识，来自于广泛的兴趣。在谈到自己的兴趣是如何随着年龄和阅历变化的时候，他颇有兴味地写道："小的时候最先是爱看武戏，看开打、翻筋斗，不喜欢小旦、老生，尤其怕老旦坐下来唱，简直想上台去撵她走。后来听懂唱了，又开始喜欢老生、旦角、花脸，但是不喜欢小丑，觉得他顶多只会逗人笑，算不得功夫；也不喜欢花旦，觉得她'不正派'，眼睛怎么那样滴溜溜地转呢？直到很晚，过了多少年之后，才恍然大悟似的懂得，花旦和小丑，这种喜剧艺术也各有千秋，而且包藏在那笑声中，也有那么多的辛酸和厚意。到了对生旦净末丑逐次都喜欢了以后，才从头来觉得武戏也好了，文戏也好了，从各个行当中看得出大有参差，各有叫人喜欢的道理在内。"（《时代的笑声》）这是一般戏迷都有的共同体会，但又不是所有戏迷都能讲得出来的道理。再看看他对于读画的体会："最早看画是看画人。以后才是山水、花鸟、动物翎毛。先是喜欢工笔，觉得画得真、画得像、画得细的才算好；后来看得多了，就厌烦了。想看些粗枝大叶、狂放些的，一点点的'放'，一步步的'狂'，到最后才觉得石涛、八大才别有意趣。齐白石的大写意也真有好东西在内。等到近来，大写意画看得多了，有些疏狂过甚、漫笔欺人的东西也真不少，反倒不如那些老老实实的工笔画，又从此反过来喜欢工笔了，不再随着人家的叫喊而斥之为'画匠'画了！"（同上）再看看他是怎样谈音乐的："19世纪和20世纪的几个大音乐家的作品毕竟好懂一些，也和我们接近一些。如柴可夫斯基，那优美多彩的富于戏剧性的变幻的音乐，可否先在听众中通俗起来。或先从肖邦的优美、清新、华丽的作品开个头，再上溯到贝多芬、莫扎特、修贝尔特……是否最后再去听那个巴哈（巴赫，编者注）。因为他毕竟和我们之间差着好几个时代了！"（《欣赏音乐的感想》）这些议论，不是真正的行家，是无论如何也讲不出来的。

对于古今中外众多的艺术门类，不仅能在理论上讲得头头是道，而且，他的写意画、行书字，他的《赠余德禄》、《赠刘艳霞》、《赠陈正岩》的七绝，都颇有特色和韵致。他生前在北京举办的"宋振庭书画展"及出版的画册，颇受专家们的好评，可以与专业画家的作品匹敌。我们不能不承认宋振庭同志是个天才，我们有时候不得不在怀疑天才们是否真的能无师自通！

有如宋振庭同志如此热心于新剧种创建工作的也许不乏其人；但如宋振庭同志如此全才者，实在是为数不多。创建一个新的剧种，并使之能成活下来、发展下去，不是只凭借决心和勇气即能成功的。也不是只依赖权力和意志所能奏效的。"自由是对必然的认识"，只有拥有多方面的造诣与修养，才能进行比较、鉴别和选择。宋振庭同志是具备这些条件的，以二人转作为吉剧的基础，就是这种比较、鉴别和选择的结果。在这种比较、鉴别和选择的过程中，最忌讳的是偏爱和无知。"他偏爱，他喜欢的是这一种或这几种，不喜欢那一种或那几种，因此有亲有疏……他懂得这一种，知道它，有信心，不懂得那几种，对它无信心，因此也不想去打听打听，就对它们冷淡歧视……"（宋振庭《百花齐放和一视同仁》）这种偏爱和无知，对于吉剧的创建与发展，曾是一种很强大的阻力！宋振庭同志不止一次激动地讲："为什么总讲二人转，是个人偏爱么？不是。我个人喜欢的东西多了。我是吉林省委宣传部部长，省委宣传部和省文化局与一千五百万人有关。我个人啥都喜欢，为什么老讲二人转？因为嫁到这里了，中国有个吉林省，吉林省有个二人转，二人转是个大问题。十年来有些争论，越争论越清楚……"（1962 年 3 月 24 日《在全省二人转工作会议上的报告》）"我是从宣传工作的角度，从东北人民，特别是农民最喜欢二人转，要努力发挥它的威力，为思想工作、政治工作、文艺工作发挥作用，才爱上了二人转的……想当年敌视二人转的人是多么厉害呵！讨厌二人转，公开诅咒二人转，攻击它，一提起它就会气不打一处来的阻力，当年是多么强大呵！"（《独辟蹊径，并坚持走下去——为王肯同志的研究写几句话》）宋振庭同志力排异议，力主以二人转为母体创建吉剧。这是一种正确的抉择，因为它不带有个人好恶和无知的偏见，因为它与广大人民群众的喜爱相一致。

（二）

吉剧，是在 1958 年"大跃进"的历史背景下创建起来的。1959 年 1 月，新剧种创编组成立；同年 9 月，第一个实验剧目《蓝河怨》问世。1960 年初，随着第二个实验剧目《桃李梅》的诞生，新剧种正式命名为吉剧。1961 年 4 月，在总结新剧种创建工作的基础上，中共吉林省委制定了"不离基地，采撷众华，融合提炼，自成一家"的发展吉剧的方针。从这个简单的时间表中，不难看出创建吉剧的历史年代。但这并不能就此得出吉剧就是那个不讲科学、头脑发热的年代所产生的畸形儿的结论。

在二人转的基础上创建一个新剧种，这是一些人多年的构想了。宋振庭在《〈蓝河怨〉和新剧种》（1959 年 9 月 14 日《吉林日报》）一文中写道："从二人转的基础如何提高和推陈出来一个新的剧种，这个新剧种到底怎样去创造，这是吉林戏剧界的同志们研究了六七年的题目了。"可见，中华人民共和国成立不久、50 年代初，宋振庭等同志即在考虑如何在二人转的基础上创建一个新剧种的问题了。这不是纯主观的愿望，而是符合二人转自身发展规律的。早在清朝末年，在二人转这种艺术形式中，就已经形成了拉场戏这种扮演固定人物的地方民间小戏了。评戏，即是在河北冀东莲花落的基础上，学习了二人转"拉场玩意儿"的分场形式发展起来的。只是因为东北地区自给自足的自然经济和连年的战乱，使得二人转、拉场戏终未能发展成一个地方大剧种，一直停滞在这种原始状态中。对此，宋振庭同志早有清醒的认识。1962 年初，他在一次会上说："在二人转的基础上发展成一个剧种，这不是主观的想象。二人转本身就有这么一个发展道路，它已经出现了拉场戏。我们不搞，人家自己也干。"在"吉林省 1958 年表现现代生活节目会演大会"上，辽源市地方戏剧团编演的大型拉场戏《高玉宝》获得好评，为在二人转的基础上创建新剧种拉开了序幕。宋振庭同志在这次会上兴奋地说："本着有源可寻、群众喜欢、独具一格的要求，创造富有吉林地方特色的'吉林戏'。"这不能不说是一种富有科学性的预见。

宋振庭同志对于二人转发展规律的把握，对于在二人转基础上创建新剧所表现出来的决心和勇气，来源于对于二人转自身的特点、优长及其所存在种种问题的深切的了解与长久的思考。

远在中华人民共和国成立之前，1946年5月，东北民主联军继撤出长春之后，又撤出吉林。中共吉林省委、吉林军区、吉林省人民政府等机关迁至延吉。出任中共延吉市委书记的宋振庭同志，十分重视文艺工作。1947年春，在宋振庭同志的支持下，将延吉市东市场天顺成仓库改建为板棚子剧场，并以市工商联为主，成立民营延吉市评剧团。当时，党政军各界，已注意到了二人转这种为广大群众所喜闻乐见的艺术形式，吉林军区政治部文工团，从磐石县将"蹦蹦"艺人请到延吉，向文工团员们传授小曲、小帽，《西厢》、《蓝桥》，以及秧歌、竹板等。用二人转的曲调编演秧歌剧进行宣传，收到很好的效果。

最使宋振庭同志感兴趣的是二人转的群众性和地方性，以及由此而产生的极其顽强的生命力。1962年3月24日，他在吉林省二人转工作会议上的报告中指出："二人转问题是一个很有意思的问题。最近正在研究剧团要精简，剧团企业化，这是很对的，现在许多剧团赔钱，只有二人转剧团不赔，全省数二人转剧团赚钱，而且还养其他剧团。为什么会出现这种现象？道理简单：二人转有长处、打不垮、敲不烂，像柳树枝一样，插哪都活……二人转的根基在人民群众之中，是很好的、很有生命力的东西。大剧团大戏有些地方比不上它，它很有些好处，它和人民日常生活艺术最接近，和民歌、秧歌、笑话、民谚、相声等接近，和日常生活中的小喜剧接近，和人民最近。这只是它的长处。"他曾不止一次地为二人转大声疾呼："希望搞戏曲、歌舞、话剧的同志们参加二人转研究工作。可否搞十个、二十个有这方面特长的人，凑一个集体，研究到老……不要把它看简单了，这里有文章，值得为它花些劳动，有机会就该宣传它……想想人民吧！理论研究机关，报纸副刊等，都应该对二人转发生兴趣。"对待这个问题，人们的看法是很不一致的，只看到二人转不好的方面，并以此对二人转作全盘否定，是大有人在的。在创建吉剧过程中，这种分歧，集中表现在雅俗之争上。他在《独辟蹊径，并坚持走下去——为王肯同志的研究写几句话》一文中写道："在创建吉剧过程中，有人嫌二人转太俗，登不上大雅之堂，想以昆曲、弋阳腔、黄梅戏代替它，讲了多少话，发过多少议论呵！这里，核心的一条就是离开东北人民所喜闻乐见的这个基础……"他坚持新剧种走俗的道路，或者说是雅俗共赏的道路，是出于理论上的清醒和实践中的感受。他说："在马克思主义者中，一直到现在，我认为瞿秋白同志《乱弹及其他》一文的观点，仍是最好的理论。直到现在，我在剧场看戏，读着过于高雅的唱词时，心里总不舒服，什么'琴剑飘零'呵，什么'春恨秋恨'呵，等等。我现在仍认为戏曲文学不是书本文学，它应是让人听得懂的口语文学，力求做到深入浅出，可雅俗共赏的地步。把文艺提到文人的书斋去，只供几个人哼哼的戏曲不会有生命力。对这种戏曲美学的规律我始终认为李渔的理论是说到了要害处的。"因此，他旗帜鲜明地做出这样的结论："有人想把昆曲的典雅，挤到吉剧中来，其实这是死路。"雅俗之争，本来是学术问题，是非对错，都是可以各持己见的。但是，当职位与权限混淆其间的时候，问题就会变得复杂起来。宋振庭同志出于对新剧种的前途与命运负责，勇于坚持真理，不受世俗偏见左右，不计个人利害得失，这正是他性格中极为可爱的一个方面。

宋振庭同志对二人转的研究，具体到二人转的各个方面。关于二人转的属性问题，他说："从这方面看是好相声，从那方面看是好舞蹈，从另一面看又是一出小戏。又是话剧，又是逗哏，又是舞蹈，又是音乐晚会，物美价廉，谁能代替了它！（1962 年 3 月 24 日《在吉林省二人转工作会议上的报告》）二人转是四大总汇：1.是民歌的总汇；2.是民间舞蹈的总汇；3.是民间说唱的总汇；4.是小戏雏形的总汇。二人转在十字路口，胆量大，能吃，吃什么都能消化。"（1962 年 3 月 24 日《在吉林省二人转工作会议上的报告》）关于二人转的优点，他说："1.语言非常生动活泼，这种语言好像是和人民心里架起直通电话。这一点连评戏也不如它。这是真正的农民语言，民间化、口语化。2.调子泼辣活泼，多样、多色彩，开朗、苗壮。3.舞蹈开阔、泼辣，带喜剧性。4.剧目最有普及性，是群众最熟悉的。（1962年3月24日《在吉林省二人转工作会议上的报告》）1964年5月，在梨树县召开的吉林省二人转工作者学习会上，宋振庭同志以《坚持走革命化的道路，创造社会主义的新二人转》为题又进一步将二人转的优点概括为"四大宝库"："1.它是农民语言的宝库。要想学习农民的语言。当然要向农民直接学习，但是二人转的语言，就是东北农民最生动的语言，民间化、口语化，它的唱词根本不存在听不懂的问题……2.它是音乐曲调的宝库。二人转的音乐曲调丰富多彩，素有'九腔十八调'之称，什么曲调都能吸收，充满各种各样的曲调。音乐语汇平易近人，为东北人民喜闻乐听，直到现在我们还没有把它所有曲调都挖掘完毕。3.它是舞蹈语汇的宝库。二人转的舞蹈基本属于秧歌体系，借鉴了其他姊妹艺术的许多东西。4.它是东北民间说唱表演艺术的表现方法的宝库。戏剧的'四功五法'，相声的'逗哏'、'捧哏'，曲艺的'现身说法，说法现身，行出行入，分包赶角，装啥像啥'等表演形式，在二人转里都有。"至于诸如二人转的名称、二人转的分支、二人转的上下场程序、二人转的扮相、二人转的道具、二人转的身段、二人转的发声等各种具体问题，宋振庭同志都有深入的研究和科学的论述。他对二人转的缺点与对二人转的优点一样了如指掌，并为此焦急、忧虑，怒其不争。1962年3月25日他说："要坚决去掉脏口。常常一个好节目，因为里边的几句脏口，就把整个节目毁坏了；很多人对二人转印象坏，就是从这里来的。我是最保护二人转的人，我感到压力很大，有的领导有意见，洋派看不起。脏口里最主要的是性生活的隐喻，当王八、屎尿屁之类，要坚决去掉它。"1964年5月5日又说："二人转的旧台风还没有得到彻底的改造，在表演上还存在一些糟粕。如'脏口'，坏的'双关语'，色情的挑逗，在说口中互相拣'便宜'，以及一些过于粗野的语言。"

对二人转全面、深入的了解是以二人转为基础创建新剧种的前提，否则，势必因盲目而导致失败。自1958年以来，吉林省各地创建和移植了一大批剧种，创建的剧种有吉剧、新城戏、黄龙戏、榆树戏、春歌戏、龙山戏、吉林市新剧种和四平市新剧种等，移植的剧种有赣剧、豫剧、黄梅戏、越剧、吕剧等。这些创建和移植剧种的大部分，因缺少植根的土壤，短则一二年，长则七八年，都先后消亡了。在创建的剧种中，吉剧、新城戏和黄梅戏成活下来了；在移植的剧种中，只有通化地区的柳河吕剧存活至今。观众的接受与认同，是这几个剧种能得以生存和发展的根本原因。如通化地区柳河县吕剧，因当地山东籍居民较多，乡音悦耳，有了植根的土壤，虽经沧桑，终成活下来。赣剧虽好，黄梅戏虽好，越剧虽好，终因水土不服，难免消亡。吉剧以二人转为母体，群众基础深厚，地方特色鲜明，一度呈现很好的发展势头，成为吉林省创建的新剧种中的佼佼者。实践证明，以二人转为基础创建吉剧是正确的。

（三）

宋振庭同志，作为一名党的领导干部，具备着一条很突出的优点，那就是他的民主精神和民主作风。他在《为什么讨论不起来》这篇杂文中写有这样一段文字："应该检查一下讨论会上的风气，是否都说的一样的话，重复着书上和教师的话？是否一有点新的不同的意见马上就给堵回去？是否不同的意见得不到充分发言的机会？是否有些讨论会的空气太紧张，不能启发大家从多方面看问题？是否鼓励大家去掉迷信，合理地大胆地怀疑问题？是否保护了学术自由和争辩的自由？是否把学术问题和政治问题往往不加区分，混淆起来？"他认为，民主空气是否浓厚，关键在于领导，在于领导的思想、领导的作风。他在《相反相成》这篇杂文中，有一段颇富有哲理的论断："什么是骄傲？无知。什么是垄断的权威？瞎子。什么是虚心？因为知识多了。什么是民主作风？最有科学自信力的作风。什么是不好的领导人？盖子和障碍。"他用这些话去诲人，更是用这些话来律己。

宋振庭同志的民主精神和民主作风，主要体现在正确贯彻执行党的知识分子政策上。他保护人才，爱惜人才，尊重人才。他排除来自各方面的干扰，大胆聘请、起用了一批有用之才和有才之士。1958年之后的三年困难时期，国家的各项事业都处在调整、整顿之中。北京是人才济济的地方，戏曲界的一些知名老艺人，因年事已高，难以维持日常演出，宋振庭同志便将他们聘请到吉林省来，委以重任。有的做吉林省京剧院院长，有的做吉林省戏曲学校校长、教师。如京剧四小名旦之一的毛世来、王瑶卿弟子王玉蓉、梅派传人梁小鸾、马派老生丁英奇、余派老生万啸甫，以及倪兰落、郝明超、贾多才等，一时间，北京戏曲界都知道吉林省有一个礼贤下士、招贤纳士的省委宣传部部长。士为知己者而用。这些知名老艺人到吉林省后，在各自的岗位上作出了各自的贡献，推进和推动了吉林省文艺事业的繁荣和发展。

宋振庭同志，提倡甘做人梯和铺路石的精神，每以伯乐而自况。不是以伯乐而自居，而是以伯乐来激励自己。在他用过的三四十个笔名中，有一个"薛白洛"的笔名，薛白洛，是"学伯乐"的谐言。有趣的是，他是将这个笔名，作为吉剧第二个奠基剧目《桃李梅》的第一个作者的名字而使用的。可见，在新剧种创建过程中，他是怎样重视人才的发现、培养和使用啊！

在新剧种创建工作中，继以二人转为母体确立之后，最为要紧的莫过于物色人选和组建队伍了。从1959年1月以张先程为组长，以刘中、刘芳、那炳晨为主要成员的新剧种创编组的成立，到导演金玉霞、编剧王肯的调入，直到吉林省青年评剧团并入新剧种实验剧团，这一切似乎都在宋振庭同志的运筹帷幄之中了。

宋振庭同志在为新剧种发现人才和选拔人才所采取的每一步行动，都是长期了解、深思熟虑的结果。他在杂文《捕捉住人民心上的旋律》中写道："这些年来在我们这里真正流传了的，有点影响的，或反响较大的曲调是一些什么样的曲调呢？它们都是有民族特点、带有地方色彩、投合人民脾胃的曲调。比如《老司机》、《合作就比单干好》、《二嫂夸汽车》、《女民兵》……这些曲子都是青年作曲家张先程同志的作品（刘中作词）。我认为张先程同志是挖了一点东西，打中了一点东西，搔到了人民心坎中的一些痒处，捕捉到了生活形象中的一些旋律——接近到我们提倡的民族化、地方色彩的边缘。"戏曲音乐，是体现剧种个性特征很重要的一个方面。知人善任，任用张先程同志为新剧种创编组组长和新剧种编曲，是颇有眼力的。

张先程同志是一位具有浓郁民族特色和地方特色的作曲家，他的"旋律好"是为同行们所公认的。作为吉剧创始人之一，在以东北二人转曲调为基础，并吸取其他各兄弟剧种的长处，向男女分腔、行当分腔、唱腔板头化方面的努力中；在以 [柳腔] 和 [嗨调] 为新剧种主要基调的确立中；在为使唱腔板头化，因而设计了 [原板]、[慢板]、[二六]、[流水]、[散板]、[哭头]、[叫头] 等各种板式的过程中，以及场面音乐的设置和乐队建制等方面，张先程同志都是作出了贡献的，为新剧种音乐的确立和特色的形成，奠定了基础。在《蓝河怨》、《桃李梅》、《搬窑》、《燕青卖线》以及现代戏《江姐》等剧目的编曲中，都较好地体现了张先程同志的音乐才能。

导演金玉霞，编曲那炳晨，演员兼编剧刘中、刘芳等这些为宋振庭所发现的"千里马"，都为新剧种的创建作出了各自的贡献，都当之无愧地成为吉剧的创始人。

编剧、作曲和导演，无疑是创建新剧种的中坚力量。与这些业务干部占有同样重要位置的还有不容忽视的一部分力量——演员。为了使新剧种能有较强的演员阵容，宋振庭同志是敢冒"天下之大不韪"的。1960 年 11 月，吉林省文化局决定将吉林省青年评剧团并入新剧种实验剧团。这个吉林省青年评剧团，是在 1958 年吉林省戏曲学校开办的第一班——评剧青年演员进修班的基础上创办起来的。其中，荟萃了全省各地评剧团的尖子青年演员，如：长春市评剧团张奉生、邬莉，延边评剧团李淑花（李重华）、张延丽、冯志杰，敦化县评剧团王青霞、杨俊英、赵玉林等，其中演员 36 名，乐队演奏员 6 名。此举虽使各地评剧团及其文化主管部门叫苦不迭，但对于吉剧的创建与发展，却是关键性的一个步骤。至今，吉林省吉剧团主要演员中的相当一部分，即出身于当年的吉林省青年评剧团。这一做法的总设计和总策划，就是宋振庭同志。

在宋振庭同志为新剧种发现、选拔人才中，值得特殊提出的，是对王肯同志的起用。

王肯同志，原是东北师范大学音乐系讲师。早在"土改"时，王肯即用二人转的曲调，创作了秧歌剧《二流子转变》，唱遍了东北。1950 年，他把舒兰的二人转艺人沈广太、王希安请到东北师大音乐系教唱；1952 年将著名二人转艺人请到东北师大音乐系的课堂上讲学。二人转艺人进大学课堂，这是中国教育史上破天荒的事情。自 1950 年始，至 1957 年"反右"前夕，王肯同志遍访东北三省二人转艺人，对东北二人转进行了全面的、系统的、科学的搜集整理和研究工作，取得了十分可喜的成就。

王肯同志研究二人转的举动，首先引起了身为吉林省委宣传部部长的宋振庭同志的极大关注。宋振庭同志在《独辟蹊径，并坚持走下去——为王肯同志的研究写几句话》一文中写道："记得 50 年代初，当我知道了东北师大音乐系，有一位青年教师研究二人转，并写了很好的文章时，我是多么高兴啊！并且几乎就在 50 年代初，我就冒昧地讲：'我们这里已有了二人转专家了。'其实，那时当这个专家并不是什么好头衔，甚至还容易因此遭到人们的轻视。可是，对我来说，大学的高等学府中有这么一个人在干这件事，该多么宝贵呀！"如果不是因为王肯同志在"反右"中被错划成右派，宋振庭同志会首先调他来做新剧种创建工作的。

1959 年 11 月 8 日，王肯同志被宣布第一批"摘掉右派分子的帽子"，随即接到了调到省吉剧团的调令。1960 年初，王肯同志到省吉剧团报到。

右派分子变为新剧种编剧。从王肯命运的急骤变化中，不难看出宋振庭同志从中做了怎样的周旋和努力！"这件事在当时文艺界中曾引起不大不小的波澜。一些与王肯有相似命运和遭遇的知识分子，似乎由此窥见了前途和希望；而另外也有人对此很不理解，不免有些愤愤和不平。而王肯自己呢，与其说受宠若惊，莫不如说忐忑不安。他怀着一种十分复杂又十分矛盾、感到陌生又充满希望的心情，走上新的工作岗位；以报恩而又抱愧的心理，决心用实际行动回答党的关怀和期望。所以，当他得知这个'重用'的消息时，不禁热泪盈眶了。"（吴英俊、李文华、关德富《王肯传略》）宋振庭同志对此似乎都十分清楚，他鼓励王肯，也建议王肯采用"王近朱"做笔名，做一个好的、有党性的文艺家。这就是王肯同志曾以"王近朱"为笔名的由来。

王肯同志不负宋振庭同志的厚望，他将多年来研究二人转的成果，都倾注在新剧种创建工作中了。他编写的《搬窑》、《燕青卖线》、《包公赔情》，以及"文化大革命"以后编写的《包公赶驴》、《三放参姑娘》等剧目，均成为吉剧经常上演的保留剧目，受到省内外观众与专家的好评。时至今日，在吉剧编剧的后来者中，尚未有人能赶上或超过王肯同志所取得的成就。这几乎成为影响吉剧发展的一个重要因素。

吉剧的第一代人，是一个阵容完整的强力集团。这个强力集团，为吉剧赢得了观众，争得了荣誉，为新剧种的形成与发展提供了可靠的组织保证。"文化大革命"期间，吉林省吉剧团与全省各文艺团体一样，机构被砸烂，人员被遣散，新剧种夭折在摇篮之中。为此，宋振庭同志不止一次地痛心疾首地呼号："我的八千子弟兵啊！"

粉碎"四人帮"之后，吉剧获得了新生。在宋振庭同志的主持下，全省吉剧团由原来的4个发展为15个。宋振庭同志决心为新剧种的形成与发展，重新大干一番。

（四）

"为什么创造新剧种？""中国戏曲那么多，搞新剧种干什么？""头几个戏为什么先搞传统剧目？""要从现代剧目开始，不要搞新复古派。""为什么搞板头化、程式化，不搞曲牌？"这是早在1960年吉剧创建不久即提出的问题，也是吉剧诞生三十年一直纠缠不休的一些问题。

宋振庭同志于1960年10月18日在吉林省吉剧团听过《包公赔情》等唱腔片后，对上述一些问题有过简洁明确的回答。无论宋振庭同志的解答准确与否，也无论其正确性的程度如何，对于今天研究和探讨这些问题，是会启发我们这些后来者的思路的。

"为什么创造新剧种？"宋振庭讲："道理有两条，一方面是党的'百花齐放，推陈出新'的方针，另一方面是东北有创造新剧种的必要。因为在这方面，我们穷，有人不了解穷人有穷人的苦处。"二十年后，宋振庭在《吉剧创建二十年》一文说："解放后，在'百花齐放，推陈出新'方针指引下，二人转有很大发展。1958年，又出现向戏曲发展的趋势。我省人民也有创建本省剧种的强烈要求。正在这个时候，敬爱的周恩来同志指示我们要繁荣发展东北的文化，丰富创造自己的地方剧种。这样，吉剧便应运而生了。"这里边，党的"双百"方针及中央首长的指示，无疑都是至关重要的，但更为重要的还是"东北有创造新剧种的必要"，"我省人民也有创建本省剧种的强烈要求"，否则，新剧种即使创建起来了，也不会成活，更谈不到发展。

中国戏曲剧种虽然多，但东北地区从未有自己的地方剧种，东北二人转中的单出头和二人转，是一种兼有歌舞、说唱和戏剧因素的艺术形式，拉场戏也只是二人转中初具戏剧雏形的一个分支。自清末民初以来，虽有河北梆子、京戏和评剧相继从关内流传至东北，但常呈此消彼长的趋势，毕竟不能与本地剧种同日而语。中国戏曲剧种之所以繁多，正是其地方性这一特点所决定了的。所谓戏曲剧种，说到底都是地方剧种，被称为"国剧"的京戏，也是从地方戏发展而来的。外来剧种终不如本地剧种为本地观众所喜闻乐见。50 年代末至 60 年代初，戏曲仍作为中国老百姓欣赏和娱乐的主要艺术形式，党和政府将其视为宣传群众和教育群众的重要工具。当时不仅没有哪一位先知能预见到三十年后的今天，中国戏曲会陷入如此危机的深渊，所能见到的是二人转早已在向戏曲演变，广大文艺工作者已在自觉不自觉地促进这一演变过程。凡此种种，使得在二人转基础上创建一个新的地方剧种，不仅是必要的，而且是可能的。宋振庭同志对这一问题的回答，基本上是符合实际的。

"头几个戏为什么先搞传统剧目？"宋振庭讲："目的是演好现代戏，为了减少阻力，避免弯路，集中力量突破主要问题，从传统剧目开始，以便更好地演好现代戏。将来现代、传统剧目并重，以现代剧目为主。"1958 年至 1960 年期间，党和政府大力提倡编演现代戏。在这样一种政治氛围中，新剧种以新编古代戏为奠基剧目，这是需要决策人的勇气和胆识的。"新复右派"的大帽子在当时也是很吓人的。宋振庭同志的回答，在很大程度上是出于政治方面的原因。所谓"从传统剧目开始，为了减少阻力，避免弯路，集中力量突破主要问题"，具体的含义是什么呢？主要是为了解决剧种的行当问题，解决剧种音乐男女分腔、行当分腔等问题。二十年后，宋振庭同志在《吉剧创建二十年》一文中，对此有一段直截了当的论述："第一个剧目《蓝河怨》，就是在长期流传的二人转《蓝桥会》的基础上，通过实践解决吉剧的小生、小旦、彩旦、小丑等行当问题，同时着重试验了柳调。"在这个问题上，宋振庭同志的实践，比他所讲的更能说明问题。

新剧种的第一个试验剧目《蓝河怨》虽然取得了一些成就，宋振庭同志将其誉为"第一块基石"，但由于各种原因，这个剧目在艺术上尚不够完整。真正为新剧种起到奠基作用的是第二个试验剧目《桃李梅》。《蓝河怨》是 1959 年 9 月问世的，《桃李梅》于 1960 年初正式与观众见面。新剧种即是随着《桃李梅》的诞生而命名为吉剧的。

《桃李梅》这个剧目，是宋振庭同志亲自带头搞出来的。收入在《吉剧艺术》一书中的《桃李梅》剧本的第一个作者薛白洛，即是宋振庭的笔名（不是所谓的"领导挂名"，而是名副其实的作者）。宋振庭同志创作的剧本，除《桃李梅》之外，还有京剧《十小战辽王》、《十女夺雁门》等，但影响最大的还是吉剧《桃李梅》。早在新剧种编排第一个剧目《蓝河怨》时，宋振庭就在酝酿第二个剧目《桃李梅》了。1959年秋，吉林省吉剧团赴通化地区演出《蓝河怨》，宋振庭同志正在通化视察工作。一天晚上，宋振庭同志到剧团的驻地看望演员们。他坐在床上，斜倚着枕头，向大家讲述了《桃李梅》的故事情节，直讲到午夜以后。不是故事梗概，而是详细的剧本提纲。人物、情节、场次安排、上下场顺序、舞台提示、乃至上下场诗，都讲述得十分详尽具体。如按"跑梁子"的做法，演员分配角色后即可以演出了。

宋振庭同志创作《桃李梅》的目的是十分明确的。他于1959年11月5日在研究《桃李梅》初稿时讲："新剧种第二个实验剧目《桃李梅》是个袍带戏，行当也全，是过戏曲关的好时期，这个戏如果能够排好，将为新剧种奠定基础。"果然如宋振庭同志预想的那样，《桃李梅》自从问世以来，三十年间，唱遍了大江南北、长城内外。各地剧团在上演，各个剧种在移植，直至被搬上了电影银幕。

"为什么搞板头化、程式化，不搞曲牌？"宋振庭讲："板头化、程式化是创造和稳定一个剧种不可少的。特别是腔调，不然创造一个剧种是很难的。"他强调"稳定"两个字，是抓住了问题的关键。在二人转曲调的基础上，不搞板头化，搞曲牌，势必要走文明戏的道路。宋振庭同志总结过去的经验教训："过去十几年，用民歌等也创造不少小剧目，但创造不出剧种来，稳定不住。"他尖锐地指出："一出戏唱许多调，那是杂耍园子。"

人们不禁要问，昆曲、弋阳腔等，都是唱的曲牌，为什么不存在不稳定的问题呢？宋振庭认为，这里边有个基调旋律问题在起作用。他说：

"凡是剧种必须有单一的基调旋律,明朗化,然后才能发展。这是剧种不可缺少的……昆曲曲牌最多。有一次听昆曲,用四十多牌子,但有人却说都是一个调,都是那个发声法。分不出'新水令'等不同的牌子。赣剧听起来也好似一个调。"他把这种"基调旋律",简称为"基旋"。他说:"戏下搞的好,总是从无'基旋'到有'基旋'到变了'基旋'三步。有母体,有'基旋',变'基旋'。"基调旋律即剧种音乐的个性特点,这是剧种的生命所在。"戏曲音乐,要有自己稳定的、独特的基调旋律特征。中国戏曲实际上是按基调旋律分类的。"宋振庭同志的这些话,都是很有见地的,所谓"按基调旋律分类",这实际上谈的是戏曲的声腔系统。

关于"板头化"和"曲牌",除了"基调旋律"这一主要因素外,还有一些更为复杂的问题需要研究和探讨。对此,宋振庭同志虽然没有具体论述,但亦有所感觉,已觉察到这里边有一些至今尚未解开的谜。他说:"戏曲有共同规律,也有不同的形式,我国戏曲有几种类型。如昆曲至今仍是曲牌套曲形式,是曲联体,不是唱腔板头化。赣剧也如此,解放后才向板眼化过渡。二人转也是曲牌联接。从曲牌到板头化是相当大的变化……这个问题在理论上是个什么问题呢?还得研究一下。"

二人转音乐,基本上属于民间音乐。"从民间音乐到戏曲音乐,这是一个质的变化……从单纯的民歌体裁,发展为大型的戏剧结构。它面临着一系列重大而复杂的问题。其中最主要的则是音乐的戏剧性问题与结构的统一性问题。倘无戏剧性,戏曲音乐便不可能完成它刻画性格、发展情节的任务。若无统一性,则庞大的结构布局势必陷于芜杂零乱。"(《中国戏曲通史》)从表面看来,二人转音乐与昆曲、元杂剧一样,都是曲牌联缀,即所谓曲联体。但仔细分析起来,彼此之间的区别是很大的。昆曲与杂剧,是依靠一定的宫调属性、一定的排列顺序,将各种不同的曲牌组织起来,从而解决其戏剧性与统一性的问题。二人转的曲牌联接则是松散的,不规范的,随意性很大。很近似中国戏曲早期南戏的情形,这显然很不利于人物性格的刻画和戏剧情节的展开。

二人转音乐，基本上属于说唱艺术音乐。拉场戏虽然作固定人物扮相，但在音乐方面尚没有质的变化。音乐的叙述性远远大于戏剧性，唱腔男女不分、行当不分，这一切显然更不利于人物性格的刻画和戏剧情节的展开。

由于刻画人物和展开情节的需要，戏曲音乐的节奏要有明显的变化。在这方面，曲联体是远不如板腔体的。而且，二人转的曲牌和昆曲、杂剧的曲牌相比，还有一个十分重要的区别，一直被音乐界和理论界所忽视。这种区别是由二人转曲牌和昆曲杂剧曲牌的词格与声韵不同所决定了的，昆曲与杂剧曲牌的词格长短句错落相间。每句尾字的平仄只按曲谱的规定安排，不以上下句为准。如：

> 碧云天，
>
> 黄花地，
>
> 西风紧，
>
> 北雁南飞。
>
> 晓来谁染霜林醉？
>
> 总是离人泪。

这是王实甫的杂剧《西厢记》中的一段曲词，曲牌 [端正好]，宫调 [正宫]。这种词格句式，是从唐宋词与民间词的基础上发展而来的（王实甫的这段词，是从宋代词人范仲淹《苏幕遮》一词中脱化而来的）。这种长短句相间，句尾平仄错落的词格，造成了一种极其强烈和鲜明的节奏感和韵律感。这些特点，正可弥补曲联体音乐节奏变化不明显的不足。二人转则不然，二人转曲牌的词格是以七字句、十字句为主体，每句三个节拍，上下句反复出现。上句尾字为仄声（第一句例外），下句尾字为平声入韵。这种词格，与昆曲、杂剧曲牌的词格正相反。前者是句式整齐，声韵规则；后者是句式不整齐，声韵不规则。二人转的词格不是在唐诗宋词和民间俚词的基础上演变而来的，而是在七言平韵诗和某些说唱艺术曲词的基础上演变而来的。它不属昆曲、杂剧曲牌词格的范畴，而与梆子腔、皮黄腔等板腔体词格相一致。如：

> 一轮明月照西厢，
>
> 二八佳人巧梳妆。
>
> 三请张生来赴宴，
>
> 四顾无人跳粉墙。
>
> 五更夫人知道了，
>
> 六花板拷打莺莺审问红娘。
>
> 七夕胆大佳期会，
>
> 八宝亭前降夜香。
>
> 久（九）有恩爱难割舍，
>
> 十里亭哭坏莺莺盼坏红娘。
>
> 时（十）实难舍莺莺美，
>
> 九里草桥别红妆。
>
> 八水长安去科考，
>
> 七时得中状元郎。
>
> 六里宴前英雄会，
>
> 五凤楼前把名扬。
>
> 四方金印胸前挂，
>
> 三杯御酒伴君王。
>
> 两匹报马来回串，
>
> 一路迎接状元郎。

这是二人转《西厢》开头长达 20 句的一段唱。二人转的唱词，无论多少句，都是以七字句或十字句为主体，上句尾字仄声、下句尾字平声，上下句无限反复。这种平直、单调、呆板、划一的词格，是很缺少节奏变化的。这种缺少节奏变化的词格，如再采用缺少节奏变化的曲牌联缀的办法，是难以完成刻画人物、展开情节等繁难复杂的任务的。即或如二人转这种说唱成分很重的艺术形式，采用简单的曲牌联接的办法也是难以胜任的。二人转的音乐已存在着板腔体的成分，或者说已出现从曲牌向板腔过渡的趋势。如前边援引的二人转《西厢》的那段20句的唱词，前后共用了 [头板胡胡腔]、[二板胡胡腔]、[大救驾]、[快板胡胡腔]、[蛤蟆韵胡胡腔]、[落板胡胡腔]、[二流水抱板]，这里边已有着明显的板式变化。

凡此种种，不难看出，在二人转的基础上创建新剧种走板腔体的路子，是利大于弊的。宋振庭同志坚持"搞板头化"的主张是正确的。

（五）

"风沙卷了，先驱者远了！"粉碎"四人帮"后，宋振庭同志上调北京，出任中共中央党校教育长，后为顾问，于1985年病逝于北京。

宋振庭同志是在戏剧极不景气的情势下与世长辞的，由他领衔惨淡经营起来的新剧种吉剧，也面临着重重危机。当一个剧种处于兴旺发达时期，人们往往只看到它的优长的一个方面，而它的缺点则被忽略了。当一个剧种处在危急关头，它的细微的不足之处也会暴露无遗。特别是在戏剧整体不景气的情况下，作为吉剧母体的二人转，却无危机之感，可以和当前最流行的通俗文艺相抗衡。以二人转为基础创建的吉剧，反倒不如它的母体生命力旺盛，这不能不促使人们去做一些必要的反思。可以说，人们的任何指责都是可以理解的。

当然，故步自封，抱残守缺，无疑是一条死路；全盘否定，将新剧种骂得一无是处，也未必能说明善骂者的高明。需要的是客观冷静的思辨和实事求是的分析，从经验和教训中寻找到可以窥视明天的窗口。

各种主意都出了，各种办法都想了，出路在哪里？归根结底，出路只能在剧种自身的个性与特色之中。宋振庭同志在一篇杂文《从炒菜想到文艺》中写道："每个剧种都力求发挥自己的长处，吸取别人的优点，克服自己的短处，这也是可以理解的。但是，值得注意的是千万不可磨掉了自己的特有风格，丢掉了自己的不可少的特点。如果使各剧种千人一面，千篇一律，那可实在是不好的后果。过犹不及，这是比较有普遍性的规律。太顽固、保守、抱残守缺，明是自己的弱点也不改，明是糟粕也硬说成传统或精华，硬是守着老腔老调，不管观众接受不接受，这种僵化的态度要使一个剧种走到死胡同里去，没有好结果。可是，如果翻转过来一味地追求别人的长处，忘记自己的长处和风格，从形式到内容全盘变成别的东西，那也只能是自己消灭自己。他在《〈蓝河怨〉和新剧种》一文中写道："我们必须注意两点，才不会在剧种的形式上走弯路。即第一是戏，第二必须有自己独具的风格、曲调特征。只有共性没有个性，算不得创造，也不能叫作新剧种；只有个性没有共性，就很难说是戏。"宋振庭同志当年一再强调的剧种独具的风格和个性特征，在今天的吉剧中体现得如何呢？回答是，不尽如人意。

无论理论家们对"不离基地"作怎样宽泛的解释，这个基地主要还是它的母体二人转。吉剧缺少个性和特色，主要的原因是疏远了它的母体二人转。宋振庭同志在《吉剧创建二十年》一文中曾严重地指出："二人转是吉剧的母体，创建吉剧离不开二人转，发展吉剧更离不开二人转。这是吉剧的命根子。吉剧离开二人转，就要脱离东北人民，就要处在茫茫十字路口，无所适从。"面对着吉剧不景气的现状，面对着观众热心于二人转而冷落吉剧的"返祖现象"，似乎被他说中了！

在吉剧创建过程中，曾提出"能今能古，能文能武，既有强烈的时代精神，又有鲜明的地方特色的新的戏曲剧种"的口号，"能今能古，能文能武"，作为剧种建设的长远目标，是未尝不可的。不能想象，一个剧种只能演古代戏，不能演现代戏，或只能演现代戏，不能演古代戏；也不能想象，只能演文戏，不能演武戏；或只能演武戏，不能演文戏。为此，宋振庭同志曾说："是搞个小剧种还是大剧种？在戏曲史上，从说唱、曲艺发展起来的剧种，有一些是三小戏，或叫半班戏，行当、角色有不少限制。我们认为，吉剧应努力建设成为像京剧、河北梆子等那样角色、行当、板式俱全的大剧种。"他还提出"过三关"的问题，即"人物角色化，唱腔板头化，结构戏剧化"。吉剧是要建设成为一个大剧种，这是毋庸讳言的。因为东北有了二人转、拉场戏这样的地方民间小戏，不搞大剧种，就没有必要创建吉剧了。但是在向这种"角色、行当、板式俱全"、"能今能古，能文能武"的大剧种努力追求的过程中，常常是只注意了学习、模仿京戏、梆子和评剧的一些东西，而忽略了它的母体二人转所应有的一些长处。二人转是一种既具有歌舞性，又具有说唱性和戏剧性的一种艺术。它的优长之处是与其所具有的歌舞性和说唱性共存的。它的人物的可变性和道具的多用性，使之具备了为一般戏曲所不具备的更大的时空自由。"人物角色化，唱腔板头化，结构戏剧化"是"由二人转变成戏必须过的三关"，但似乎不宜强调到不适当的程度。吉剧不妨可以多一些歌舞性和说唱性，以此来保持和发扬母体中的长处，形成自己的个性特色，这是生路。如果一味地跟在某些大剧种后面步人后尘，丢掉了自己的个性特色，结果只能是"自己消灭自己"。

作为一个地方剧种，在"能今能古，能文能武"这四个方面，不可能、也不应该是平分秋色、平量齐观的，总应该有所侧重，有自己所长的一个方面。那么，吉剧所长是什么呢？这同样应该到吉剧的母体二人转中去寻找。吉剧应该更多地去创作那些具有浓郁的生活气息和浓厚的喜剧风味的剧目。在这方面，《桃李梅》是个成功的例子。片面地强调"能今能古，能文能武"，势必要淹没自己所长，抹杀自己的个性。

二人转是一种喜剧色彩很浓的艺术，它属于滑稽表演的范畴。有的人称二人转为"丑角艺术"，亦不为过。吉剧亦应当以此作为追求的目标和开掘的方向。宋振庭同志于1962年3月24日在吉林省二人转工作会议上讲："二人转要通盘喜剧化（当然也可以演悲的）。要有许多笑料，通盘到底有哏，说得非常好……中国有昆丑、川丑、京丑等。东北应有东丑，东丑有些厉害的东西，有些宝贝东西。川剧去丑不叫川剧……请大家注意，人民喜欢笑，喜欢逗哏，喜欢风趣。二人转的丑有东西……听一场有风趣的二人转，比听四场相声都过瘾。要研究喜剧、说口，要形成东北丑流派。"正如宋振庭所说，中国戏曲很多剧种中的丑角是很有特色的，有些剧种就是因丑角而著称的，如高甲戏等。吉剧应该在母体二人转的基础上，发展丑角艺术，追求喜剧风格，搞出"东北丑"的风格与特色来。

应该说，在吉剧的行当攻关中，丑角这一行是搞得不错的。刘中的文丑、刘丰的武丑，在省内外的观众中，产生过较大的影响。大戏《桃李梅》、小戏《燕青卖线》，是吉剧剧目中的"看家戏"。这两出戏都是以丑角见长的。假如《桃李梅》中没有赵运华，《燕青卖线》中没有时迁，其艺术效果都会减色大半。比如《包公赶驴》中的包公，《三放参姑娘》中的那瓜，也都有很多丑角的因素。这是这些剧目之所以受欢迎的很重要的一方面原因。

遗憾的是，在吉剧的一些剧目中，喜剧气氛削弱了，丑角艺术淡化了，除唱腔有所不同之外，已看不出与其他剧种有什么质的区别。如果吉剧的整体情况都是如此，即使戏剧不存在危机，其存在价值也不大。新剧种无"新"可言，便不能称其为新剧种了。

作为剧种主要标志之一，与其他剧种能有所区别的音乐唱腔，情形又如何呢？吉剧音乐问题的关键，不是什么板头化和曲牌，而是宋振庭同志生前所一再强调的"基调旋律"问题。在观众中不乏有会哼唱几句京剧或评剧者，当京剧兴旺时期，在一些城市中的里巷间，皮黄之音不绝。在广大东北农村，无论男女老少都会哼唱几句二人转。然而，会哼唱几句吉剧的人却很少。其原因，就是吉剧尚缺少那种具有个性特色的"基调旋律"。宋振庭同志于1961年10月7日和吉剧编曲张先程说："吉剧中有四派：歌剧派、评剧派、二人转派、南曲派（指昆曲、弋阳腔等，笔者注），这不行。吉剧首先要求把人唱住，所以要抓紧音乐过关问题。"能

"把人唱住"，就需要有鲜明个性特色的"基调旋律"。于此，吉剧还有相当大的距离，还需要许多艰苦的努力。

吉剧整整走过了三十个年头，吉剧所面临的困境，是当年宋振庭等吉剧的创建者们无法预料的。但是，正确地总结宋振庭等人在创建吉剧中的经验和教训，对于吉剧走出低谷、摆脱困境，以求得生存和发展，是会有所受益的。吉剧，是在吉林省党政领导之下创建起来的。吉林省的党政领导，必然着眼于吉林省行政区划之内，否则便会有僭越之嫌。其实，东北三省是同一个地域文化，吉剧不应该只是吉林省的。我们的眼界不应以省界为限，应立足于关东大地，将吉剧建成为关东人所喜闻乐见的新剧种！

1989 年 8 月 17 日

（原载《社会科学战线》，1991 年第 1 期）

宋振庭和他的知识分子朋友们

孟宪伦

已故全国政协委员、中共中央党校顾问宋振庭同志，生前长期在吉林省从事宣传、文教的领导工作。为了做好本职工作，他在知识分子中结交了不少好朋友。他们中有学者、音乐家、画家、戏剧工作者等。为了联系这些知识分子朋友，他常利用节假日登门拜访，与其讨论各种问题。长春护国般若寺老方丈澎培先生称他是探讨佛学唯心论的老师。

下面记叙他和几位著名学者、国画大师相处的往事。

与张伯驹、潘素

1961年夏，宋振庭同志去北京开会，陈毅同志向他推荐了一位文史专家，但却是"右派分子"，问他敢要不敢要，宋振庭当即回答"敢要"，并表示回去后，立即向省委汇报。这位专家是谁呢？他就是当时处于困境的张伯驹先生。宋振庭当即答应陈老总，绝不是单纯照顾老总的面子，而在这以前，他已了解了张伯驹、潘素夫妇的为人。知道他们具有渊博的学识，更有一颗热爱祖国文化金子般的心。张伯驹先生虽出生于军阀官僚家庭，是袁世凯的外甥，但他却是这个家庭的叛逆者，他一生热衷于民族文化艺术且有很高的造诣。他是近代著名的词人、书法家、文物收藏家和鉴赏家，也是一位京剧内行，曾得京剧元老余叔岩的传授，连著名老生杨宝森等都登门向他请教。张伯驹虽然与蒋介石、于右任、蒋鼎文、傅作义、张群等有过交往，但他对做官发财不感兴趣。难能可贵的是张伯驹和夫人潘素同是受尊敬的爱国者，为保存我国重要文物，作过突出的贡献。

张伯驹潘素伉俪一生保存和收藏了许多件国宝。如我国第一件流传有绪的法书——西晋陆机的《平复帖》一直为宫廷所藏，光绪年间传入恭亲王府。1937年卢沟桥事变后，张伯驹几经工作才以4万大洋从溥心畬手中买来收藏。日本人听到消息后愿以30万大洋的高价收买此帖，张伯驹义正词严地说："这是我们祖国的珍宝，我不会做见利忘义的事情！"为了珍藏这件国宝，抗日战争时期他们在逃难去西安时，将《平复帖》缝在被套里随身携带，以防不测。在战乱的年月里，张伯驹先生得知一个商人欲将隋朝展子虔的《游春图》卖给外国人的消息，他心急如焚，反复说服商人以国家、民族利益为重，不要让这稀世珍宝流落海外，张伯驹夫妇不惜倾家荡产，以220两黄金的高价收购此画，避免了其流失国外。

中华人民共和国成立以后，张伯驹夫妇深感解放后人民安居乐业的幸福，心情格外舒畅，工作认真负责。当50年代全国人民热烈购置公债、支援社会主义建设的时候，张伯驹夫妇毅然做出了捐献文物的爱国行动。将所藏晋陆机《平复帖》卷、唐杜牧之《张好好诗》卷、宋范仲淹《道服赞》卷、蔡襄《自书诗》册、黄庭坚草书卷等珍贵书法八件捐给国家。时任文化部部长的沈雁冰向他颁发了奖状。此事在国内外文化界引起了轰动。

1957年，张伯驹先生被错误地打成右派分子。宋振庭就是在张伯驹夫妇蒙受这一不白之冤的情况下，作出安排他们来吉林省工作的决定的。宋振庭返长后立即向省委汇报，并和省文化局长高叶同志商量了此事。为了办好这件事，他亲自出面打电报和派专人到北京联系。张伯驹夫妇为宋振庭的盛情相邀所感动，欣然答应来吉林工作。

1961年夏，张伯驹先生来吉林省博物馆做馆员，不久吉林省为张老摘掉了"右派分子"的帽子。之后即安排他为副馆长，潘素先生也应请到吉林艺术专科学校任教。宋振庭还陪同他们夫妇参观了吉林省的工厂和农村。由于工作安排得当，张伯驹夫妇心情愉快，工作上尽心尽力。张老以他那渊博的学识和深邃的古文物鉴赏才华，为吉林省博物馆出谋献策，英雄有了用武之地，作出了很大的贡献。不久，张伯驹和甲骨文专家于省吾，杰出的历史学家罗继祖，吉大教授裘伯弓、单庆麟等先生组成诗友聚会的"春游社"，赋诗填词、挥毫绘画。因为这些人都年长宋振庭许多，他以年轻人的身份拜他们为老师，至诚相待、肝胆相照，向这些大学问家学习，向这几位"活的百科全书"学习诗词、音韵、戏曲文物鉴赏等多方面的知识。

1963年，周总理和陈毅副总理到长春时，陈老总当着周总理的面对宋振庭说："张伯驹先生是我的好朋友，我把他交给你很放心，希望你继续照顾他。"

1966年"文化大革命"发动，宋振庭在吉林省第一个被打成"黑帮分子"，成为"牛鬼蛇神的保护伞"，张伯驹夫妇被打成了"牛鬼蛇神"，"春游社"被定为"反革命组织"，公安部立案审查。当时，"造反派"也多次通令宋振庭、张伯驹、潘素交代他们之间的"黑关系"。在三年多的时间里，经历了无数次的"交代"、"提审"……他们都只字未提陈毅同志推荐和嘱托之事。1969年，张伯驹夫妇被迫退职并送到吉林省舒兰县农村劳动改造，宋振庭则被送往干校"锻炼"、"赎罪"。

一直到粉碎"四人帮"后，他们才在北京见面，执手话旧，倾诉衷肠，"道是相知能换泪"。按照宋振庭自己的话说："从1979年到1982

年张伯驹先生逝世前这几年里，我们的关系更密，情谊更深。我始终向张老执弟子礼，并为有这样一位老师而深感幸运和自豪。"

与杨公骥、张松如

宋振庭同志的少年时代，正值日本帝国主义侵占东北，他15岁流亡到北平，就读于北方中学初中部。是年，他参加了中华民族解放先锋队。卢沟桥事变后辗转流徙，奔赴革命圣地——延安，进入抗日军政大学学习。全国解放后，肩负着我省宣传、文教的领导工作的担子，深感文化水平不够格。他的学识，全靠"自修大学"得来。50年代长春就有大学、科研单位十余所，著名教授、专家济济。知名的历史学家和文学家杨公骥同志就是这座文化名城人才宝库中的一员。他为人正直诚恳，谦虚热情，学识渊博，深受人们的尊敬。宋振庭经常到杨教授家学习和切磋历史、文学上的学问。1958年中国科学院吉林分院成立，宋振庭就请杨公骥教授兼任语言文学所所长。长而久之，杨教授也就不以宋振庭为省委宣传部部长，而是以一位老朋友相处，以文会友。他们常去一起研究易经，谈古论今，上下五千年，纵横海内外，相处甚密。特别是经过"文化大革命"的洗礼，使二位老人的思想感情更趋相投，友谊更深。直到宋振庭调至北京，他们始终保持着友好往来。杨公骥生前曾给宋振庭写过一首诗，其中有：

> 脱靴挥手速未空，
> 不复狮吼振困蒙。
> 老九劫余怀海宦，
> 孤儿巢下忆星公。
> 功名自是尘埃物，
> 毁誉无非牛马风。
> 总角倾心烈士傅，
> 先生端末负初衷。

> 少小荷戈仰半菽，
>
> 老来挥笔括九州。
>
> 秃头白鬓丹心在，
>
> 俯首人民作马牛。
>
> 雪重风寒夜有声，
>
> 中宵倚树念同庚。
>
> 棒喝直语如佛子，
>
> 湖海豪情是老兵。

通过这部分诗句，可以看出二位老人相处情谊之诚挚、真切，彼此间的尊重和关心。

1958 年秋，杨公骥得知好友张松如（笔名公木）被划为右派分子，深为震惊。张松如是 20 年代末就投身左翼文化活动的老同志。他 1937 年参加了晋绥军区的抗日战斗，1938 年 8 月又奔赴革命圣地延安。在延安抗日军政大学里，他和著名作曲家郑律成谱写成《八路军大合唱》和《八路军进行曲》（现改名为《中国人民解放军军歌》）。这首军歌赢得了全国军民的一致爱戴，成为鼓舞全民族的战歌。新中国成立后，张松如在鞍钢搞过职工教育工作，筹建过多所职工业余中学，1954 年调中国作家协会文学讲习所任副所长、所长，为培养新中国的作家、诗人而辛勤耕耘。

当杨公骥教授说到，如今张松如欲去鞍钢那里当个教员的想法都不能实现时，宋振庭的心绪澎湃起来，深深为这位延安抗大的老校友愤而不平。他当即作出欢迎张松如同志到长春来的决定，然后仍和省文化局长高叶同志商量为张松如同志选择比较适宜的工作。结果选定到省图书馆图书库，暂从事管理工作。张老经过一段时间的工作，于 1961 年末摘掉了右派帽子。1962 年 1 月宋振庭出面，安排张松如同志到吉林大学中文系任教授，不久又任中文系代主任，使张松如同志全身心地投入了教学和科研的组织领导工作。从此，张松如教授又开始了教学领域的耕耘，育出了大批"芬芳桃李"。1962年张松如教授将家眷接来长春，宋振庭又多了一个走访求索的好去处，多了一位良师益友。

与傅抱石、罗时慧

我国著名国画大师傅抱石、关山月珠联璧合，共同完成了悬挂在北京人民大会堂的国画《江山如此多娇》这幅不朽之作，为画坛添辉，为国增光，誉满海内外。1961年夏，宋振庭和吉林美术界的朋友去长春南湖宾馆接待了联袂作关东之行的傅抱石、关山月两位大师，宋振庭对傅抱石是慕名已久，这次邀请他们来吉林，是想让他们一饱长白风光，进一步扩大吉林的影响，宣传吉林。在谈吐间不免说了几句尽地主之谊的客套话。因在场多为美术界的朋友，他们三句话不离本行，很快便论起画来。身为省委宣传部部长的宋振庭也时而说上几句。傅抱石见宋的态度颇为诚恳，对古代画论中的知识很有见地，是一般画家所难涉猎的，便提起了注意。两人一交谈，宋振庭没有半点官架子，谦和随便，谈吐不凡，聊起诗、词、书、画样样都颇在行。宋振庭的人品和学识深深打动了傅抱石的心。

随后的几天，他们作了几次长谈，宋振庭以诚相待，以礼相交，坦荡直言，介绍自己只有初中毕业文化程度，新中国成立后重任在肩，自己如何坚持刻苦读书，交友拜师求索探知的过程。傅公也谈到自幼家境贫寒，潜心学画。后遇徐悲鸿老师，得到赏识、教诲，1933年留学日本，专攻东方美术史学，归国后从教绘画等。他们越谈越深，天南地北，海阔天空，无所不谈，推心置腹，像故友重逢似的投机和贴心。应宋振庭之邀，他为吉林省有关单位画了多幅画卷，均为珍品。

1961年7月1日，宋振庭又去看望傅抱石，傅公说："现在还你的账，请关照一下，外人别来干扰我们。"傅抱石要宋振庭出题，宋说："今天太热，我要一立幅水墨飞泉，要黑乎乎，亮堂堂，得一看画就听到满室水声，并且浑身立即有寒意。"傅公听后，连连摇头说："你这人真难对付，好家伙，真要我的好看。"傅公举起酒杯一饮而尽，在房间里来回踱步，打起腹稿，过了一阵，抄起提斗，饱蘸浓墨，在宣纸上连连顿涂上几大块墨，接着就横扫竖抹地飞动了起来，其势如骏马驰骋。这样激动挥舞了一阵后，他停笔静观默思，足足看了二十多分钟，才拿起小笔细细点染，水口、飞流、近峰、远山、人物都在这位大师的笔下跃然纸上活灵活现，真有"兴来一泼墨三斗，十里寒涛纸上听"的气势和意境。宋振庭见傅公才华溢世，心情格处激动，一直在仔细观看，偷着学艺。傅老足足画了两个小时，认为满意了，才长长出了一口气，接着在画面空白处，写了一段谦恭、亲切的话语："此为振庭同志出题考试之作，即希教我以为如何，时一九六一年党的四十周年纪念日也。"

傅抱石这次北上，从南京家里带来四幅扇面，画面是《离骚》、湘君和湘夫人等，均属精品，在北京送给了郭沫若等两幅，其余两幅到了吉林都给了宋振庭，其中一幅题写：一见情深，二心相印。此后，宋、傅二公经常通信，家属亦多有往来，终成莫逆之交。傅公夫人罗时慧赠词《永遇乐》于宋振庭。

镜泊湖边，牡丹江上，奇景同赏。四围雄峰，百寻飞瀑，翻作毫端浪。万里契机，千秋幸遇，流水高山互响。忆当年，抱石北旅隆谊，慷慨久仗。

光风霁月，潇洒隽雅，识君襟怀坦荡。道合灵犀，兴会翰墨，趁诗酒豪爽。等闲岁月，波澜迭起，且喜故人犹壮。岂暌隔，人间天国，长毋相忘。

壬戌春初罗时慧题

（原载《革命春秋》，1991 年 2 月）

从宋振庭念白字说起

谢　云

　　已故中共中央党校原教育长宋振庭，是一位靠自学成才而学识渊博，并具有多方面才艺的同志，素为我所钦佩。最近，读《宋振庭人生漫语录》（下简称《漫语录》），才知道他还有件在大庭广众之下出洋相的事。

　　这件事是他辞世前不久，自己主动向《漫语录》的作者讲的。他说，"造诣"这个词，他是懂得的，也会运用，却一直把"诣"读作"旨"，听起来如同"造纸"。后来一位教授给他指了出来，他才明白自己"在大会上老是'造纸造纸'的'造'了很多年"。他非常感激这位教授，并让这事传了出去。结果影响很好，"无形中增加了许多老师"。

　　中国汉字的读音比较复杂。没有受到科班训练而又不以汉语教学为业的人，一生中念几个白字算不得十分丢人。我自己也有过"望形生音"结果念了白字的经验。

但念白字总是不大好，所以，遇到不确切知道其读音的字，查查字典或请教一下别人，而不去想当然，还是很必要的。但这里提到这件事，用意并不在此，我是被宋振庭的那种勇于把这件"丑"事公开捅了出来的坦荡襟怀所感动了。

由这，我又想起了夏衍同志的两件事来。有一次，和吴晗、翦伯赞谈到朱元璋时，他说了一句外行话，被吴晗当场损了几句："你还当文化部长呢，这一点都不懂！"另一次，是出国看一场京戏时也讲了一句外行话，马彦祥便跟他说："你老兄对京剧完全是外行，不要乱讲好不好？！"对这些，夏公没有生气，而是更加发愤学习。被吴晗损了以后，他决定每天抽一个钟头阅读"二十四史"和《资治通鉴》；受到马彦祥批评后，他买了一大堆有关中国戏剧发展史的书来读，并向老艺人请教。这两件事，也是夏公在一篇文章中自行公之于众的。夏公这种不怕露短、发愤求知的精神，也使我对他更增添了敬意。

宋振庭"造纸"造了不止一年，却没人给他指出来，因为他当时是个不小的官儿，人们有顾虑。后来，那位教授指出来了，则是因为他们熟了，知道他没有架子。夏公的外行话刚一出口，马上就被告知了，因为他有吴、马那样的挚友。由此看出一个人，特别是那些领导者，能不能及时发现自己的失误，与他平时的作风如何关系不小。

韩羽同志写过一篇《官衣》，说是演员平时与大家在一起说说笑笑，没啥隔阂，可一穿上官衣，"脸绷得紧了，腰板硬了，撇腔拿调，直想训人，大摇大摆，架子十足，一句话，凛然不可侵犯"。演员演戏，穿上官衣，便俨然是官，举止神态，自不得不尔。但生活中，官衣一着，便凛然不可侵犯起来，官做得越大，架子也就摆得越大的人，也并不鲜见。这种人念了白字，说了错话，闹了笑话，出了洋相，常常长期茫然不能自知，因为他那张脸，早已拒人于千里之外，人们明知他在出乖露丑，却或不敢、或不愿、或不屑给他指出来，结果，他在台上昂昂然高谈阔论，而群众则在台下窃笑和讥议，直到有一天官衣穿不成了，这才成为人们茶余酒后的公开谈资。这实在是很可悲的。

官架子之为害，大矣哉！这里所说，其小者焉。

（原载《探索与求是》，1992 年第 3 期）

回忆《电影文学》的诞生

郑 荃

像梦一样，四十年倏忽过去。有些事已逐渐淡忘，有些事仍然记忆犹新。提起《电影文学》的诞生，真不敢想那已是四十年前的事情了。每每思及，不禁感慨万千！当时建议并指示创办这个刊物的吉林省委宣传部部长宋振庭同志作古了！筹划及创办的主要负责人及以后多年任该刊主编的纪叶同志作古了！负责出版发行等事宜的白帆同志作古了！与我共同负责创刊号及多年来一直从事该刊编辑工作的黄昧鲁同志作古了！还有负责封面设计的陈曼倩同志也已调离近二十年了。现在，曾亲自经手这个刊物诞生的，只剩我一个人了，真是世事沧桑！前几天接《电影文学》电话，要我写一篇有关创刊的回忆文章，尽管有些情况在我记忆中已不那么清晰准确，但我觉得我是最应当义不容辞写这篇文章的人了。如今已找不到对证及商量的人，唯愿所写的情况会得到故人们的认可，并留作《电影文学》永久的纪念。

先让我向所有为这个刊物的诞生共同奋斗过的故人们致以衷心的悼念。

那是红红火火"大跃进"的 1958 年，七八月间，吉林省委宣传部部长宋振庭建议长影创办一个关于电影文学方面的刊物，长影的领导都认为此事非常有意义，便决定由总编室具体承担。那时总编室的编辑们都已下到各个创作组，只留了极少编辑负责处理大量的外稿。总编辑纪叶自然是刊物的主要筹划者，许多具体筹备工作便由我这个总编室的秘书暂时兼任。由于决定 10 月创刊向国庆献礼，时间已很紧迫，我便"拳打脚踢"大忙起来。

回想它的诞生，一切都非常顺利，畅行无阻，因为上有省委关怀，又有厂领导的支持，首先不用为办公地点发愁，更不用为稿源担忧，这就解决了两个最关键的问题。记得筹备工作大体有如下几项：

刊物名称已经由几方磋商定了下来，这就是沿用至今的《电影文学》。

刊物的出版发行工作比较复杂，要筹措纸张，联系印刷厂，联系邮局等一系列发行事宜，此事均由当时的宣传科白帆同志承担。他做得很好，不只保证了创刊号的发行，以后在他负责期间，每期都按时完成得很好。

封面设计是由宣传科搞美术工作的陈曼倩同志负责。封面设计得很简单，很明快，创刊号更为素雅，洁白的封面上除了刊名只有一条"顶天立地"的电影胶带，很是新颖别致。

为了找人题写刊名，颇费心思。说来也巧，郭沫若郭老来到长春，这真是天赐良机，无论如何不能放过。就由我承担了这一重大任务。虽然我最终未能见到郭老，因为那天正值他身体不适，是由他的秘书接待，但郭老还是答应了这一请求，过了些天，题写的刊名就拿到了，这就是至今仍熠熠发光的那四个字的刊名。

刊物的发刊宗旨是几经研究由纪叶同志写进发刊词中的，根据这一宗旨，创刊号上决定先发三个电影剧本。上面说过，电影剧本的稿源是太多了，可以任意挑选。我已记不清最后怎么确定的三个剧本。一个是与苏联合拍的《风从东方来》的文学剧本，这是有一定意义的。另外两个一是工业题材的《百舸争流》，一是农村题材的《钢珠飞车》，剧本的水平似乎平平，但都是符合宗旨中的要求，歌颂现实生活，颂扬英雄人物，充分体现"大跃进"气息的。对这几个文学剧本的文字润色等编辑工作就由我来兼任了，我也就成了《电影文学》创刊号名副其实的唯一的编辑。

把编辑好的稿子送到位于长春南关区的新华印刷厂，正等待校对的时候，下放劳动的黄昧鲁劳动期满回厂，便正式调进《电影文学》，成了该刊最早的编辑。她与我一起做了创刊号的校对工作，从第二期开始，就由我们二人共同编辑。我仍担任文学剧本编辑，她主要选登一些有价值的读者来信。又过了一段时间，又调进了一位编辑张希至。编辑力量逐渐壮大，我即逐渐退出了。

尽管创刊号现在看来很有点单调，但终于完成了向国庆献礼的任务，更不曾料到出版之后在社会上引起了始料未及的反响。这主要因为在过去的中国，尚未有过关于电影文学方面的刊物，所以它倍受人们的青睐及关注。经历了风风雨雨四十年，它红火过，也低迷过，但至今它依然屹立不败，这全靠广大读者的支持及几代爱护它的耕耘者的不懈努力，衷心为它庆幸，为它祝福。

（原载《电影文学》，1998 年第 10 期）

大师和"一字师"

王乾荣

　　已故宋振庭同志，生前做过吉林省委宣传部部长和中央党校教育长，多才多艺，擅丹青，文章尤其洒脱漂亮，兼有正气、锐气和书卷气。很多读者大概还记得他写于 20 世纪 80 年代的那篇令人荡气回肠的《我骄傲，我是中国人》吧。可谁又知道，这位学者型领导是个"自学成才者"？他在谈到做学问之道时，说了一条颇叫人感兴趣的经验："脸皮厚。"此话当然是自我调侃，实是不耻下问及善纳意见之谓也。

　　"造诣"这词算不上深奥，也常见，但其中第二个字的音，未必人人都能念准。宋振庭也是"秀才识字认半边"，即读"诣"为"旨"，哪怕大庭广众之下作报告，他也是"造旨"长、"造旨"短地说下去。但是竟长期无人提醒振庭同志纠正这个误读的音！直到有一天，一位教授讷讷地提醒宋部长，宋老才恍然悟过，紧握教授的手连声称谢，尊他为"一字师"。

"一字师"，大多是师长、上级对晚辈、后学、下级而言，这类佳话颇多。然而，当面或私下指出大人物之错，还真需费思量。宋部长"造"了几十年"旨"，不会没有人听出其错，可谁也没有吭声啊！那位教授欲正其音，竟也那样婉转。当然这都可以理解。

可以由此引出一系列微言大义，但我只想说，有些领导人、大作家，在一些场合、一些文章中念错、写错了常用字，或犯了别的小错，这在他们来说，或许是一时疏忽，或许是知识结构缺陷、不求甚解使然；如果有人纠正，我想他们一般都会欣然接受。然而也许并不尽然。为什么我们很少见到像给宋振庭指出错误而不失坦诚的那样的"勇敢者"呢？这位先生还是个教授，若是个更小的人物，他还敢给有别于宋振庭那样的领导或"文学大师"指谬吗？

一位著名作家 L，文章被人屡挑出错误，而他则引用福楼拜的话说，大师们"根本无须讲究文笔，他们这些了不起的人不在乎有语病，正因为有这些语病才更说明他们了不起"。该作家抬出福楼拜，是用来讥讽他所说的"挑别人小毛病而自炫"的人的。他问道："用显微镜找出大师的一点儿疏失，能影响他整体的成就吗？"他给批评者下的断语是"刻薄"、"不宽容"，说他们如遇上福楼拜那样的大师，"都会落一个乘兴而来，扫兴而去的结果"。

福楼拜其人比诸巴尔扎克、雨果等大师，只能算一个"次大师"，他说那样的话，未免张狂和不负责任。大师们"了不起"，实在是因为他们非凡的造诣，而绝不是什么"有语病"。

大师们作文总是精益求精的，所谓"吟安一个字，拈断数根须"，虽然有点儿过分，但他们绝不信笔乱涂。大师为文，洒脱无羁，如苏东坡。但苏东坡却最讲究"行云流水"的"当行"或"当止"。主编过《英汉大词典》的语言学家陆谷孙教授说："'自然为至'的训条似乎也以加上'深造为功'使成骈俪为宜。从这个意义上说，写作训练方面的理想化佳境应是针对不同对象练就驾驭不同体裁和文字的几手功夫，或娓娓铺陈，或要言不繁，或嬉笑怒骂，或严肃凝重，或素淡冷隽，或浓郁热烈，或奸點老诈，或寥落迂疏。"所以所谓大师"根本无须讲究文笔"，无疑是一种昏话，或者至少是故意胡说。

中国古代是讲究"敬惜字纸"的，即不随意书写、作文，以免亵渎文明、谬种流传。处于传播媒介发达境地的现代人，当然更应该注重文字的社会效应，比如一件作品，不是放在自家抽屉里，而是拿出去发表，广为传播，便有了社会性，会作用于社会，也会影响他人。提供精神产品的作者，须对他的作品负责任，而别人也有评论这作品的权利——包括表扬和批评。正常的批评者，都不是故意为了让大师丢脸、出洋相，或者为了一种什么"快感"，才"乘兴"去"找"人家的"茬"的。真正的大师，也绝不心胸狭窄到动辄反唇相讥，给人家加上"刻薄"、"不宽容"的恶名。批评者不过纠正了个把错误，不使之以讹传讹而已，接受不接受在你，怎么就成了小人和小丑呢！当然，批评者向来被一些人看成"吹毛求疵者"、"非难者"、"爱挑剔的人"——英文词典"批评者"一词的一个义项，便是如此解释的，似乎离"小人"不远了。

我一直认为，批评者代表着一种良知和善意。有一则故事说，一个主子将太行山读作：大（dà）行（xíng）山，仆人不知好歹犯颜纠正，主子不屑一听。二人赌银子一两，请一饱学先生作判。先生说读"大（dà）行（xíng）山"，仆人输了。仆人不服，私下质问先生。先生说："你才输一两银子，却让他一辈子不认得太行山，还不值吗！"这先生是不是太世故、太不厚道了？而那位刚愎自用的主子之愚，就在他浑不知谁是小人。该"扫兴"的，其实是他自己。

其实离大师尚远的上述作家大人，似乎不必如此虚弱，对别人的"挑剔"太过敏感——也许这正是他与大师沾不上边的原因之一。尊严，不是这么个维护法，搬出福楼拜的一派胡言也没用。那不是大师的立场和风度，有"整体成就"的大师，往往都知道什么是"一字师"。

（原载《群言》，2003 年第 6 期）

宋振庭其人其才

访刘景禄

刘仰东

20 世纪七八十年代，刘景禄曾给宋振庭当过几年秘书。我是偶然间从一份简历中看到了刘景禄教授的这段经历，随即萌发了采访他的念头。5 月 27 日上午，我如约敲开刘景禄教授的家门，他的书房外面，是一个用心布置过的阳台，一副藤桌椅而外，还有一台微型 CD 机。我就是在这个阳台上，伴着音乐和一杯清茶，享受着刘景禄教授娓娓讲来的往事。

履历中的宋振庭

刘景禄和宋振庭有直接工作关系，是上世纪 70 年代后期的事情，但刘景禄的话题，一直追溯到更早的宋振庭的家世和经历。

宋振庭在中共高级干部中，以博学、多识、能写而受到瞩目，具有相当高的社会知名度。但他的身世和"书香"本不搭界。他生在东北边陲延吉市一个底层的个体手工业工人家庭，父亲是没念过书的皮匠，却很有眼光，靠自学能识文断字读报，尽力让几个子女都接受良好的教育。九一八事变后，宋振庭的父亲因为抗联募捐鞋，险些被日寇杀害，后因老百姓请愿，得免一死，被驱逐出延吉。宋振庭是中国共产党的同龄人，在北平六部口的北方中学读初中时，即投身革命，加入了进步学生组织的民族抗日先锋队。七七事变后，他和大批热血青年一样，在抗日烽火中几经周折，奔赴革命圣地延安。到延安后，他先入抗大，后调马列主义学院，随艾思奇学哲学。上世纪80年代，刘景禄随宋振庭重返延安时，还陪他特地到以前住过的那孔窑洞看了看。

到延安的第三年，宋振庭被华北联大（前身为陕北公学）校长成仿吾指名调到联大，18岁就当了联大教育科长。如果照这样的轨迹发展下去，用宋振庭自己的话说，"也许我后来就成为有成就的马列主义理论家了"。

但是，宋振庭改变了自己的人生轨迹。他向往前线生活，再三请缨而获准，1943年初，22岁的宋振庭腰上别着一支盒子枪，来到晋察冀抗日根据地的曲阳县参加抗战，还是用他自己的话说，"过了三年李向阳式的游击生活"。他摸过炮楼，负过伤，大腿上留有碗口大的伤疤。一次遭日军追击，他突围时跳了崖，在一个山洞里困守若干天，华北联大以为他牺牲了，还张起横幅开过他的追悼会。也正是在这两年游击生活中，他结识了后来的妻子——曲阳民政助理员宫敏章。

从任曲阳区大队政委时算起，三十年间，宋振庭当过市委书记、地委常委、省委宣传部部长、省委常委、省革委会副主任（副省长）、中央党校教育长，他的最后一个职务，听上去有点虚——中央党校顾问。

刘景禄告诉我，单从这份履历上看，在党内，宋振庭学历（初中毕业）不高不低，资历（1937年入党）不深不浅，是典型的"三八式"干部，新中国成立后在各级党政领导岗位上拾级而上，类似的人物不可胜数。但履历就宋振庭这个人而言，只是一种人生轨迹的表象，或者说，是人生轨迹之一。如果仅凭这份履历看他、估计他、评价他，宋振庭就不是宋振庭，至少不是一个完整的宋振庭了。

"凡是人类能知道的我都想知道"

这是马克思对小女儿说过的一句话，宋振庭一直把它奉作信条。当然，追求这样的境界，要付出什么样的代价，是不言而喻的。

新中国成立初期，吉林省省会设在吉林市。宋振庭白天坐办公室，晚上和周末的光阴都花在了书上，星期天从不出门。刘景禄曾多次听宋振庭回忆那段拼命读书的日子。可以说他除了上班，就泡在书堆里，出差住院也书不离身。常常是周围的一切视而不见，听而不闻，闹出不少不食人间烟火的笑话。宋振庭的一个侄子告诉刘景禄，那时每逢周末从学校回家时，看到的情景是地上铺一张凉席，宋振庭在当间捧读，或躺或坐，环围四周的，是一堵堵书墙，这就是他业余时间的全部天地。工作中他也"创造"机会，忙里偷闲看书。他经常出席一些"陪绑"的会议，逢这种场合，笔记本下面总有一本书，他的阅读速度飞快，一次几个小时的会议下来，差不多能翻完一本小册子。所谓博览群书，用在宋振庭身上，是再贴切不过的了。当然，"博览"之外，他也有偏好，比如《红楼梦》，他看过三四十遍。刘景禄是这部作品的电视连续剧改编者之一，也不曾把《红楼梦》读这么多遍。

后来，省会搬到长春，那里有吉林大学、东北师大等几所著名学府和一些文化机构，宋振庭如饥似渴地获取知识又多了一条渠道。长春的名学者张松如（笔名公木，《解放军进行曲》词作者）、杨公骥、于省吾，以及成为右派后被宋振庭请过来做（吉林省，编者注）博物馆副馆长的张伯驹，都成了他三天两头求教的对象，并因此而彼此引为知己。1962年的一个晚上，宋振庭为《诗经·大雅》里的几个词向于省吾请教，进而双方一同切磋探讨，这个电话竟打了一个半小时。

宋振庭的知识结构是相当驳杂的，文史暂自不必说，其他如经济、诗词、戏剧、音乐、中医、书画、宗教、考古、围棋等，都在他的涉猎视野之内。他的兴趣之广泛，也非同寻常，他晚年曾说过："每天早晨打开收音机，没有一个节目是我不感兴趣的。土壤、肥料、沙漠、海洋、祖国各地、世界游记，我哪一个都爱听。""打猎、射击、骑马、射箭、划船，我都要学一下。"患癌症后，他还请骆玉笙来给他上过两堂单弦课。

1978年夏天，刘景禄随宋振庭出差，路过济南时，顺便去大明湖看了一次瓷器展览。临入门时，宋振庭问刘景禄："你懂瓷器吗？"刘景禄摇头答云："不懂。"猜想宋振庭大概是想找个人作讲解。不料行至展柜前，宋振庭竟充当起讲解员的角色。从硬瓷讲到软瓷，从白瓷讲到青瓷、彩瓷，讲到宋代的官窑、汝窑、哥窑、定窑，一直从唐代讲到清代。把刘景禄和陪同的主人都说愣了，甚至馆内讲解员也闻声过来讨教。尽管刘景禄对宋振庭的博雅早略知一二，但如此博雅，还是出乎想象的。

1981年夏天，刘景禄随宋振庭在青岛疗养。一次，宋振庭的妻子买回一条鱼，他便从"糟白鱼"的做法说起，一直谈到东来顺、烤肉宛的历史，"满汉全席"、八大菜系……周围参与闲谈的三四个人由于对烹饪知识的缺乏，竟不能置一词。

上世纪80年代，刘景禄将自己刚完成的一本书《韩愈评传》送给宋振庭，宋便由这本书谈到对韩愈的四点认识，再次大出刘景禄所料。刘景禄说，宋振庭对韩愈的几点看法，完全是触及骨肉的内行人的见识，很让人钦佩。

宋振庭"出口惊人"的事情，并非一两个孤例。刘景禄还提到，"文革"前，宋振庭和傅抱石谈了一次画，傅事后对关山月说："想不到东北还有这么一个人，地方官里还有这样懂艺术的人。"粉碎"四人帮"后，一次宋振庭和赵朴初同在北京医院住院，宋与赵谈佛学，过后赵朴初说，想不到老干部中还有对佛学如此深通的人。学者冯其庸也曾用同样的语气和刘景禄提起，宋振庭有一次到冯家，看到墙上的一幅画，脱口而出：这是××笔法。还有一次，北方昆曲剧院请宋振庭去看《牡丹亭》的彩排，他竟能整段整段背杜丽娘的唱词，令在场的行家大为惊诧。

刘景禄说，宋振庭不仅兴趣广泛，记忆力惊人，他还是一个资质相当聪敏，悟性和剖析能力都相当"厉害"的人。在中央党校当教育长时，常听各教研室汇报，对于不同专业的理论问题，他都能及时进行剖析。刘景禄对此有切实的体会，他打了一个形象的比喻：宋振庭脑子里好像有一台粉碎机，进去的东西经过它的分解和破析，出来时完全是另一个样子。而宋振庭自己则说："我不是思想家，但是一个独立思考者。可以夸张一点说，我不是用双脚站在地球上的，而是用自己的脑子站立于世界。"

结交三教九流

与宋振庭阅历相仿、担负过各级领导职位的共产党人，都有许多"老战友"，宋振庭也不例外。例外的是，宋振庭还有许多各行各业的朋友，除前面提到的因切磋学术而成为知交的几位著名学者，用他自己的话说，他的朋友圈里，还有"唱戏的、说书的、士绅、狱卒、和尚、尼姑、老道、官僚、买办、商行、东来顺掌柜的"，而且他和他们，并非泛泛之交。他也因此时时顶着压力，付出过相当大的代价，甚至有过被开除党籍的危险，吉林省委常委曾就此专门开过他的批评会。"文革"中，他更是因此罹罪，首当其冲，惨遭批斗。

宋振庭和张伯驹的交谊，已传为佳话。张伯驹曾说，共产党里他有两个朋友，一个是陈毅，另一个是宋振庭。张伯驹成为右派，无处立足时，被时任省委宣传部部长的宋振庭请到吉林做省博物馆副馆长。1963年，周恩来和陈毅到吉林，陈毅当着周恩来的面对宋振庭说，张伯驹先生是我的好朋友，我把他交给你很放心。宋振庭一直对张伯驹执弟子礼，两人情谊甚笃，直至1982年张伯驹去世。宋振庭调中央党校工作后，有一年冬天，刘景禄陪宋振庭造访张伯驹。当时张住在后海附近的两间平房里，室内陈设简陋，客人坐在凳子上，屋里生着炉子，烟熏火燎。刘景禄感慨说，这对于曾是直隶总督的过继子，有"民国四公子"之称，继承过万贯家财，过过一掷千金的日子的张伯驹来说，反差之大，可谓从生活的顶峰跌落到最底层。更令刘景禄感慨的是，身临反差如此之大的境遇，张伯驹言谈自若，没有丝毫失落感，一副平和、恬淡的神色。不俗、不恶、不卑的节操和人格魅力，尽显其中。说到这里，刘景禄用了鲁迅的一句话来为张伯驹作注："有谁从小康人家而坠入困顿的么，我以为在这途路中，大概可以看见世人的真面目。"

宋振庭的朋友中，有一批画界名家，如傅抱石、吴作人、许麟庐、周怀民等。他和傅抱石的结识，有几分传奇色彩。1961 年夏天，傅抱石和关山月画完《江山如此多娇》后，联袂作东北之游。宋振庭作为省委宣传部部长，尽了地主之谊。一次，两位客人和省内一些画家谈画，宋振庭也在场。他插话时提到古代一本画论的观点，引起傅的在意，语含诧异地问："这部书你也看过？"因为这是一本即使专业画家里也未必有多少人读过的著作。此后数天，他们作了多次推心置腹的长谈，宋振庭对傅抱石的画作了包括不足在内的整体的、一针见血的评论，傅听后整衣鞠躬，说："你是我的老师！你把我近年来很多苦恼的问题点出来了。"他们不仅交流心得，而且交流身世，成了一见如故的朋友。傅一般不轻易给人作画，那次一气给宋振庭画了两张。回到南京，他对妻子罗时慧一口气说了十字箴言："人活一辈子有些事很奇怪，这次在东北认识了宋振庭，我们虽是初交，两人却一见如故，两心相印，三生有幸，四体不安，五内如焚，六欲皆空，七情难泯，八拜之交，九死不悔，十分向往。"其实，他们在长春单独交谈的时间，加起来也不过三十小时。

宋振庭另一个过从甚密的朋友于省吾是旧官僚出身，当过张作霖时代的沈阳税务总监，后来成了著名的古文字学家、吉林大学教授。"文革"挨斗时，他说过一句后来在学术界流传甚广的"名言"："在有钱人里，我是最有学问的；在有学问的人里，我是最有钱的。"刘景禄套用他的两句话来比况宋振庭："在同样级别的领导干部里面，宋振庭是读书比较多的人；在读书多的人里面，宋振庭是党政职务比较高的人。"

宋振庭的朋友中，还不乏远离尘世的出家人。出家人和一个共产党员，在信仰上是截然对立的，宋振庭主动和他们交往，对方的戒心不难想象。最初也确是这样。如长春护国般若寺里的澍培，是近代佛学界辈分最高的法师，法华宗（又称天台宗）的大家，此人在佛学界甚有地位。他对宋振庭，从客客气气、敬而远之，彼此对坐几个小时喝了几壶茶而不说一句话，到相互交流、探讨、争论、敞开心扉，直至这位法师把传衣钵的度牒拿出来要送给宋振庭。1979 年，宋振庭调中央党校工作，行前去向他告别，离情别绪，场面依依。一位和宋振庭有过深谈之谊的比丘尼对宋振庭说："我们僧人不讲假话，过去知道你是个官，不敢跟你多说。你真不简单，对我们佛教的事知道那么多。"

刘景禄所谈到的，仅仅是宋振庭难以尽数的各路朋友中的几个。刘景禄说，宋振庭帮助过他们，也从和他们的交流中得到不少教益，尤为难得的是，作为一个共产党人，他让这些朋友增添了意想不到的亲切感和信任感。

宋振庭的建树

一个有智识、有资质、有才干的人，一旦能量被最大限度地调动起来，发挥出来，必然有所建树。除了日常担负的工作，刘景禄提到了宋振庭的几个具有"贡献"意义的事情。

抢运《四库全书》。

《四库全书》洋洋近八万卷，纂修于乾隆年间，是世人皆知的国宝之一。当年共缮写七部，分藏于杭州、扬州、镇江、沈阳、热河，以及北京的圆明园和紫禁城，有"南三北四"之说。刘景禄 1961 年在辽宁图书馆见过当年日本人为保护沈阳的《四库全书》而用钢筋水泥专门修筑的书库，可见其价值之高。战后，保存最为完好的热河一库被国民党接收委员会劫至长春。1946 年 4 月，人民解放军退出长春那天，《东北日报》接到急令，需要一个懂得古书的人抢运这部《四库全书》，任务最终落到了宋振庭的肩上。他带着八个新兵，雇了一大串马车，亲自押车，往返五六趟，才把整部书搬上火车，运往他的家乡延吉市。任务完成后，宋振庭留在家乡，出任延吉市第一任市委书记。他的妻子后来装扮成要饭的，一路"乞讨"到延吉，才和他团聚。这七库国宝，历经战火和动乱，或焚毁，或散佚，我们今天还能看到一部保存完好的《四库全书》，应该说宋振庭功不可没。

主持创建吉剧。

1958 年，周恩来曾在庐山的一次会议上对东北的同志说："各地都有地方戏，你们啥也没有，评剧源于唐山落子，不是东北的。""你们东北是工业基地，钢铁、电力、煤炭等都居全国前列，还有大豆高粱，但你们的文化艺术太差了。"作为省委宣传部部长，听到总理直截了当的批评，宋振庭很受刺激，经过深思，决意并提出创建吉剧，他向省委请缨，亲自抓这项工作。

1959 年冬天，大约有两个月的时间，宋家每天晚上聚集着一帮人，有写剧本的，有设计唱腔的，有导演，连弹带唱带争论，每天闹到后半夜。他们本着"不离基地，采撷众华，融合提炼，自成一家"的指导思想，在反复切磋、探讨、争论之后，一个新剧种终于在东北诞生了。他们带着《桃李梅》、《包公赔情》、《燕青卖线》等剧目进京演出，引起轰动，得到了周恩来的首肯和曹禺、王朝闻等戏剧界权威人物的称誉。《人民日报》、《光明日报》都为吉剧发了专版。当中的《桃李梅》，是宋振庭夜里躺在床上突发灵感得来的创意——用三种花隐喻三种不同性格的女性的命运编一出戏。后来全国有 16 个剧种移植演出过这个剧目。

谈到这里，刘景禄十分肯定地说："可以这样说，没有宋振庭就没有吉剧。"

打造一个一流博物馆。

吉林省博物馆是 1952 年开馆的，也正是在那年，31 岁的宋振庭出任省委宣传部部长。长春并非古都或历史文化名城，开博物馆，没什么底子。多少年后，吉林省博物馆藏品的综合评估却在地方博物馆中名列前茅，这与宋振庭多年为此付出的大量心思是分不开的。

十几年间，宋振庭或拨款（每年一二十万），或亲自带队跑北京琉璃厂、长春的文物市场，采购了大量珍品。宋振庭曾和刘景禄讲过这样一件事：一次，他在旧货市场看到传世名画《归庄图》，要价700元，宋振庭一时掏不出这笔钱，又怕珍品流失，就卖了自己和妻子的两块手表，凑足数目，买回这幅画，后来又按原价转让给省博物馆。60年代初，他带人在北京琉璃厂采购书画，在一家画店里发现几十张张大千的作品，当时，张大千人在台湾，其作品无人敢问津，售价低廉。宋振庭对随同人员说："张大千的艺术在将来会有让你们想象不到的大价钱。"他断然决定，买下能见到的张大千和另一位画家溥心畬的所有真迹。

宋振庭甚至下过这样的决心，把文物市场上张大千和溥心畬等人的画买绝，把书画扇面、成扇和名人书札买绝，把吉林省博物馆办成某些学科和研究领域的中心和基地。

那些年，每年都有大批珍贵的书画藏品进入吉林省博物馆，总计达四千多件，其中齐白石、张大千、溥心畬等人的作品都在百件以上，在国内地方博物馆中，居领先地位。吉林省博物馆也因此成为一家一流博物馆。

宋振庭的最后几年，是在胰腺癌的折磨中度过的。去世前半年，他在写给夏衍的信中说："1957年反右，庭在吉林省委宣传部工作，分管文教、电影。在长影反右，庭实主其事，整了人，伤了朋友，嗣后历次运动，伤人更多，实为平生一大憾事。对此往事，庭逢人即讲，逢文即写。我整人，人亦整我，结果是整得两败俱伤，真是一场惨痛教训。"在这封信里，他用了"黄泉在望"四个字，看得出，他是在作临终前的反思和道歉。晚年的宋振庭，不仅能直面自己的过失，更能直面死亡，作为一个重病患者，他热爱生活（重病在身，还写了大量文章，画了大量作品），却从不回避死亡，不仅写了《我怎样看待死》，还在各种场合平静地谈到死，甚至是乐观地看待死，这种豁达和超然，非理性和无畏精神作支撑，是断难做得到的。刘景禄还记得，宋振庭被用担架送进一辆红旗牌救护车去医院时，还对前来送行的中央党校办公厅主任开了句玩笑："老史呀，去八宝山是不是也是这个走法？"

采访结束时，刘景禄教授拿自己和宋振庭作了一个对照。刘景禄是科班出身，大学毕业后，虽说也兼任过各级行政职务，但一直没有离开科研岗位；宋振庭则恰好相反，他初中毕业即投身革命，一直担负党政部门的领导工作，靠自学成才。两人实则殊途同归，都著述颇丰。宋振庭以一个老干部的身份，一生写了数百篇杂文，保护、关心许多文化人，在文化事业上有前面提到和不曾提到的创见和建树，确实是非常难得和不同寻常的。

（原载《炎黄春秋》，2007 年第 10 期）

宋振庭与吉林省社会科学院

刘景禄

    1977 年末，宋振庭同志离开"五七"干校重新出来工作，任吉林省革委会副主任兼省委宣传部部长。那时刚刚经过"文化大革命"，全国文化和学术领域还处在百卉凋零、满地残枝败叶的状态。吉林省当然也不会例外，"文化大革命"期间吉林省除了抓"阶级斗争"之外，对文化学术几乎不屑一顾，社会科学研究根本谈不上。宋振庭就是在这样的情况下，出来主管文教宣传工作的。

    宋振庭是领导干部，同时也是一位社会科学家，因此在他上任后，如何重整社会科学研究队伍，郑重地开始学术研究，始终是他思考的一个重要问题。我当时做他的秘书，又是当时哲学社会科学研究所所长佟冬同志的老部下，自然就成了在他们两位之间沟通信息的角色。宋振庭考虑到要有效地正本清源、拨乱反正，必须开展社会科学理论研究，同时还必须有一个理论阵地。当时全国社会科学刊物寥若晨星，并且尚未摆脱"左"的影响，于是宋振庭产生了吉林省创办一个刊物的念头。我把他的想法告知佟老，佟老自然赞成，但佟老是个作风严谨而且组织性很强的人，大方针、大方向还要宋振庭来定。

1977 年末到 1978 年初，紧锣密鼓筹备刊物出版。首先成立编委会，成员我记得的有张松如、杨公骥、关梦觉、于省吾、金景芳、孙晓野等。在编委会会议上，宋振庭明确讲到，刊物的规模要大，要在全国组稿，不要怕厚，不要怕杂，要敢于说真话。当时人们的思想刚刚有一点解放，但还没有人敢公然否定"文化大革命"，到处都在讲"两个凡是"，所谓"乍暖还寒时候，最难将息"，许多人在徘徊观望。如果说宋振庭有什么英明远见，那当然不是；如果说宋振庭经过文化浩劫之后，有急切的冲破牢笼的要求，痛切地感到必须说真话才有希望，在认识上较一般人超前一步，这是真的。仅有明确认识，没有胆略和气魄也不行。宋振庭当时没有瞻前顾后左顾右盼，说干就干，于是才有《社会科学战线》的诞生。

1978 年 5 月上旬，我正随宋振庭在北京参加全国教育工作会议，一天早晨看到《光明日报》头版头条刊出《实践是检验真理的唯一标准》，从标题即可看出文章的针对性。我认真看过一遍，立即送给宋振庭请他留意。他读过后沉思片刻，问我《社会科学战线》创刊号寄来北京没有，我说还没有。他立即让我给家里打电话，要马上寄一批到京，越快越好。由此可见他对《社会科学战线》的重视，他也觉察到了《社会科学战线》与"论真理标准"文章同时问世，是一种无形的配合。宋振庭思维敏锐，这是所有熟悉他的人都知道的，敏锐思维的决断不一定全都正确，但他办《社会科学战线》的决定应该说是完全正确的。李治亭同志用"敢为天下先"评价宋振庭，我以为大体是可以的。

宋振庭不仅决定办刊的大政方针，而且在办刊的用人上也提出了意见，如最初的编辑骨干王慎荣、周雷、宋嫩等人的调入他都表示了肯定的意见。对于办刊，他只管大问题，对微微了了的事情他从不苛责，这也是领导干部应有的一种风格。如某期发表了北京汪某的一篇谈中日文化交流的文章，北京有人提出指责，说是汪某有点什么历史问题，不该发他的文章。今天看来这根本不是问题，可在当时极左的惯性仍在，有人让我告诉宋振庭，宋振庭听后摇了摇头，根本不予理会。1979 年元旦，《社会科学战线》出版西洋名画挂历，因其中有裸体人像（如安格尔的《泉》等），有人以"黄"为借口提出异议，引发一次不大不小的风波（据说有人在人前指责，私下却向编辑部讨要，可付之一笑）。这时宋振庭已经调到北京，记得他专门为此写了一篇杂文，从尊重文化的角度指出那场风波是"少所见，多所怪"。

《社会科学战线》的出刊在北京乃至在全国产生了轰动效应。当时全国正在开展真理标准讨论，学界普遍认为吉林率先解放思想，开展百家争鸣，办了这样一份多年少见，甚至从未之见的杂志，开了风气之先，振奋了人文学科知识分子的精神。《社会科学战线》吸引了全国新老学者的眼光，许多名家如费孝通、张岱年、任继愈、梁漱溟、顾颉刚等都高兴地向《社会科学战线》投稿，为《社会科学战线》增色多多。记得赵朴初老先生的文章是谈佛教知识的，经多年的思想禁锢之后，人们读到这样文章，知道宗教也有大学问，使许多人开了眼界。宋振庭对佛教有浓厚的兴趣，读过赵老的文章连声说好。文章只有上篇，下篇一直没有刊出，宋振庭表示十分惋惜。

《社会科学战线》一直在宋振庭心中占有位置，《社会科学战线》创刊五周年时，他还曾写了一首诗：

文史哲经艺，志传表记闻。

万采斑斓聚，风雨会吉林。

老儒笔如椽，新秀角峥嵘。

巨笔扫残秽，中华庆中兴。

五载辛勤汗，入地粒粒珍。

回首丘山重，佳木已成林。

寄怀情难达，心香一瓣陈。

——社会科学战线发刊五周年志贺

我到北京之后，接触到的学界的人知道我来自吉林，几乎都要说到《社会科学战线》，并赞誉有加，还以能在《社会科学战线》发表文章为荣。80 年代初，清华大学文学院的一位女老师托人找到我家，请我把她的一篇文章介绍给《社会科学战线》。记得她的文章似乎是谈龙文化的，经我介绍给《社会科学战线》，因文章够水平，不久就发表出来，作者十分高兴，还给我送来一件小礼品以示谢意。在《社会科学战线》之后，辽、黑两省也很快办出自己的学术刊物，全国许多省也接二连三地出版了名目不一的社会科学月刊或季刊，如果不是《社会科学战线》发凡起例，这许多刊物的出现也许会晚许多时间。《社会科学战线》还产生了国际影响，据说日本就有人认为《战线》的出刊标志着中国学界气候发生新变化。周雷还曾给我看过一篇法国学者的来信，内容是对李泽厚发表在《社会科学战线》的一篇评论西方哲学的文章提出异议，这说明我们的刊物在法兰西也有了读者。

在创办《社会科学战线》时，吉林省社会科学院尚未成立，仍叫吉林省哲学社会科学研究所。由于《战线》的影响，研究所也增加了知名度。1978 年秋在长春南湖宾馆，《社会科学战线》和《历史研究》联合召开了"中国古代历史分期学术讨论会"，全国许多著名学者纷纷与会，在当时也算学术界一件盛事。

大家都知道，宋振庭是个"不安分"的人，这时他又开始考虑进一步扩大研究机构的问题，决定在研究所的基础上成立吉林省社会科学院。据我知道，当时除上海外没有哪个省区有社会科学院，吉林省可以说是第一个。省委第一书记王恩茂对宋振庭是倚重的，在文教宣传工作方面接受了宋的影响，表示同意成立。这时约是 1978 年夏的八九月，宋振庭让我转告佟老："吉林省社会科学院的牌子必须在 10 月份之内挂出来！"在社科院成立时，他几次强调要建立多学科的研究机构，既要研究地方性的问题，也要研究全国性的问题；既要研究历史问题，也要研究现实问题；研究人员要多读书，出成果的同时更要出像样的科研人才。这之后，在吉林省的启发下，全国其他各省也陆陆续续成立了社科院，吉林省又一次起了率先垂范的作用。

吉林省社科院的前身是 1958 年成立的吉林省哲学社会科学研究所和 1962 年成立的东北文史研究所，宋振庭和这两个单位都有极深的渊源关系。前一个研究所就是他一手操办成立的，好像他还亲自任过所长；后一个单位隶属中共中央东北局，因设在长春，由吉林省委代管，所以他也是领导者之一。1962 年文史所成立时，他和东北局的有关领导关山复、于林、刘敬之等人同时出席成立大会，并作了热情洋溢的讲话。大家都知道，他是个好学不倦的人，到文史所听过课，还常和从外地请来的老先生谈论学问。因此，他对吉林省社科院的根底十分清楚，对许多人员都相当熟悉，这是他能够得心应手地做好领导工作的基础。

当时吉林省在社会科学研究方面做得有声有色，和宋振庭与佟冬两位领导者的搭配与合作是分不开的。两人都在抗战期间尝受过流亡的苦痛，都曾吃过延安的小米，都是在抗战胜利后回到东北的，都对党的事业无限忠诚，这是两人的共性。但在年龄上，佟比宋大 16 岁，前者大学毕业，一直在文化学术领域工作，是典型的知识分子干部；后者初中毕业，虽经刻苦自学成了擅长理论思维和知识渊博的人物，可也钻过地道打过游击，带有某些工农干部的特点。前者做事严谨认真，一丝不苟，要求自己非常严格，几乎到了"非礼勿动"的地步；后者豪纵放达，不拘细节，敢想敢干，有时胆大而心不细，这些又形成了他们各自鲜明的个性。他们二位都把事业摆在第一位，各自施展其所长，互相弥补对方所短，把吉林省的社会科学事业办得很出色，至今令人怀念。

佟宋两人的私交也值得一提。佟把宋作为领导，给予尊重；宋把佟作为长者，给予尊重。两人虽在工作上时有不同意见，但从未形成意气之争，在长期合作中成为忘年交。宋一贯亲切地称佟为"佟大哥"，佟一直习惯地称宋为"宋部长"，在宋当了省革委会副主任后还是这样称呼他。一次佟老因某件事生了气，认真地跟我说："景禄你告诉宋部长，他如果再这样，我要跟他拍桌子了！"我知道他们之间不存芥蒂，就作了如实转述，宋听了呵呵笑起来，说了一句："这个佟大哥！"事情就这样过去了。在宋振庭调北京工作后，我回长春办事，他总不忘嘱咐我去看望佟老；佟老来北京，也一定要到宋家拜访，他们之间的友谊一直保持到他们故去。

我离开吉林已有三十个年头了，年龄已逾七旬，一些无价值的事想忘也忘不了，有些有价值的事想记也没记住，只有徒叹奈何了。值吉林省社会科学院成立 50 周年、《社会科学战线》创刊 30 周年之际，接到吉林社科院同志的指令，要我写一篇回忆文章，自知无法推脱，于是搜索枯肠，绕室彷徨，只能勉强凑成如上一篇顾此失彼、枯淡无味的文字聊以塞责了。

2008 年 7 月 5 日于中央党校

（原载《吉林省社会科学院（社科联）建院 50 周年纪念文集》，2008 年）

与教育长宋振庭的忘年交

黄晓河

1979 年 3 月，胡耀邦代表中共中央组织部宣布了宋振庭为中央党校教育长。宋教育长曾是国内一位与邓拓齐名的大杂家和大才子。调来党校前，他长期担任吉林省委常委、宣传部部长。在随后的几年里，由于工作关系，我与宋教育长多次打交道，结下了深厚的友谊，最后成了忘年之交。

1981 年五四青年节前夕，我第一次到教育长家，本意是想请宋教育长为中央党校青年团作报告。没想到我一进他家门，竟看到他在书房里席地而坐，四周全堆着书。由于屋里热，他光着头、敞着怀、盘着腿，活脱脱像一尊埋在书堆里的胖大和尚。对于我的邀请，他慨然应允。5 月 4 日那天上午，宋教育长对全校青年作了一个深入浅出、生动活泼的讲话。我至今清晰地记得，他勉励青年首先要热爱自己的祖国，他说："儿不嫌母丑，狗不嫌家贫"，我们祖国母亲还很贫穷，正因为贫穷，我们就更要为祖国母亲去奋斗；在谈到青年们要奋斗要学习时，他说：你们还年轻，时间是你们一大资本、一大优势，就时间而言你们很"富有"，而我们这些较老的家伙快见马克思了，则很"贫穷"，你们现在需要的就是"推倒碾子拉倒磨——硬碰硬"地来真格的，与学习"摽着干"，你们年轻人就一定会胜过我们这些老家伙、胜过我们这些所谓"学问家"；他最后说："条条大道通罗马"，我们今天说"条条大道通北京"。你们青年就要站在各自不同的岗位上，通过长期不懈的努力工作和奋发学习，条条大道都能通向你们人生的高峰！宋教育长充满深情的演讲，激起了青年们的阵阵掌声。

宋振庭才华横溢，有着极为渊博的知识。他讲文史，会超过许多文学、历史学大教授，他研究哲学，不会输给许多著名哲学教授；但是他的爱好又实在太广泛了，诗赋、书法、国画、考古和文物鉴定无所不通，这又使他在严谨拘束的党校成为一个"另类"，因此又招来校内不少同志的批评，认为他这个教育长有些"不务正业"。我对此很不以为然。

1983 年，已身患绝症的宋教育长感到自己来日无多，想把自己一生读书的体会在学员中开一个关于《怎样读书》的讲座，又怕别人批评"不务正业"，所以一开始只把讲座开在礼堂东侧的阶梯教室（约可容纳五百人）。他按照中国古代经、史、子、集的分类，把讲座分为中国书的经、史、子、集和外国书的经、史、子、集共八讲。每一讲，只见他仅写了一张两指宽的小条子做讲义，却广征博引，纵横捭阖，出口成章，谈笑风生，使学员听得如醉如痴。因听众实在太多，在学员的强烈要求下，学校只得改到大礼堂上课。我作为一课未落的学生，受到了深刻的教育。我当时就想如学校根据录音，把八讲汇集成册，一定会成为一本精彩绝伦的"劝学篇"。

1984 年，宋教育长的胰腺癌已到晚期。他还在写给机关党委的整党思想汇报中说："我这个人历来不讲利，但名声还是要的。"他在校内和校外各办了一期"宋振庭诗词、书法、国画展"。这时校内又听到有人对此有"不务正业"的批评。我对这种议论非常反感，所以，在校外展览时，我就邀请中直团委下属几个部委的几十名团委干部去参观学习；校内的展览是放在校图书馆大厅里举办的，我又安排全校团小组长以上骨干都去参观学习。我记得，当我带了部分团干部走进展览大厅时，只见因病已消瘦几十斤体重的振庭同志非常高兴地迎上来，依然风范不改，一张口就诙谐地说："晓河，你又带青年团来捧场啦！"

1985 年宋教育长病逝时，我已到江苏农村挂职锻炼，没有参加上自己所敬重的这位长辈和忘年交的追悼会。后听说他的老伴老宫在教育长逝世后悲痛异常，难以度日，我就亲自安排她和党校几位离休老干部到我所在的江苏丹徒县休息考察了两个多月，使她度过了痛失老伴后最艰难的一段时日。

（原载《总能成功，人到五十也能创业》，学林出版社，2011 年）

一段机缘留下珍宝无数

吉林省博物院藏张伯驹、潘素夫妇捐献书画作品

闫立群

张伯驹（1898—1982），原名张家骐，字丛碧，别号游春主人、好好先生，又号丛碧山房、平复堂，河南项城人。生于官宦世家，系张锦芳之子，后过继其伯父张镇芳。身为著名文物收藏家、鉴赏家、书画家、诗词学家、京剧艺术研究家的他与张学良、溥侗、袁克文并称为"民国四公子"。张伯驹自30岁起开始收藏中国古代书法绘画，最初只是出于爱好，后来则以保存重要文物不外流为己任。他不惜一掷千金，虽变卖家产或借贷亦不改其心志，曾买下西晋陆机的《平复帖》、隋代展子虔的《游春图》等一大批书画珍品。经张伯驹先生收藏的书画名迹，仅见诸其《丛碧书画录》者便有118件之多，因而被称为"天下第一藏"。但张伯驹收藏书画是出于对民族文化遗产的深刻认识与由衷的酷爱，他并不把收藏视为一己私有，他曾说："予所收藏不必终予身，为予有。但使永存吾土，世传有续。"这是张伯驹一生遵循的收藏理念，

实际上他也实践了此诺言。

张伯驹与吉林省博物馆（今吉林省博物院）有着一段割舍不断的机缘。1957年，他因热爱和支持京剧《马思远》的公演而被错误地打成了右派，又因坚持传统戏剧被批斗，从此停职、检查，各种罪名接踵而至，使得他无法从事自己所酷爱的文化事业。

1961年，当私交甚厚的陈毅元帅得知张伯驹夫妇的遭遇后，便在北京的一次会议期间，把张伯驹夫妇介绍给了当时的吉林省委书记处书记于毅夫，希望吉林能为张伯驹夫妇安排工作。于毅夫书记回到吉林后，委派当时的吉林省委宣传部部长宋振庭落实安排此事。就在这一年的中秋佳节，张伯驹夫妇接到一封来自吉林的电报。电报内容为："伯驹先生并慧素女士：吉林地处东北腹地，物阜民丰，百业待举，现在博物馆急需有经验的人才，若伯驹先生身体允许，可否考虑来工作？翘盼待复。又：慧素女士可一同调来吉林，在省艺术专科学校任教。中共吉林省委宣传部，宋振庭。"接到电报后，张伯驹夫妇百感交集，他们一方面感激陈毅元帅的关心，同时也感激吉林方面对他们的信任。和陈毅元帅告别后，张伯驹夫妇在一个漫天飘雪的冬日来到了长春。宋振庭部长在家中设宴为他们接风洗尘，并在吉林艺术专科学校朝阳区宿舍帮他们安了家，从此，张伯驹夫妇远离了"反右"斗争的漩涡之地，开始了新的生活。

张伯驹来到吉林省博物馆后，将全部的热情投入到对馆藏文物的收藏、整理、鉴定等方面的工作中，经过数月整理，馆藏文物有了一定的头绪。1962年5月，由吉林省委正式任命张伯驹为吉林省博物馆第一副馆长（未设正职）。针对当时吉林省博物馆的状况，张伯驹一方面向宋振庭部长提出申请从高等院校调进一批毕业生（此举改变了吉林省博物馆干部队伍的构成和知识结构），并将自己文物收藏、整理、鉴定等方面的知识和经验毫无保留地教授给年轻同志，为馆里培养了一批业务骨干；另一方面，张伯驹抓紧时间对馆藏文物进行考证及鉴定工作，并抽调有关人员对历代书画、文物进行寻访和征集。在宋振庭部长的大力支持下，张伯驹又调整了馆藏书画的征集方向：努力把文物市场上齐白石、张大千、溥心畬的书画作品购入吉林省博物馆收藏，把明清书画、扇面、成扇及名人书札等买尽买绝，以将吉林省博物馆办成某些学科和研究领域的中心基地。张伯驹为吉林省博物馆征集的第一件藏品便是董其昌的代表作《昼锦堂并书记卷》，此后又陆续征集到了元代倪云林的《敬亭山寺图》、明代孙隆的《花鸟草虫图卷》等一大批精品书画作品。

20 世纪五六十年代，吉林省文化界群星璀璨、名师荟萃，就职于各大院校的教授如杨振生、于省吾、罗继祖、裴文若、单庆麟、恽宝慧、成仿吾、蒋锡金、穆木天、杨公骥、孙晓野等便是其中最闪亮的"明星"。张伯驹来到吉林后见到了老朋友于省吾，并通过于省吾，先后结识了罗继祖、裴伯弓、单庆麟，以及长春应化所的阮鸿仪等人。平日里大家都忙于各自的工作，周末和节假日，他们便聚集在一起把各自所珍藏的书画等文物拿来共同鉴赏品评。后来张伯驹建议组织"春游社"，每次见面大家均写一篇笔记，题材不限，既可词章，又可金石书画，亦可风俗、考证，大家欣然同意，这就是名动一时的《春游琐谈》。由于张伯驹先生勤奋工作，笔耕不辍，由他们编写印刷的《春游琐谈》先后印制了六卷，在北京、上海、天津等地引起很大的反响，而后又陆续续集了《春游词》。不久，张伯驹又倡导成立"书画小组"。"书画小组"主要任务是组织书画征集、科学研究和陈列展览等项工作。在这些专家学者们的带领下，吉林省博物馆的各项业务工作逐步开展起来。

1962 年，吉林省博物馆召开了首届学术年会。1965 年，张伯驹主持编选《吉林省博物馆书画集》。在编辑过程中，由于馆内所藏书画作品年代不连贯且缺少精品，他怅然若失。经过反复考虑，他和夫人潘素决定将家中收藏的最后一件珍品——宋代杨婕妤的《百花图卷》，以及手中另外三十多件藏品包括宋拓《九成宫醴泉铭》、宋拓《圣教序》等著名碑帖悉数捐给吉林省博物馆。在张伯驹夫妇的带动下，宋振庭部长捐让了金末元初画家何澄的《归庄图》，阮鸿仪捐让了赵孟頫的《种弘书札》、《宋元名人诗笺册》、明代孙隆的《花鸟草虫图卷》，于省吾捐让了明代马守贞的《兰花卷》，一时间吉林省博物馆书画收藏发生了巨大改变。宋振庭部长称赞张伯驹夫妇此举："张先生使我们吉林省博物馆一下子成为富翁了。"

1966年，"文化大革命"开始后，张伯驹被当成"反动学术权威"，成为造反派批斗的对象。1969年，他被迫退职，携夫人被送往吉林省舒兰县插队，因未被接收，与夫人共同返回北京。

张伯驹在吉林省博物馆工作的这几年，是吉林省博物馆征集文物方面收获丰富的"黄金时代"。这期间，每年都有大批珍贵的书画作品入藏，使吉林省博物馆的书画藏品在数量和质量上跃居全国前列，大大提升了吉林省博物馆在国内地方博物馆中的地位，同时也给后人留下了无比珍贵的精神财富。

为纪念张伯驹、潘素夫妇其功、其人、其德，现撷取张伯驹夫妇捐献给吉林省博物馆的部分珍贵书画作品供大家鉴赏、研究：

杨妹子的《百花图卷》现今被认为是我国绘画史上保存下来的第一位女画家的作品，它曾被历代宫廷和大收藏家视为绝代珍品。杨妹子又称杨婕妤（婕妤，为嫔妃称号），会稽（今浙江绍兴）人。南宋女画家。以艺文供奉内廷。工诗，善书画。书法似宁宗，故宁宗所题画多由其代笔。《百花图卷》是杨妹子为宋理宗谢皇后谢道清祝寿所绘制的一幅花卉卷，画卷工笔设色绘：寿春花、长春花、荷花、西施莲、兰花、望仙花、蜀葵、黄蜀葵、胡蜀葵、阇提花、玉李花、宫槐、三星在天、旭日初升、莲桃、海水、瑞芝共十七段，每段小楷书标花名并纪年、题诗。书法娟秀平正，稍带颜体。绘画用笔工致纤细，敷色浓丽典雅，取马远、马麟父子画法，为南宋院体画风格。杨妹子是一位能诗、工书、擅画，颇具才艺的南宋女书画家。其书法墨迹诗章传世较多，绘画作品到目前为止只发现此卷。此卷虽不能代表我国宋代书画艺术高度发展的水平（笔墨尚不能挥洒自如；形象有些拘实，还不够活泼简练；一些不同技法，融会得还不是很协调等），但此画卷对我们判定杨妹子其人、了解杨妹子的书画艺术面貌，乃至研究我国女性在绘画史上的地位和成就，有其不可忽视的重要地位和作用。60 岁时张伯驹曾写过一首《瑞鹧鸪》词，其结句为"白头赢得对杨花"，"杨花"即指此卷。张伯驹先生曾经这样表达过："我终生以书画为伴，到了晚年，身边就只有这么一件珍品，每年看看它，精神也会好些。"但就是这样一件被张先生视为最后精神慰藉的作品，他们夫妇二人还把它捐献给了吉林省博物馆。

赵伯骕（1124—1182），字希远，宋朝宗室，太祖七世孙，赵伯驹之弟。南宋画家。善画山水、人物、花鸟。《白云仙峤图》是赵伯骕以青绿重彩描绘全境山水的一幅画卷，画面岭岫重复，远山屏立，祥云缥缈，丛林回环，中间散见楼观、屋宇、行人如蚁，备极精工。该画明丽润泽，构思巧妙，技艺精湛，工整缜密而气势磅礴。全图的笔法尖细而不纤佻，设色浓丽而不庸俗，参用写意笔法，格调柔丽雅洁，表现出宋代皇家贵胄新的审美情趣。此画卷的出现，代表着宋代山水画的表现对象从北方雄浑的山川转移到江南的青山绿水。

《九成宫醴泉铭册》为宋拓，字口明晰如新，是现存最早的拓本，故十分珍贵。是册曾由明代书画家文徵明（衡山）、明代书画家周天球（公瑕）、清代收藏家谢希曾（安山）、清代书法家张廷济、近代收藏家张伯驹收藏。《宋拓圣教序法帖》行笔流畅，妍媚浑圆，字峰清晰，点画生动，为宋拓之精品。此册曾由明代收藏家项子京（元汴）、清代书法家王澍（若霖）、清代书法家汪士（退谷）等收藏。

赵孟頫的《篆书千字文》卷用笔清劲，点画自如，圆转宛通；结体得宜，运笔流畅，得自然天真之趣。赵孟頫（1254—1322），字子昂，自号松雪道人。浙江吴兴人。宋宗室，官至翰林学士承旨。宋元书画大家。其篆、隶、真、行、草书，无不冠绝。

仇远（1247—1326 年），字仁近，号山村。钱塘（今杭州）人。元代书画家。好古博雅，楷书学欧，行亦善。行书《自书诗》卷是仇远现存极少的书法墨迹之一，书写七律十首，结体严谨，笔法精劲，形式峻健。该卷曾由清代收藏家毕沅（秋帆）收藏，后入清内府。清亡，溥仪携至东北。1945 年散失民间，后经张伯驹收藏。

《煮茶图》以时代风格论，应为明代中期人的作品，但现在一些人认为是元代画家颜辉作品。颜辉，生卒年不详，字秋月，江山（今浙江江山）人。善绘道释、人物。画鬼尤工，笔法奇绝。该卷原无款识，现在上下二角钤有颜辉名、字印两方，篆法、印色更似晚明清初之物，比画的时代稍晚一些，可见是后来加盖的。画后另接一纸，下有行书长诗一首，书体很似明代的陈道复，与画幅是同时的作品。款"秋月识"三字，"秋月"二字也是挖改的。原画卷应是明人作品，被后人改造成颜辉之作。

《墨兰图》为薛素素晚年所绘，书、画均极静雅。薛素素（生卒年不详），小字润娘，又名薛五、雪素，吴（今江苏苏州）人。约活动于明万历（1573—1620）年间，为江南名妓，姿态妍雅。工刺绣，又能骑射。擅长书法，喜绘山水、兰竹，兼画白描大士、花卉、草虫，各具意态。此图兰花以写意为主，笔法流畅，信笔所至，不事雕琢。兰叶一笔挥就。施墨上，有浓有淡，干湿掌握得宜，墨色丰富多变化。

明代僧人来复的《自作诗》行书间兼有草书，整幅作品一挥而就，透出一种潇洒与大气，文人学士的笔墨情趣尽在字里行间。来复（1319—1391），字见心，号蒲庵，俗姓黄，一作豫章丰城（今江西丰城）王氏。洪武初招至京，除僧录司左觉义，诏住凤阳槎芽山圆通院。工书，颇似赵孟頫。

《侯朝宗像》属于曾鲸传世作品中的精品。曾鲸（1568—1650），《艺林年鉴》作（1567—1649），字波臣，福建莆田人，流寓金陵（今南京）。工写照，重墨骨，墨骨既成，然后传彩；以取气色之老少，其精神早传于墨骨中矣。创"波臣派"。该图中，画家着力于人物面部的刻画，既注重墨骨，又借鉴西洋画法，采用多层烘染体现人物面部的凸凹，使脸部具有较强的体积感，并富有质感。人物的身体结构清晰，比例适度，动作自然，衣纹线条垂长而方折多变，坚劲挺拔，又用淡青色贴着墨色线条稍加渲染，使墨线更显劲健生动，笔墨趣味浓厚。

王谷祥的《花鸟图》卷绘四季花鸟，设色淡雅，画法简练，别具风格。王谷祥（1501—1568），字禄之，号酉室。长洲（今江苏苏州）人。明代画家。嘉靖八年（1529）进士，官吏部员外郎。书仿晋人，不坠羲之、献之之风，篆籀八体及摹印，并臻妙品。善写生。该幅经《石渠宝笈续编》著录，曾被张伯驹收藏，上有乾隆皇帝的题诗多首。

张瑞图的《行书七言诗句》，笔势飞劲，顾盼生姿，乱头粗服，一任自然。笔尖随着感情的波澜自由跳荡，一变古法，具有自己独特面目。张瑞图（1570—1644），字长公，号二水，别署果亭山人、芥园居士、白毫庵主等。泉州晋江（今属福建）人。明代书画家。神宗万历三十五年（1607）廷试一甲第三名及第，熹宗天启六年（1626）擢武英殿大学士。工书善画，书名尤重。与邢侗、董其昌、米万钟并称"明末四大书家"。又因与董其昌齐名，故有"南张北董"之称号。其书法对日本书坛影响很大。

董其昌的《行书五言诗句》飘逸空灵，风华自足。笔画圆劲秀逸，用笔精到，少有拙滞之笔，在章法上，疏朗匀称，力追古法。用墨讲究，尽得其妙。董其昌（1555—1636），字玄宰，号思白、香光居士等。华亭（上海松江）人。为明代后期书画家、书画理论家。官至礼部尚书，谥文敏。其书法"尺素短札，人争购宝之"。清初康熙皇帝极为偏爱董书，以致清"士子执管者，莫不习董"，形成举世"专仿香光"的局面。

赵宦光的《篆书五言联》中"书家运用行草笔势作小篆，篆刻取法汉人，线条苍劲，结构谨严工稳，字体在篆、隶之间，转折处有草意，生气勃勃"。赵宦光（1559—1625），字凡夫，一字水臣，号广平，太仓（今江苏太仓）人。明代画家。宋太宗赵炅第八子元俨之后。作为王室后裔，赵宦光却一生不仕，只以高士名冠吴中。他兼文学家、文字学家、书论家于一身。

　　文彭（1497—1573），字寿承，号三桥，别号渔阳子、三桥居士。长洲（今苏州）人。明代著名书画家文徵明长子。以诸生久次贡，授秀水训导，擢国子助教于南京。文彭的《草书册》，用笔飘逸爽利，结体疏朗潇洒，布局自然平稳，字中虽然透露了文徵明的用笔规范，但更蕴含着怀素、孙过庭的笔致情趣。

　　顾媚（1619—1694），字眉生，又名顾眉，号横波，又号智珠、善才君，婚后改名徐善持。上元（今南京）人。原为南京秦淮名妓，不仅貌美，而且工诗词，画兰花，诗风清丽幽婉，画亦著名，有《柳花阁集》，以才艺双绝擅名当时，与文人名士交游甚广。后来龚鼎孳娶之为妾，十分宠爱。顾媚的《兰石图》以写生为主，信笔所至，不事雕琢。兰叶一笔挥就，辗转有序。兰叶之墨较浓，花之墨较淡，浓淡适中，阴阳相宜。顾媚未在该画上署年款，但从其夫龚鼎孳所题跋"丁亥季夏属闺人写似愚公年社翁正，弟鼎孳识于旧雨斋"可知，"丁亥"为清顺治四年（1647），是年她年仅29岁。

　　雍正三年（1725）10月，圆明园畦圃有灵芝一根九枝，皇帝以此为祥瑞之兆，命宫廷画家蒋廷锡绘《御园瑞蔬图》以记此事。该画用笔工细，颜色鲜艳如生，从风格看为学郎世宁一路。蒋廷锡（1669—1732），字扬孙，一字酉君，号西谷、南沙、青桐居士等。江苏常州人。清代宫廷画家。康熙四十二年（1703）进士，官至大学士。工书善画。

　　张祥河的《松石水仙图》以墨笔绘松、竹、水仙、石头，韵致疏朗，情意清佳。张祥河（1785—1862），原名公璠，字元卿，号诗舲、鹤在、法华山人。娄县（今上海松江）人。清代画家。嘉庆二十五年（1820）进士，官工部尚书。写意花草宗徐渭、陈道复，山水师文徵明。晚年又涉石涛一派。

　　周亮工《行书七言联》取颜真卿、欧阳询之笔法，质朴古拙，个性鲜明。周亮工（1612—1672），字元亮，又有陶庵、减斋、缄斋、适园、栎园等别号，学者称其为"栎园先生"、"栎下先生"。河南祥符（今开封）人，后移居江宁（今南京）。明末清初文学家、篆刻家、收藏家。明崇祯十三年（1640）进士，授山东潍县知县，擢监察御史。工古文诗词，且精鉴赏，喜收藏。

陈元素（生卒年不详），字古白，长洲（今江苏苏州）人。万历三十四年（1606）应乡试不第。早负才名，工诗文，楷法欧阳询，草入"二王"。工山水，尤善写兰。兰叶偃仰，墨花横溢，超然出尘，得文徵明之秀媚，而更气厚力沉，为王谷祥、周天球所不及。陈元素的《兰蕙图》兼设色没骨和水墨写意两种画法。画中，兰花以淡墨写出，与花、叶相穿插，似乱而有序，笔墨更具书法之韵味。笔、墨、色、形相辅相成，浑然一体，俊逸而清丽，风格独具。

（原载《艺林纪事》，2011 年 9 月）

王肯生命里的二人转（节选）

"二人转部长"

王红箫

东北三省一些搞二人转的同行，都知道吉林省有位宣传部长重视二人转，戏称他为"二人转部长"，他就是在新中国成立后担任吉林省委宣传部部长的宋振庭同志。

宋振庭部长头脑灵活，语言犀利，敢想，敢讲，也敢抓。当然，想的未必都对，讲的未必都准，但他从理论到实践抓二人转，确实费了不少心血。

1963 年 11 月 26 日，在吉林省吉剧团排练室，宋振庭部长和吉林省文化局高叶局长看二人转实验队演出的《送鸡还鸡》、《拉马》和吉林省歌舞剧院上山下乡演出队演出的《闹元宵》等节目以后，宋振庭说："二人转要继续研究，要加强领导，否则它演出一些不健康的东西，甚至放毒，最终会遭到严重的打击。关于二人转的理论，大家都做过不少探讨，我把它归纳为'四个宝库'、'四个分支'，以及表现形式的五个字。"

宋振庭所谓"四个宝库"包括：

二人转是东北民间曲调的宝库；

二人转是东北民间语言的宝库；

二人转是东北民间舞蹈的宝库；

二人转是特殊的东北民间演唱题材的宝库。

"四个分支"是指：单出头、二人转、拉场戏和群舞。

二人转基本表现形式的五个字是指：唱、扮、舞、逗、绝。

父亲（即王肯，编者注）认为，宋振庭这些归纳对研究二人转很有启发。后来，在二人转的发展过程中，又经过一些修改，把二人转的"四个分支"改成"一树三枝"，去掉了群舞，因为除了群舞，还有群唱等一些新出现的形式，如果把这些都加进去，就会是一树五枝、一树六枝，这样概括不太恰切。

关于二人转的基本表现形式，逐渐改为唱、说、扮、舞、绝，因为二人转除了唱功，说口也很重要，说口又不全是逗口，所以把"逗"改成"说"。扮，也叫"做"，至今辽宁、黑龙江两省还用"做"，但宋振庭却格外强调"扮"，因为"做"是戏曲的四功之一。"做"是完全进入角色的表演，二人转并非像戏曲那样，要练完全进入人物的做功，二人转是用一旦一丑两个演员去装扮很多人物，旦可以装扮小生，丑可以装扮老旦。当然，像二人转的拉场戏，它已经是民间小戏的雏形，虽然它扮演人物，但它并不是二人转"三枝"中最基本的一枝。宋振庭对二人转的归纳，后来常被引用。

父亲与宋振庭的关系，也很有戏剧性。

父亲于20世纪50年代在东北师大教书的时候，每逢假日，就背起行囊，去走访东北三省的二人转名艺人，记录了二人转唱词、史料等一些材料。宋振庭听了很高兴，他当众表扬父亲说："我们省有了年轻的二人转专家。"父亲不以为然。1956年，父亲在"鸣放会"上给宋振庭部长提意见，他认为领导不应该对年轻人"一捧子捧死，一棒子棒死"，譬如自己刚刚研究二人转，才接触了几年，就被捧为二人转专家；而对当时我省比较有成就的诗人胡昭，由于他和所谓的胡风分子有一些瓜葛，就没让其参加 1956 年全国召开的第一届全国青年文艺工作者会议，父亲认为不该这样"一棒子棒"死。

这次鸣放会以后，当时《长春》杂志把父亲的发言整理成《谈"一捧子捧死，一棒子棒死"》的短文发表，宋振庭看了以后很气愤。父亲被第一个在长春市文艺工作者召开的大会上点名批判。父亲不服，中途逃会。父亲由此被定为右派分子。

父亲成为右派以后，又是宋振庭第一个找父亲谈话。他说父亲和一般的文艺工作者不同，是从解放区培养出来的革命文艺工作者，在全省的影响也很大，所以不得不把父亲拿出来批判，好消除对其他文艺工作者的影响。宋振庭说得诚恳、动情，父亲也认为他是"挥泪斩马谡"。

谁料"反右"以后，父亲这个马谡被下放到长白山区修了三条公路。就在父亲丢掉了自己用习惯的纸和笔，抢起锹镐，购买一些筑路的书籍，下决心终生不再从文，要当一个熟练的筑路工人的时候，又是宋振庭第一个提出为父亲摘掉右派帽子，调回长春，参加吉剧这个新剧种的创建工作。当父亲把二人转形式的《包公赔情》、《燕青卖线》改编成吉剧剧本以后，宋振庭由衷地高兴。

宋振庭部长在抓吉剧的同时，也狠抓二人转。在 20 世纪 60 年代初，吉林省二人转到处演出，许多市、县的二人转团队流传着这样的话："剧团没钱花，就演二大妈。"《二大妈探病》这出戏本来有一些民风民俗的东西，此时演出又加进去很多跳大神的封建迷信唱段，因为当时的文化气候，不允许人们跳大神，人们便在二人转中看跳大神的场面。宋振庭知道以后，领着父亲和刘中去看二人转，希望他们改编《二大妈探病》，恢复它那健康的风貌。宋振庭对吉林省二人转的发展抓得很具体，他批准在吉剧团里附设一个二人转实验队，实验队所演出的《送鸡还鸡》、《小老板》、《闹碾房》等剧目，被拍摄成很有影响的影片。

　　粉碎"四人帮"后的 1978 年，在全国传统剧目还未全面恢复的时候，宋振庭决定吉剧和二人转进京演出。当时，吉剧《包公赔情》等小戏，轰动了首都文艺界，受到了曹禺、张庚、吴祖光、冯其庸、李健吾等戏剧理论家的赞扬。在他们发表的评论文章中，有着许多精辟的话语。

　　面对吉剧的盛况，宋振庭没有沉浸在荣誉里，他思考着吉剧尚需建设的方面。吉剧传统戏固然很好，但可惜的是，没有吉剧的现代剧目。当时，吉剧团一队演吉剧传统剧目，吉剧团二队演拉场戏等现代剧目。父亲正率领吉剧团二队在北京密云县演出《买菜卖菜》、《老两口争灯》等剧目，宋振庭从北京奔赴密云，去看吉剧团二队的演出。一天早晨，他和父亲散步，对父亲说："吉剧没有现代戏，像咱们二队演出的《买菜卖菜》、《老两口争灯》等拉场戏是不是也可以算作吉剧？王肯，能不能把二人转的拉场戏就归到吉剧？"

　　父亲认为不妥，不仅因为拉场戏与吉剧在表现方式上有差别，而且拉场戏是东北三省共有的东西，吉林取消了拉场戏，其他两省怎么办？宋振庭采纳了父亲的意见。

　　后来，宋振庭被调到中央党校任教育长。临离开吉林的时候，他让一位宣传部副部长，拿着他的亲笔信到 1957 年划父亲为右派的东北师大党委，说明关于父亲划右派的事情，他有责任，是一种错划，希望早些给予改正。听到此事，一向不爱流泪的父亲，也流下了无言的泪水。

　　父亲到北京开会，去党校看望宋振庭，他亲笔画了一幅国画，赠送给父亲。他画的是山葡萄，寓意是希望父亲在山野中作出自己的贡献。

　　1984 年 11 月，应中国唱片公司之邀，王充、王也带领吉林省民间艺术团到北京参加录音、录像等演出活动，并在北京长安大戏院演出了二人转《猪八戒拱地》、《哑女出嫁》、《包公断后》和单出头《南郭学艺》，受到首都观众的热烈欢迎。当时父亲正在广东讲课，王充、王也去电话催父亲速回北京参加座谈。正在父亲为二人转这种发展势头而高兴的时候，却听到宋振庭患癌已经病危的消息。父亲与王充、王也赶到颐和园附近的中央党校宋振庭家中看望他，只见往日挺拔健壮的宋部长，已骨瘦如柴，偎坐在轮椅上，但他那双眼睛依然炯炯有神，更难得的是，他详细询问了二人转这次进京演出的情况。当听到那种受欢迎的盛况时，他黄瘦的脸上有了笑容。这是父亲和他见的最后一面。

对宋振庭这位老领导，人们对他的褒贬不一。父亲始终认为，在二人转方面应该公正地记下他所花费的心血。

（原载《戏剧文学》，2012 年第 1 期）

宋振庭与吉林省文教事业

吕长发

一、青年矢志投身革命

宋振庭同志出生于 1921 年 4 月 19 日，逝世于 1985 年 2 月 15 日，原名宋诗达，笔名林青、史生、星公，出生地吉林延吉。1937 年加入中国共产党，历任华北联大教育科科长，曲阳游击大队政委，《东北日报》主编，中共延吉市委、延吉县委书记。新中国成立后历任吉林省政府文化处处长，中共吉林省委文教部、省委宣传部部长，吉林省革命委员会副主任（副省长），中共中央党校教育长、教授、顾问，中共十大代表、第六届全国政协委员。

宋振庭在北平六部口北方中学读书时，即加入了学生进步组织"民族抗日先锋队"。七七事变后，他和大批热血青年一同奔赴延安抗大学习，后调入马列主义哲学院研究室，随艾思奇先生学习哲学。1939 年，当时只有 18 岁的宋振庭同志由华北联大校长成仿吾先生邀请担任教育科科长。

在那个抗日烽火连天的年代，宋振庭和所有的爱国青年一样，他更希望到抗日前线，亲手抗击日本鬼子。在他再三请求下，组织派他到晋察冀根据地的曲阳抗日前线，任曲阳地区游击大队政委。他作战有勇有谋，不怕牺牲，每逢战事便亲上战场打鬼子、端炮楼，用他自己的话说："过了三年李向阳式的游击生活。"他多次受伤，大腿上留有碗口大的伤疤。在一次战斗中被日军包围，他在没有退路的情况下跳下了山崖，但命大没有摔死，在一个山洞里困守多天。组织上以为他已牺牲，华北联大还挂起横幅为他开了追悼会。宋的枪法很神，六七十米内，二十公分的树干，不瞄甩手就打，十有八中。正是在这三年游击战的生活中，他结识了曲阳民政助理员宫敏章，两个人志同道合，结成了终身伴侣。

1945年，抗日战争胜利后，组织上派宋振庭到东北工作。他骑着邓拓同志送给他的马，一路风餐露宿赶到长春，出任《东北日报》主编。

二、博览百科　才华横溢

宋振庭聪明好学，白天在办公室看书，下班后和周日，很少出门，在家就在地上铺上一张凉席，或躺或坐，环围四周都是书。他不论出差、住院还是开会都离不开书。他读书兴趣非常广泛，文史哲自不必说，诗词、戏剧、书画、音韵、考古、经济、围棋、中医等，甚至是百科全书，他都读。就连收音机里播放的每一个节目他都感兴趣。马克思对小女儿说过一句话"凡是人类能知道的我都想知道"，宋振庭一直把它奉作信条。从上世纪50年代起，他在报纸杂志上发表杂文达数百篇。他的出版物有《星公杂文集》、《宋振庭画集》、《怎样自修哲学》、《什么是辩证法》、《新哲学讲话》、《当代干部小百科》等。他的杂文针砭时弊，纵横挥洒，妙趣横生，极有深度。

宋振庭于1958年加入作家协会。他非常好学，而且非常诚恳。他在1962年6月25日写给吉林省博物馆馆长王承礼同志的信中写道："你努力于搞地方史，对事业有热情，很感动我，我也想有机会和你们学一点，我个人浅薄得很，但什么都想知道一点，确是诚心诚意，并不虚假，也常常声明是不求甚解的万金油，并不装作真懂，你说我说得老实吗？"①

宋振庭由喜欢书画到自学绘画。"文革"时期，他下放到左家干校，竟有时间认真作画了。他的画用笔大胆豪放，墨色酣畅淋漓。由于具备艺术天赋，他的闲暇自娱作品，深得收藏家的认可，《水仙图》、《雨竹》、《虾趣》等作品拍卖到十余万元一幅。

1961年，在东北三省美术家会议上，宋振庭卓有远见地提出："要建立关东画派"，"要敢于画大画，画重大题材画，要有豪迈的关东风格，画出关东特色"。"画长白画卷"，给东北画家指出了创作方向。②

三、心系文博　功在千秋

宋振庭同志从新中国成立到1980年，一直主管吉林省文化教育和宣传工作（"文革"时期除外），对吉林省文教宣传是卓有贡献的。新中国成立初期，百废待兴，党和国家致力于彻底消除旧社会遗留下来的黄、赌、毒，使全民族的整体文化素质得到提高。他遵照党中央指示精神，在吉林省力推文化设施建设，从城市到农村，全面修建文化馆、识字班，从老人到孩童都在学文化，扫除文盲。到60年代初，我省从工厂到乡村大队都有了文化室，县级都有了文化馆。工人诗人、农民作家，有如雨后春笋不断在基层中脱颖而出。人民除了工作就是学习，不再见到打麻将等赌博现象发生，所到之处，书声琅琅，歌声飞扬。当时，吉林省农安县巴吉垒乡就是全国闻名的诗歌之乡，有些业余作家后来成为专业作家。吉林省的教育也在全国名列前茅，长春在全国是有名的文化城，是全国高校最多的城市之一。长春市第九中学等学校被评为国家红旗教育单位，校长王成汉曾受到国务院嘉奖，周总理亲自接见。

宋振庭在主管文教宣传工作时，对吉林省博物馆的建设投入了极大的精力，为文物博物馆事业的建设与发展建立了不朽的业绩。新中国成立初期，吉林省地处关外，交通不便，缺少人才，缺少文物，和关内各省博物馆不能相比，但吉林省博物馆在后来的全国各地方博物馆评比中竟能名列前茅，是宋振庭领导一代博物馆人奋斗的结果。宋振庭对博物馆的建设主要抓了如下几个方面：

（一）坚持正确的办馆方针

1956 年全国博物馆工作会议上，国家文物局给博物馆规定了三种基本性质：即"科学研究机关，文化教育机关，文物标本收藏所"。同时提出博物馆"为科学研究服务、为广大群众服务"，总结为"三性二务"。在1958 年"大跃进"时，博物馆的工作也受到大生产的冲击，上山下乡，深入工农基层办一些"忆苦思甜"、"阶级教育"等临时性展览。鉴于此种情况，宋振庭在博物馆工作会上指出："博物馆的性质宽了一些，杂了一些，博物馆主要是应该搞上层建筑的东西。博物馆的性质是历史的、文物的、文化的、艺术的。"[③]当时博物馆的负责人向他提出，考虑用办展览的形式为当前中心工作服务时，他回答说："说起来也好笑，博物馆还是博物馆吗？不能那样要求。"[④]正因宋振庭部长坚持博物馆专业性质是历史的、文物的、艺术的，为博物馆后来的发展指出了方向。

（二）唯才是举，求贤若渴

宋振庭同志知道博物馆是专业性很强的单位，要办好博物馆，首先要有高端专业人才，主张"可以请几个老先生，搞几个研究员"。"原来想把吉林市封建遗老张默然调到博物馆来，由于种种原因未调成。"[⑤]1958年"大跃进"时期，有很多家属参加工作，博物馆当时也招了一些，都是女同志，宋振庭知道后很是反对，他说："要办成个像样的博物馆，要有人才，要有懂点东西的人，年轻人要很好培养，有的可以送出去培养，要团结人才。"[⑥]

原吉林省博物馆副馆长张伯驹先生就是其中之一。张伯驹先生是著名的大收藏家，又十分爱国，解放前他为保护国宝不流失国外，倾其所有家业收藏艺术品。其收藏的隋代展子虔《游春图》，被认为是中国现存最早的山水墨迹，是张伯驹卖掉北京的一处豪宅买来的。[⑦]新中国成立后，张先生于 1952 年把此画作捐献给了北京故宫博物院。⑧1956 年 7 月，张伯驹先生又将自己收藏的晋代陆机《平复帖》、唐代杜牧之《张好好诗卷》、宋范仲淹《道眼赞卷》、黄庭坚草书卷等八件珍贵书法捐献给国家，化私为公。⑨就是这样的一位爱国人士，在"反右"运动中，竟被打成右派，闲居在家。时任国务院副总理陈毅同志了解张伯驹先生，知道他是爱国的，也知道他是受迫害的，有心帮他，但张伯驹在北京是出了名的右派，是没法帮的，就委托吉林省委书记处书记于毅夫同志，看能否在吉林给他安排工作，于毅夫同志把这一信息传给了当时的省委宣传部部长宋振庭。宋振庭如获至宝，赶紧派吉林艺专画家史怡公等去北京和张伯驹、潘素夫妇联系。自己又亲自发两封电报约张伯驹夫妇来吉林工作。⑩张伯驹夫妇欣然应允，于 1961 年来到吉林工作。据张伯驹回忆手稿，他们夫妇原打算来长是到艺专教几个月课，宋振庭为了留住他们，把潘素安排到艺专教国画，张伯驹安排在省博物馆工作。宋振庭多次以宴请的方式与张伯驹谈心，叫他们回北京把户口迁到长春来，在这里安心工作，关于摘右派帽子问题，慢慢地给予办理。⑪宋振庭还亲自出面给张安排宿舍等生活问题。为充分发挥张伯驹先生的才能与爱好，安排张伯驹去给大学讲书法，去给党校讲历代书法源流，去京剧院给演员说戏，给戏剧学校写《京剧音韵》教材。安排张伯驹到省博物馆工作，原本是有不同意见的。张先生戴着右派的帽子，来博物馆不能直接安排领导岗位但还要重用，便特意为张先生在博物馆设了一个副研究员位置，工资定为 159 元，这在当时是高工资。1962 年，宋振庭又通过北京民盟为张伯驹摘掉右派的帽子，并和省文化局研究任命张伯驹为第一副馆长，列在王承礼之前。此前博物馆没有正馆长，王承礼同志是副馆长兼书记，主持工作。为此省文化局局长高叶特意把王承礼同志请到家里做工作："准备把张伯驹安排当副馆长，排在你的前边，整个工作还是你抓，可以让他搞书画。"⑫宋振庭在 1962 年 6 月 25 日写给王承礼副馆长的信中说："张伯驹此人是知识分子，他有一定的才能，用得得法，可以给我们一定的帮助。""我和他接触，主要是从团结他并了解一些问题的目的出发，说明了，就是要摸摸他的底，争取一点人才来吉林，和艺术方面的其他方面一样。你看这个想法对吗？如有不当之处，请你告诉我。"⑬当然，王承礼同志虽然是年轻干部，却有大家风范，姿态和素质都是很高的，他在和张伯驹先生工作上配合得是相当默契的。

为发挥张伯驹的长处，宋振庭让电台王充把张伯驹唱的余派戏都录下来，长期保存（张伯驹是余派亲传），先后安排张伯驹为省文联委员、省美协理事、省政协列席代表等。

宋振庭还指示王承礼在博物馆二楼开辟一块地方，供张伯驹、于省吾、罗继组、裴伯弓、单庆麟、阮鸿仪等一些艺术家，经常在一起聚会，主要是鉴定书画，同时编写一些艺术资料，始称"春游社"，后改为政协书画组。⑭

由于宋振庭在任宣传部部长时，能知人善任，吸引了一大批北京来的艺术家，吉林艺专的史怡公、卜孝怀、潘素、孙天牧等都是北京来的国画家。宋振庭给他们发挥特长的天地，关心他们的生活，肯定他们的成绩。这些北京的艺术家为吉林培养了大批人才，推动了吉林文教事业的发展。他们有一大部分长期留在吉林，我们博物院已退休的郑国和刘俊普二位老同志就是北京故宫派到通化锻炼，因工作需要就在吉林扎根了。宋振庭就是伯乐，为吉林省文艺界发现和造就了无数"千里马"。

正是在宋部长和省文化局领导的关心和支持下，从1961年到"文革"前这六年时间里，张伯驹在博物馆、潘素先生在艺专，他们的才艺才真正得到充分发挥，为新中国贡献了力量，也使他们感受了吉林这块黑土地的温暖，从而激发他们深深的爱国、爱馆热情，他们决定把自己平生呕心沥血所收藏的书画珍品全部捐献给国家。他们先后于1952年、1956年两次捐给国家（晋）陆机《平复帖》、（唐）李白《上阳台帖》共17件国宝。⑮捐给吉林省博物馆的有（宋）杨婕妤《百花图卷》，（宋）赵伯骕《山水图》、颜辉《煮茶图》等22件书画珍品。⑯尤其是杨婕妤《百花图卷》，邓拓曾让人多次找张伯驹把这件珍品留给中国历史博物馆，张一直都没有答应，而是将其捐献给吉林省博物馆。[17] 宋振庭知道这一消息后，亲切地握住张的手，激动地说："谢谢你张老先生，你使我们的博物馆成富翁了。"[18]

北京的艺术家们，为吉林文教艺术的发展作出了很多的贡献，吉林人也没有忘记他们。1982 年 2 月 26 日，张伯驹先生在北京逝世，宋振庭为其送的挽联上书"爱国家，爱民族，费尽心血，一生为文化，不惜身家性命；重道义，重友谊，冰雪肝胆，赍志念一统，豪气万古凌霄"。张伯驹去世后，宋振庭很关心潘素的生活，于 1982 年 7 月 1 日给中央和吉林省委写信，反映情况，请求妥善处理好潘素的有关事宜。很快，中央作了重要批示，吉林为潘素落实了政策，任潘素为吉林艺术学院美术系教授，政府补偿了张伯驹、潘素在"文化大革命"中的经济损失。政府部门还拨款，把潘素的旧宅修缮一新。[19] 潘素还担任了北京中国画研究会理事等职务。宋振庭同志在任中央党校教育长期间，提议并推选潘素女士为全国第六届、第七届政协委员。

（三）高瞻远瞩，搜集藏品

宋振庭部长在抓博物馆建设中，具有战略眼光，一是搜集人才，二是搜集文物藏品。"文革"前，他每年都协调财政部门给博物馆专门拨款 10 万至 20 万元，搜集文物藏品。他提出要把溥心畬、张大千、吴昌硕、王一亭、赵云等人的画买光。他说："你别看溥心畬、张大千的画现在不吃香，在技法上还是有独到之处的，过几百年就成古画了。"他还提出，"要买一万把扇子，把市面上的扇子、碑帖买光，让藏品配套成龙，突出重点，各家各格，照顾一般"，他还指示张伯驹先生把明四家、元四家的画买齐。[20] 为抢救搜集文物，于 1957 年 5 月特地成立长春文化服务社，地址就设在大马路 32 号，即后来的省文物店。长春文化服务社为博物馆收集了很多重要藏品。宋振庭听说公主岭有一卷董其昌的画卷，是故宫佚失东北的，就叫张伯驹带郑国、李莲同志去看真伪，经鉴定是真品，以 3000

元钱购回，即现藏国宝《昼锦堂并书记卷》。宋自己以 500 元钱收藏 5 本宋版书（故宫佚失品）。以 700 元钱收的元代何澄手卷（故宫佚失品）《归庄图卷》，都是照原价转让博物馆的（当时郑国老师拿何澄手卷去故宫鉴定的，故宫给出的价值 1 万元）。据宫敏章同志讲，宋振庭当时为收藏《归庄图卷》，卖掉了他们二人的手表。

"文化大革命"前，吉林省博物馆在宋振庭部长和省文化局局长高叶、史玉书等领导的支持下，有富余的收藏经费，不但在省内搜集（故宫在东北佚失品），还经常派人去全国各地搜集文物。张伯驹带郑国、苏兴钧同志多次去北京、天津等地收购书画，1964 年馆里派闫玉山、王健群同志去北京、山西、陕西、河南等地征集古代文物，历时长达两个月。王承礼同志在征集文物方面，被称为"大划拉"。他在吉林市长蛇山发掘时，听说吉林市有一部分碑帖，马上就让张伯驹与苏兴钧前去收购。正是上下一条心干事业，使博物馆在短短的几年里，文物藏品得到极大的丰富，仅书画艺术品就达到七八千件。

宋振庭视文物比自己的生命还重要，"文革"期间，在省委某办公室墙角的垃圾堆发现一幅米芾真迹，是"造反派"当作垃圾扔的，他假装收垃圾把这幅珍品书法带出办公室，妥善保存起来，使其免遭厄运，"文革"后交给了博物馆。

宋振庭部长在"文革"期间被下放到农村干校，"文革"结束后回到领导岗位。1978 年他担任吉林省革委会副主任兼宣传部部长，在他的主张和建议下，于 1978 年 7 月成立了吉林省文物局，下设六个直属单位，即：省博物馆、省革命博物馆、省图书馆、省文物考古队、省考古研究室、省文物店，各市县也相应地成立了文物管理机构，文博系统初具规模，自成一体。

四、主创吉剧　戏曲争妍

1958 年，周恩来总理在一次会议上指出："各地都有地方戏，你们啥也没有，评剧源于唐山落子，不是东北的。""你们东北是工业基地，钢铁、电力、煤炭等都居全国前列，还有大豆高粱，但你们的艺术太差了。"宋振庭听到批评很受刺激，经过深思，决意创建吉剧，他向省委请缨，亲自抓这项工作。

1959 年冬天，大约有两个月的时间，宋家每天晚上聚集着一帮人，有写剧本的、有设计唱腔的、有导演，连弹带唱和争论，每天弄到后半夜。他们本着"不离基地，采撷众华，融合提炼，自成一家"的指导思想，在东北二人转的基础上反复切磋、探讨、争论之后，吉剧这个新剧种终于在长春诞生了。吉剧代表作《桃李梅》是根据宋振庭的创意编写的一出古装戏。戏情通过主人公玉梅、玉桃、玉李三姐妹的不同性格和不同命运的对比，指出中国妇女要彻底解放，必须同封建旧思想、旧势力作不屈不挠的斗争，方是必由之路。此戏 60 年代初在北京参加全国文艺表演，受到周总理等党和国家领导人好评，也得到曹禺、王朝闻等专家的肯定，获得文化部嘉奖。《人民日报》、《光明日报》还为吉剧发了专版。后来全国有 16 个剧种移植演出这个剧目，《搬窑》、《燕青卖线》、《包公赔情》等吉剧都获得过大奖。1960 年 2 月，吉林省吉剧团成立，从此结束了吉林省没有自己的地方戏曲剧种的历史。与此同时，省内农安县也在本地皮影戏基础上编演了大型剧目《樊梨花》，1960 年 9 月定名为黄龙戏，公演时也受到好评。扶余县也推出新城戏《红罗女》，吉林戏曲从此走向全国。可以说，吉林省地方戏剧能有今天的繁荣发展局面，宋振庭同志是功不可没的。

回首宋振庭同志的一生，自青年时代参加革命，为党的事业鞠躬尽瘁奋斗了一生。解放后，他为吉林省宣传文教事业倾注了全部心力，在工作中勤于思考，勇于创造，做了许多开拓之举，成绩显著；领导文物部门搜集故宫散失书画及其他文物，为保护祖国珍贵文物做了大量卓有成效的工作。"文革"期间虽遭到迫害，却仍保持共产主义的坚定信念，晚年患病期间，还关心我省文化事业的发展，直至生命的最后一刻。宋振庭同志几十年来献身于党的文化宣传、理论教育事业，忠心耿耿、勤勤恳恳、一丝不苟，为我省戏曲、文博工作奠定了良好的基础，培养了一批又一批的专业精英，为吉林省文教事业作出不朽的贡献。

注：

①⑬ 宋振庭 1962 年 6 月 25 日写给王承礼同志的信（手稿）。

②③④⑤⑥ 参考王承礼同志手稿。

⑩⑪⑱ 张伯驹《我与宋振庭》（手稿）。

⑫⑭⑮ 王承礼《宋振庭与张伯驹》（手稿）。

⑦⑧⑨⑯⑰⑲⑳ 任凤霞著：《一代名士张伯驹》，当代中国出版社，2006 年 11 月第一版，第 92 页、173 页、175 页、348 页、350 页、335 页、340 页。

根据宋振庭部长专职司机焦永盛同志口述资料和实物整理；根据博物馆郑国老师口述资料整理。

（原载《耕耘录：吉林省博物院学术文集 2010—2011》，吉林人民出版社，2012 年）

张伯驹夫妇与吉林之情缘

吕长发

张伯驹先生从 1961 年到 1969 年在吉林省博物馆工作，为吉林省博物馆事业作出了重要贡献。张伯驹先生出生在河南，6 岁移居天津，而后大部分时间生活居住在天津、上海、北京。张伯驹先生为何有缘来吉林工作 8 年呢？根据我们现在掌握的资料来看，主要原因有两个：一个是当时的特定历史时期使其移居长春，另一个原因是有个关键性人物，即当时的吉林省委宣传部部长宋振庭起到了决定性的作用。

张伯驹出身旧官僚家庭，父亲张镇芳曾做到河南督军、长芦盐运使，又和袁世凯是直系亲属。但张伯驹先生不愿做官，又不愿经商，连继承的盐业银行董事长一职都推辞与别人，自己只想做一个清高自由的文人。

新中国成立了，张伯驹、潘素和所有的爱国人士一样，被激发出极大的爱国热情。夫妇二人除填词、作画外，还经常参加各种社会活动。张伯驹任燕京大学中国艺术史名誉导师，北京中国画研究社理事，北京书法研究会副主席，国家文物局文物鉴定委员会委员，中国民盟财务委员会委员，文教委员会委员，第一届北京市政协委员等职。

潘素女士也积极参加社会活动。抗美援朝期间，她和何香凝女士合作，先后创作了几十幅山水画，多次义卖，所卖资金全部捐献给国家。1952年潘素及齐白石、徐燕荪、汪慎生等人共同绘制了《普天同庆》，以庆祝中华人民共和国成立三周年。潘素还响应党的号召到农村去，走与工农相结合的道路，她参加了"青年卫星突击队"，多次到北京房山的琉璃河、板桥村等地与农民同吃、同住、同劳动。白天在地里干农活，晚上创作宣传画，帮助农民学美术。劳动休息时间给农民念报，教他们唱歌，协助开办农民画展览会，流动展出。潘素同志在劳动总结时，满怀激情地写下："我参加这次劳动工作，收获很大，我看见劳动人民真是可爱，他们干劲大，不怕苦和累，他们热爱社会主义，热爱共产党，坚信我们国家的美好远景，坚信用苦干能换来幸福。我必须向他们学习，把文艺和劳动相结合。"

张伯驹、潘素夫妇于1952年和1956年两次把用生命保存下来的珍贵藏品《平复帖》、《游春图》等17件国宝无偿献给国家，同时还登报声明放弃西安面粉公司4500股股票。令人意外的是，1957年"反右"运动中，张伯驹硬是被戴上了右派帽子，而被停止了政协、民盟、文联等工作。这是张伯驹先生无论如何也想不通的，尽管他主动找统战部、文联领导谈话，但都无济于事。1959年，北京市政协改选，撤销了他政协委员的资格，同年给一批右派摘帽子，也没有他。往日的朋友也不敢来看他了，一时间是门庭冷落，万般无奈他只好每天去天桥转转，听听小曲度时光。

时任国务院副总理的陈毅同志把这事时时挂在心上。在一次会议上，他把安排张伯驹的事委托给他以前的老同志，当时的吉林省委书记处书记于毅夫同志，于毅夫回到吉林后，又把此事委托给当时任吉林省委宣传部部长的宋振庭。当宋振庭知道张伯驹夫妇都是不可多得的专业人才时，非常欣喜，因为吉林省当时缺少这方面的人才。他立即安排吉林省艺术专科学校去人相请。经艺专美术系主任、北京来的画家史怡公和副校长耿际兰协调，宋部长又让文化局连发两封电报相请，张伯驹夫妇终于定下来长春的日程。临行前，陈毅副总理在家设宴为张伯驹夫妇送行。陈毅副总理对张伯驹说："我相信你是爱国的，你把自己收藏的珍贵文物，都献给了国家，还能不爱国吗？"陈副总理嘱咐张伯驹："一定要拥护毛主席，拥护社会主义，这是大是大非问题，也是我二十多年的工作经验总结。"

张伯驹夫妇到长春，宋部长派省博物馆贾士金和艺术专科学校耿际兰、史怡公等人到车站迎接，让他们临时住在省人委招待所。第二天，宋部长和省博物馆书记王承礼亲自去接张伯驹夫妇到省艺专，为其接风。宋部长多才多艺，也爱好诗、书、画和戏剧，和张伯驹一见如故。宋部长对潘素的画也很赞赏，当即安排潘素留在艺专教美术，张伯驹到省博物馆负责书画鉴定工作。过两天，宋部长又请张伯驹到省宾馆吃涮羊肉，并对张伯驹说："你过一段时间回北京把户口转到长春来吧，在这里安心工作，摘右派帽子的问题慢慢解决。"为让张伯驹夫妇安心长期在吉林工作，宋部长和省文化局及博物馆做了大量的工作。

政治上关心。张伯驹是顶着右派帽子来到吉林省博物馆工作的，宋部长吩咐王承礼说，"张伯驹的右派帽子内部掌握就行了，对外不要说"。并且在宋部长的积极工作下，不到一年就为张伯驹等一批知识分子摘掉了右派帽子。

在工作上照顾。张伯驹刚来时戴着右派帽子无法安排领导岗位，馆里特意为张伯驹设了一个副研究员位置，工资定为159元，当时是普通职工工资的5倍。1962年，给张伯驹摘掉右派帽子之后，马上由省文化局任命张伯驹为第一副馆长，列在王承礼之前。当时政府对干部制度管理很严，不是行政正处级别不能任处级单位正职。省文化局局长高叶特意把王承礼约到家谈话："把张伯驹列为第一副馆长，他还是管书画鉴定收购工作，日常工作还是由你来抓。"当然，王承礼一直是姿态很高，对张伯驹十分尊重，工作上合作也很好，对其生活上也照顾得很周全。

先安排张伯驹夫妇在艺专南湖宿舍居住，1962 年又在西朝阳路、东北文史研究所宿舍给安排新居，连买沙发安装电话，宋部长都亲自过问，对张伯驹事无巨细，都一一想到了。1962 年 6 月 25 日，宋振庭在给王承礼的信中说："张伯驹此人是带有封建性的知识分子，他有一定的才能，用得得法可以给我们一些帮助。我和他接触，主要是想团结他，并从了解一些问题的目的出发，重要的是，多争取一点人才来吉林。"

业务上充分发挥张伯驹的专业特长。宋振庭让省广播电台台长王充把张伯驹唱的余派戏都录制下来，长期保存（张伯驹是余叔岩亲传）；安排张伯驹去给省委党校及大学讲书法及书法源流；给戏剧学校写《京剧音韵》；业余时间给省京剧院演员说戏，为剧院整理京剧《定军山》等；为艺专学生讲书法欣赏，并为艺专收藏的书画、扇面等艺术品作鉴定；安排张伯驹任省文联常务委员、省美术家协会理事、省政协列席代表等职务，为其创造良好的工作环境。

宋部长指示，省博物馆在二楼空出一个展厅，由王承礼召集人员，每周搞一次艺人集会，有张伯驹、潘素、郑国、于省吾、罗继祖、裴伯弓、单庆麟、阮鸿仪、耿际兰、史怡公、王庆淮等一些学者和艺术家。主要是作一些书画鉴定欣赏，写一些佚事掌故，被称为"春游社"，并由此编集出版了《春游琐谈》。

张伯驹夫妇决定来东北之前，潘素曾创作一幅《秋风别意图》，表达了对北京故居的眷恋之情。张伯驹则为其填词《浣溪沙》。全词四阕，摘几句以说明张伯驹夫妇当时的困境与心情，在首阕开头写道："野草闲花伴夕阳，旧时人散郁金堂，如今只剩燕双双。"直接写出自从张伯驹被打成右派，亲朋故友都避而不见，只剩夫妇四目以对了，真可谓是世态炎凉，人情冷漠呀！接下写道："明月仍留桃叶渡，春风不过牡丹江，夜来有梦怕还乡。"这里是说，那美丽的月亮还会年年照在我可爱的家，而我就要到那春风都吹不到的遥远寒冷的东北去了，就是做梦也别让我回到这个世态炎凉的地方了。这几句道出了他对家乡的爱恋及对人情冷暖的憎恨和无奈。在第三阕的上阕里写道："自把金樽劝酒频，骊歌一曲真销魂，回思万事乱纷纷。"直接写出张伯驹此时是心头烦乱无序，想找一个喝酒谈心的人都没有，只有自斟自饮自唱，正是借酒消愁愁更愁。在这首《浣溪沙》词里多处出现"一重关似百重关"、"极目塞榆连渤海"、"万里边关鸡塞远"等词句，整首词表现出张伯驹夫妇眷恋北京而不得不走，对遥远的长春茫然无知而又不得不去的复杂心情。这就是人之常情，张伯驹夫妇一直在上海、天津、北京等大都市生活，各方面生活条件都优越惯了，而临到晚年，举63岁的高龄要到一个遥远、寒冷而陌生的地方去工作、生活，对这对老人来说，绝对是一个艰难的选择。

他们原想着来长春教几个月的书，再回北京。令张伯驹、潘素夫妇始料不及的是，当他们抱着茫然和未知的心情来到长春，却受到了以宋振庭为代表的省委、省文化局、博物馆、艺术专科学校等上上下下的热烈欢迎，同时又结交了宋振庭、高叶、于省吾、裴伯弓、史怡公等许多知心朋友，和他们在北京被划成右派，停职在家反省，无人敢登门的情景相对比，他们认识到，东北才是最需要他们的地方，在这里才能真正发挥出他们的才能与光热，才能找到他们的人格与尊严。张伯驹夫妇决心留下来为吉林的文化事业多作贡献。潘素同志专心于艺术专科学校的教学工作和绘画，张伯驹在博物馆工作，重点作书画鉴定，收购书画等艺术藏品，不止在长春收，还多次去北京、上海等地收购。宋部长为博物馆筹划经费，张伯驹、王承礼负责收购。至1966年前，博物馆的书画类藏品就已达六七千件，在全国都有名了。张伯驹先生还为博物馆培养了苏兴钧、郑国等书画鉴定专家，组织编辑了《吉林省博物馆藏画集》。张伯驹在宋部长安排下，去省委党校和大学讲书法课，业余时间去给京剧演员说戏，给戏剧学校写教材，为吉林省艺术界培养人才。在吉林的8年也使张伯驹诗词创作出现了新的高峰，仅保存下来的、后编辑成《春游词》的即有120余首，多是精品。

1962 年，张伯驹夫妇把户口从北京迁到长春，决定在长春长期安家落户，把自己的余生贡献给吉林。在办理转户口时，文联的老同事曾劝张伯驹留在北京工作，张伯驹竟毫不犹豫地回绝了。张伯驹已经和吉林人民结下了深厚的情谊。

张伯驹藏有一幅宋代杨婕妤的《百花图卷》，曾有人出高价收买，他都没有卖。1962 年，北京市副市长邓拓委托周怀民及历史馆（即中国历史博物馆，编者注）在江西餐厅宴请张伯驹，提出让张伯驹把杨婕妤《百花图卷》让给历史馆，并许诺帮张伯驹夫妇在北京安排工作，张伯驹当即回绝说："我已经在吉林博物馆服务，我的藏品让给其他馆不合适，要让也只能让给吉林馆。"张伯驹先生于 1963 年把自己珍藏的杨婕妤《百花图卷》、宋赵伯骕《山水图》等藏品捐献给吉林省博物馆。连同后来捐献的共 23 件，一下子使吉林省博物馆的藏品水准有了大幅提升。

宋振庭部长知道了这一消息后，握住张伯驹的手，激动地说："谢谢你，张老先生，你使我们的博物馆变成富翁了。"

张伯驹夫妇已经把长春当作家了，但出于对北京亲友的怀念，每年春节都回京小住几天，他在《鹧鸪天·甲辰除夕》词中就有"归来几日家如客，飘泊频年客似家"，《清平乐·沽上词人集饮赋》"几日归来今又别，翻觉还家似客"。老词人在《前调·辛丑除夕·与诸词友守岁》开篇便写"辽海归来雪满身，相逢容易倍相亲"，下半阕写道"明岁天涯应更远，肠断，春来不是故国春。几点寒梅还倚傍，才放，也难留住出关人"。全词的意思是：我从寒冷并遥远的东北回来了，看见你们更加亲切呀！但是春节后我还得回到那遥远的长春，很是伤心呐，春天就不能在这个家过了。我心爱的梅花刚刚开放啊！可惜呀，我不能在家陪伴它。全词写出了对老朋友和家的亲情和眷恋，更写出了对事业、对人民的责任心。

张伯驹、潘素夫妇为吉林文教艺术的发展作出了贡献，吉林人也从来没有忘记他们。1982 年 2 月 26 日，张伯驹先生在北京逝世，宋振庭为其送的挽联上写道："爱国家，爱民族，费尽心血，一生为文化，不惜身家性命；重道义，重友谊，冰雪肝胆，赍志念一统，豪气万古凌霄。"

张伯驹、潘素夫妇，虽然都已过世多年，吉林省博物院、吉林艺术学院还经常有学者撰文怀念他们。吉林省政协前副主席任凤霞女士为张伯驹夫妇立传《一代名士张伯驹》，由当代中国出版社 2006 年 11 月出版。

2012 年金秋 10 月，吉林省博物院盛情接待了来自北京的贵客，她就是张伯驹夫妇的女儿——张传彩女士。

前两天又在报刊上看到一段散文：《张伯驹与牡丹街》，还配有两幅照片，作者是《新文化报》记者金凯。笔墨虽不多，但充满了对张伯驹夫妇的崇敬和怀念。如此看来，今天还真有许多长春人想通过时光隧道去拜访张伯驹夫妇。这一切，都表明张伯驹夫妇与吉林人民的情谊，正如他们为吉林省文化事业所作出的贡献一样，将千秋永存。

2012 年是张伯驹先生逝世三十周年，谨以此文表示对张伯驹夫妇的深切怀念。

（原载《耕耘录：吉林省博物院学术文集 2012—2013》，吉林人民出版社，2012 年）

《宋振庭读书漫谈》后记

宫敏章

　　《宋振庭读书漫谈》由我的孩子们编辑整理出来了，打算送给亲友们留念。这是我们家庭的纪念物，也是一段历史的记录。看到它，往事历历在目。

　　《宋振庭读书漫谈》是振庭在中央党校作的讲座的讲稿。那是 1982 年底 1983 年初的事情了，距今已经过去35 年啦。

　　记得当年党校的老师请他给学员作一些有关中国传统文化知识的讲座。振庭是 1981 年做的胰腺癌手术，当时人很虚弱，活动的组织者想请他又怕影响他的身体，刚透露出一点儿意思，他马上就答应了，我阻止也没有用。与其说是人家请他出山，不如说是他主动请缨。

　　我不放心他的身体，每次讲座我都跟着去，坐在下面听他讲。他一上讲台就来了精神，声音洪亮，讲稿就是在家里写的简单的提纲，拿着一两纸就上去讲。他讲的内容都是他几十年读过的书，都是些记熟了嚼烂了存在肚子

246

里的东西。他随心所欲地讲历史、讲典故、讲他这一生读书的酸甜苦辣，讲他读书中的思考、心得和经验。

他在讲座时信马由缰，讲着讲着高兴了，话题就不知跑到哪去了，还时不时地就某些问题，尤其是当年的一些热点和敏感的话题发表意见。经过了"文革"，经过了改革开放初期的人们，现在读到他那时讲的东西也许会勾起一些往事的回忆。

35年前的中国，"文革"十年的动荡刚结束，当时经济崩溃，教育断裂，文化浩劫，是思想激烈碰撞交锋的时代。人们痛定思痛，"反思文革"是当时十分突出的社会现实，也是振庭自脱离管制后一直思考探索的主要方向，为此他那个时期写了大量的文章，作了很多的讲座。

《读书漫谈》里讲的多数是读中国书的问题，都是一些基础的常识类的东西，他讲的内容对于当年那些经历了"文革"刚刚成长起来的年轻人来说，毕竟是十几年没有听人讲过这些了，因此很受学员的欢迎。小教室坐不下了，后来换了一个大些的教室。刚开始讲的时候没有录音，有的学员提出要求才准备了录音，但录音带也是时断时续，缺失较多。现在大家看到的就是依据留存下的部分录音和学员记录整理编辑而成的。全稿在录入整理时，我的孩子们有一个原则，就是尽量地保存他爸爸讲座的原汁原味，不增不减，原样不动，除了更正一些明显的常识性错误之外，有关他本人对于中国传统文化经典因认知和理解不足而显露的谬误则不作校正，因为本书不仅是我们家庭的记忆和留念，也是振庭本人读书学习的真实记录。

在整理过程中，对于留有录音的部分孩子们舍不得删减，全部保持了当时的语气和内容，而对于没有录音的部分就只能根据记录有多少算多少，勉强成篇。因此读者很容易感到整个文稿有些结构失衡、不系统、条理不清或内容跳跃。振庭一共讲了6次，一次2个多小时。整个讲稿按讲的内容和顺序大致分成6讲，并标注了讲座的准确时间。

振庭从小读书不多，就是一个初中生，他的文史知识都是通过自学获得的，他讲的内容都是些浅显的、常识性的东西，就是这些内容也显得不严谨、不系统、不准确，谬误也不少。他的讲座和专家教授们讲的没法比，和现在的国学研究成果更不能同日而语，所以这个讲座因其专业性不强，不能当作教材来读，只能算是一个非专业人士、一个老共产党员的读书"漫谈"或"心得"而已。其中第五讲，讲的是中国书画和中医中药，这两者是他一生所爱，晚年又醉心于此，讲座时也一并讲了。

振庭 1982 年 11 月连续讲了三次以后就开始发烧了，我不让他再去，可他不听，又讲了一次就实在坚持不住了，只能住院治疗了。当时党校的学员已进入紧张的期末复习考试阶段，振庭住院了也不能讲了，所以最后两次的讲座与前四次间隔了一个多月的时间，进入 1983 年初了。

6 次讲座之后，1983 年 5 月底党校学员王鼎华采访了他，他们谈了几次，共有十几个小时。他们谈话的内容在振庭去世 6 年后，在《人物传记》杂志 1991 年第 4 期上发表了王鼎华撰写的《宋振庭人生漫语录》。这是振庭对他自己一生的剖析，一个将要离世之人对其人生的倾述，是他心里真实的独白，此次也一并附录在后，留给我们的后代做个纪念吧。记得振庭在去世前写了一首诗"六十三年是与非，毁誉无凭事相连。唯物主义岂怕死，七尺从天唱大归。"对于大归已 33 年的振庭和他的后人来说，读者对他的倾述不管是誉也好、毁也罢，都无所谓啦。

我和振庭共同生活了 40 年，我和他有共同点也有不同点，首先我俩都是忠诚的共产党员，自从跟随了共产党以后，不管是逆境还是顺境，为党、为国、为人民努力奉献的信念从没有动摇过，这是他和我一生的主线，在这一点上我们十分地一致。

我俩的共同点是：我和他都是优点和缺点十分分明的人，他的长处是我的不足，我的优点又恰恰是他的欠缺，我们两人是如此的千差万别。大家读读王鼎华的文章中"结发夫妻"那一章就清楚了，振庭说的是实情。

振庭十分好学，爱读书成痴，人绝顶聪明又为人坦诚，他认准要干的事可以不管不顾，一直往前冲。他常常自嘲说，我最得力的是两条，胆子大和脸皮厚！不论做官、做事、做学问还是为人处世，他都如此。我和他生气吵架也总是因此而起，这两点伴随他一生。

振庭从事的是党的宣传教育工作，一生讲课作报告无数，这个讲座是他此生最后一次长时间的公开讲话。记得当时我看他身体实在虚弱，就百般劝说，极力阻挠他去讲，甚至指责他瞎折腾，为了出风头不要命。记得当年他气呼呼地吼道："我都是一个快要死的人啦，能不能让我干点儿高兴的事！我一辈子高兴的事儿就是读书！你不是不知道！""我拼了老命上台讲这些，无非是想告诉年轻人，多读点书吧！多积累点知识吧！我们中国人吃无知的苦太多了！"《读书漫谈》是振庭最后的"绝唱"，既可以看成他一生喜爱哲学、文学、史学、宗教、绘画，甚至中医药学的读书笔记，又何尝不是一篇留给后代年轻人的"劝学篇"呢？如今我已经95岁了，捧读他留下的讲稿还是百感交集。

振庭1981年在给《文史知识》写的"代发刊词"说："'文化大革命'，大革了文化的命，全盘否定中华民族灿烂的古代文化，使许多人，特别是青年人，对祖国的历史、灿烂文化一无所知……《文史知识》这样一本普及刊物，正是符合了当时社会的需要，也可以说是时代的需要。"35年前他为提高全民的文化素质曾大声疾呼过，35年后，在全国上下大力倡导"坚定文化自信，推动社会主义文化繁荣兴盛"的今天，重读振庭的讲座内容，相信也是有益的。

宫敏章

2018 年 5 月于京华归蛹居

（原载《宋振庭读书漫谈》，中国政法大学出版社，2018 年）

士人的风骨

鲍盛华

一迳森然四座凉，残阴余韵去何长。

人怜直节生来瘦，自许高材老更刚。

曾与蒿藜同雨露，终随松柏到冰霜。

烦君惜取根株在，欲乞伶伦学凤凰。

北宋思想家、政治家、文学家、改革家王安石在年轻时，写了一首表现少年壮志豪情的诗《与舍弟华藏院忞君亭咏竹》。九百多年后，两位在北京一家医院住院时相遇的老人，惺惺相惜，以这首诗的意境彼此应和。

1981年，宋振庭忽发重病住进医院。此时，赵朴初也在这里疗病。两人遂成为病友。一日，宋振庭趁病情好转，画了一幅竹节遒劲、生机盎然的墨竹。赵朴初深受触动，握笔题词："振庭同志挥笔写胸中之成竹，而甚得王介甫诗意，因录介甫诗以证之。"王介甫就是王安石，所录之诗就是这首《与舍弟华藏院忞君亭咏竹》。

生命中喷发着艺术灵感的宋振庭把自己的晚年活得同样精彩。

1979 年 3 月，宋振庭奉调到中共中央党校，任教育长、党委常委，后又任中共中央党校顾问。然而，命运之神并没有给这位才华横溢、激情澎湃的男人更多的时间，1981 年至 1985 年，他身染沉疴多次住进医院。

1984 年 11 月，再次住进医院的宋振庭卧床不起。但仍然坚持审阅由他主编的《当代干部小百科》，一句一句口授，由秘书整理完成"前言"部分。①

与疾病抗争的宋振庭已经洞穿世事，生死都可笑谈。内心喷涌出的豪放诗词让他和家人、朋友共同欢度 1985 年的元旦，诗曰：

十险九叩地狱门，牛头马面也生嗔。

传语人间太狂者，此处无席可容君。

他还觉没说透，又作了一副对联，上联：天行健矣余行健，下联：地厚载哉我担山，横批：无愧乾坤。大气磅礴的生命气息甚至影响了医院的氛围，医生与护士被他的欢声笑语感染，赞叹这位"太狂者"与乾坤比肩的心胸。

当年 2 月，面对自己沉重的病势，宋振庭清楚地知道，生命将不久矣。他口占一绝：

六十三年是与非，毁誉无凭实相违。

唯物主义岂怕死，七尺从天唱大归。

1985 年 2 月 15 日，宋振庭"七尺"身躯大唱而归，一代文化巨匠，只有 63 岁。巧合的是，宋振庭永远离开的日子，正是他的老朋友张伯驹的生日。他和张伯驹一样，同样选择了早春。

在病体日趋沉重的生命后期，宋振庭回顾了自己的人生，最挂念的是自己做错了哪些事。然后，他用最真诚的行为道歉。"宋振庭在一些政治运动中，也整过人，说了一些过头话，也有一些过失。晚年，他为自己的过失真诚地道歉。在写给夏衍的信中，他这样说道：'在长影反右，庭实主其事，整了人，伤了朋友，嗣后历次运动，伤人更多，实为平生一大憾事。''对此往事，庭逢人即讲，逢文即写，我整人，人亦整我，结果是整得两败俱伤，真是一场惨痛教训。'写这封信的时候，宋振庭已经'病废之余，黄泉在望，惟此一念在怀，吐之而后快，此信上达，庭之心事毕矣'。可见，宋振庭对以往的过失，是何等耿耿于怀。"②

那是浓墨重彩的一生，那是豪情万丈的一生，那是坦荡真诚的一生。英若识在《烈焰熄灭的时刻——记宋振庭同志二三事》一文中写道："一个有着如此炽盛的精力，如此激扬的情感，如此文采风流的生命竟这样匆匆地被病魔夺去了！""我们的祖先惯于以'音容'二字来形容对死者的思念，这是十分准确的，在噩耗传来之际，老宋那'顿沓'的音容却立即浮现在我的脑海：在讲坛上他那令人振奋的激越声调，在斗室中他那发人深省的娓娓谈吐，在深山老林里他那步履矫健的身影，在长桌画案前他那挥毫泼墨的神情……"

注：

① 孟宪伦：《无悔的人生——宋振庭同志二三事》，《社会科学战线》，1991 年第 1 期，第 239 页。

② 鲍盛华：《一代文官宋振庭》。

（原载《先生向北》，吉林人民出版社，2018 年）

博学多才的宋振庭

吕铭康

我早在 20 世纪 60 年代初，就读过宋振庭（笔名"星公"）的杂文，后来才知道他曾任吉林省委常委、宣传部部长，并主管过长春电影制片厂的工作。70 年代后，当时全国唯一的大型刊物《社会科学战线》（大开本）上许多文章以其改革的新观念引起了我极其浓郁的兴趣，后得知这是宋振庭一手创办的。1979 年，他调任中共中央党校任教育长。1981 年盛夏，当获悉宋振庭来到青岛疗养时，我于 8 月 14 日下午急忙赶到八大关他的住地，为《青岛电影》月刊对他进行了采访。

时年 60 岁的宋振庭，中等身材，微胖，和蔼可亲，平易近人。鉴于他对文学、艺术、书画、哲学、电影以及青年问题都颇有见地，是地地道道的行家里手，我专门请他谈谈"电影与青年"这个话题。他略加思索便笑容可掬地谈了起来："我感到青岛的文化生活开展得很活跃，也确实有基础。青岛大有可为，可以在全国发挥更大的作用。"

接着，宋振庭精辟地分析和论述了电影与青年的关系问题。他深有感触地说："目前，在我国最大的问题之一就是青年问题。我们都应该深切关心这个问题。我们要努力提高电影的质量，使其真正成为青年的益友。"

他还谈道："最近，我在疗养区周围发现一些青年人在画画，而且画得很不俗气，很有水平。这一切都令人欢欣鼓舞。我还到了崂山北九水，青岛的山水确实是美不胜收。我对青岛这座城市产生了深厚的感情。如有机会，我明年夏天再来。"

这次谈话历时一个小时，宋振庭毫无倦意，兴趣盎然。

翌日下午，我带着写就的专访稿《电影应是青年的益友》，再次拜访，请他审阅。他认真读后，几乎没作修改，就在稿子右上侧写上"同意，宋振庭，15/8"。此稿发表在《青岛电影》1981年第9期上。

据我所知，宋振庭兴趣广泛，博览群书。他为人热情，诚恳厚道，喜欢与画家、收藏家交朋友，在文化界口碑极佳。1961年，时任吉林省委宣传部部长的宋振庭将收藏家张伯驹请到吉林，任博物馆副馆长。此后，宋振庭一直对张伯驹执弟子礼，直到1982年张伯驹去世。

1961年夏天，画家傅抱石与朋友到东北写生。宋振庭尽地主之谊，接待了他们，从此与傅抱石相识。此后数天，宋振庭与傅抱石多次畅谈，他对傅抱石的画作了一针见血的评论。傅抱石听了，整衣鞠躬，说："你是我的老师。"他俩成了一见如故的朋友。傅抱石激动之下，一口气画了两幅画送给他。傅抱石后来对家人说："没想到，东北竟然有这样的人物！"1965年9月，傅抱石因病去世。几年后，傅抱石的女儿傅益璇去北京看望宋振庭。宋振庭一听说来者是傅抱石的女儿，便久久握住她的手不放，亲切得如同家人。

由于长期从事宣传文教工作，经常和画家交往，宋振庭对国画有独到的见地，画家们鼓励他也尝试下创作。后来，宋振庭就拿起了画笔，从"闹着玩"到认真地画。他的画用笔大胆豪放，墨色酣畅淋漓，虽然自谦为"野狐禅"，却很得画家们的称赞。吴作人在他的《水仙图》上题道："驰骋披离，深有虚谷笔意。"他著有《新哲学讲话》、《什么是辩证法》、《怎样自修哲学》、《星公杂文集》、《宋振庭杂文集》、《宋振庭画集》等，主编《当代干部小百科》。他还领导创建了以曲艺"二人转"为基础的新剧种——吉剧，《桃李梅》、《包公赔情》、《燕青卖线》等剧目进京演出，得到了周恩来的首肯和曹禺、王朝闻等人的称誉。

有一年严冬，我出差到北京，给宋振庭打了电话，希望能够登门拜访。他热情地把住址告知了我。我冒着凛冽的寒风，穿过颐和园，终于找到了中央党校宿舍。他就住在楼下，屋内陈设极为简朴，家具都很陈旧，上面还贴着"党校××号"，原来还都是公家的。刚刚下课归来的他，对我极其热情。得知我是广东人时，他把写好的一个条幅送给了我。说这条幅上的诗，是国画大师关山月、傅抱石1961年7月来吉林体验生活，他们三人合作国画《红梅图》时所作。诗曰："来自岭南春，北地发新枝。繁花香陋室，只恨相见迟。"待我仔仔细细读完后，他认真地告诉我："这与你还是有些关系的吧！"是啊，我这个广东人长期定居于北方，对家乡是极为思念的，这正说出了我的心声。

1984年夏天，我借调到《青岛日报》做文化记者时，曾写信向宋振庭约稿。不久，他的秘书来信告知：宋振庭因患癌症，暂停写作。我连忙回信问候，祝愿他早日康复。不料，他终因医治无效于1985年2月在北京病逝，享年64岁。

这三十多年来，我一直将珍贵的宋振庭亲笔条幅挂在家里，这是对我的最好的鼓励，我永远难以忘怀！

2018年5月14日于青岛夹缝斋

（原载《青岛文艺》，2019年）

出版声明

　　《宋振庭研究文集》作为吉林省重点文化工程，由吉林人民出版社出版发行。本书收录了 47 篇学者、专家及宋振庭亲朋评论、怀念宋振庭的经典文章。

　　由于所收录的许多文章年代较为久远，因此一时无法与部分作者取得联系，敬请见谅，如有需求请及时与本社联系。感谢您为吉林文脉工程所作的贡献。

　　特此声明。

吉林人民出版社

2023 年 12 月